全球化新叙事

中国道路与中国经验

习近平新时代中国特色社会主义思想研究工程（二期）

周文 杨正源◎著

上海人民出版社

目　录

1

目 录

目 录

目　录

导　言

在人类历史的宏大进程中，经济全球化宛如一场澎湃的浪潮，从古代丝绸之路的驼铃阵阵，到如今数字化时代的即时互联，持续重塑着世界的经济、文化与政治版图。它不仅搭建起全球贸易的复杂网络，还让不同肤色、不同文化的人们紧密相连，极大地推动了人类社会的进步与发展。

然而，当下的世界正处于一个关键转折点。曾经在全球化进程中占据主导地位的一些国家，遭遇了产业空心化、贫富差距扩大等深层次问题，经济结构面临严峻挑战；与此同时，新兴经济体如雨后春笋般迅速崛起，凭借科技创新和产业升级，在全球经济格局中不断攀升，寻求更广泛的话语权。这种力量对比的变化，引发了一系列复杂的矛盾与冲突，使得原有的全球化秩序受到前所未有的冲击。其中，中美之间在科技、贸易等领域的激烈博弈，尤为引人注目，贸易摩擦、技术壁垒等现象不断涌现，深刻影响着全球经济的走势与政治格局的稳定。

在这样的时代背景下，构建全球化新叙事已成为当务之急。传统的全球化叙事模式，已难以准确诠释当下复杂多变的世界局势，无法满足各国追求公平、可持续发展的诉求。新叙事必须突破旧有框架的束缚，秉持开放、包容的理念，以多元的视角重新审视全球化的本质与未来走向。它应当倾听来自世界各个角落的声音，尊重不同国家和文化的独特性，致力于促进国际间的深度理解与合作，为全球治理体系的革新注入新的活力。

当前，世界之变、时代之变、历史之变正以前所未有的方式展开。世界又一次站在历史的十字路口，何去何从取决于各国人民的抉择。"这是最好的时代，也是最坏的时代"，英国文学家狄更斯曾这样描述工业革命发生后的世界。时代在发展，世界正经历百年未有之大变局。今天，我们也生活在一个矛盾的世界之中。一方面，物质财富不断积累，科技进步日新月异，人类文明发展到历史最高水平。另一方面，地区冲突频繁发生，恐怖主义、难民潮等全球性挑战此起彼伏，贫困、失业、收入差距拉大，世界经济下行压力增大、衰退风险上升，粮食能源、债务多重危机同步显现，经济发展面临的不确定性上升。

在不确定的世界中，人们迫切希望找到更多的确定性，挖掘更多的发展和合作机遇，促进世界和平与共同发展。对不断加剧的全球发展难题、日益增加的全球安全威胁以及有增无减的人文交流障碍，经济全球化是时代潮流。大江奔腾向海，总会遇到逆流，但任何逆流都阻挡不了大江东去。

导　言

回顾过往，中国在 20 世纪 70 年代还是一个在世界上相对落后的国家，现在一跃而成为世界舞台上强大的一员，正在日益走近世界舞台的中央。中国在全球经济和国际关系中的作用还会继续扩大。

正是基于这样的背景，习近平总书记着眼人类长远发展和全人类福祉，充分运用辩证唯物主义和历史唯物主义世界观方法论，回顾历史、洞察时局、展望未来，在深刻把握人类社会历史发展规律，深邃思考当下中国、世界发展问题的基础上，高瞻远瞩地提出推动构建人类命运共同体。该理念作为建设新型国际关系、改善全球治理体系的原创性理论，科学回答了"世界怎么了、我们怎么办"这一世界之问。与此同时，习近平总书记先后提出全球发展倡议、全球安全倡议、全球文明倡议，获得国际社会广泛认同。中国愿同世界各国一道，携手壮大永续发展、守望和平、开放包容的力量，在逆全球化挑战中共同构建更高水平开放型世界经济，在世界大变局中共同守护和平稳定的国际环境，在文明交流互鉴中共赏多元文化和谐之美。中国将坚定不移推进高水平对外开放，加快构建新发展格局，着力推动高质量发展，不断以中国新发展为世界提供更加强大的确定性力量，不断推动世界朝着更加美好的方向前进。

本书基于全球化的中国道路与中国经验，聚焦于全球化新叙事的构建，深入剖析当前全球化进程中面临的机遇与挑战，从多个维度展开全球化新叙事系统研究。我们力求通过详实的分析与深入的思考，为读者勾勒出一幅全面、清晰的全球化新图景，为各界人士应对全球化新形势提供具有启发性的思路与策略。

　　中国道路与中国经验的全球化新叙事，不是要提供一份标准答案，而是为人类探索更合理的世界秩序打开一扇思想之窗。它提醒我们：真正的全球化不应是"单向度"的文明征服，而是"多声道"的智慧交响；可持续的全球化不能止步于经济互联，更要构建风险共担、责任共治、价值共享的命运纽带；有生命力的全球化必须超越"东西之争""新旧之辩"，在传统与现代的对话中寻找文明的"最大公约数"。与此同时，当"全球发展倡议"将中国减贫经验转化为跨国行动网络——一种新的叙事语法正在生成：它不诉诸霸权，而依靠共识；不追求同一，而创造联结；不承诺完美，但始终朝向更包容的远方。

第一章 全球化：起源、发展和影响

习近平总书记曾指出："尽管我们所处的时代同马克思所处的时代相比发生了巨大而深刻的变化，但从世界社会主义500年的大视野来看，我们依然处在马克思主义所指明的历史时代。"[①]"历史从哪里开始，思想进程也应当从哪里开始。"[②] 因此，理解一种思想一定要回到这个思想产生的时代背景中去寻找答案。在马克思、恩格斯生活的19世纪，生产力飞速发展，产业革命的巨大推动力持续影响社会。人类社会进入一个由区域性经济走向全球性经济发展的时代。

一、马克思的预言

虽然马克思在经典著作中未明确提出"全球化"概念，但是早

---

① 《习近平谈治国理政》第2卷，外文出版社2017年版，第66页。
② 《马克思恩格斯文集》第2卷，人民出版社2009年版，第603页。

在 19 世纪，马克思、恩格斯在《德意志意识形态》《共产党宣言》《1857—1858 年经济学手稿》《资本论》等著作中就详细论述了世界贸易、世界市场、世界历史等问题。

1. 资本主义大工业的诞生和世界市场的开辟

工业革命之后，资产阶级完成了生产方式从工场手工业向机器大工业的转换，社会生产力快速提高。资本主义大工业是超越了手工业和工场手工业的深刻的生产性变革，在助力资产阶级完成"把物质生产变成对自然力的科学统治"历史使命的同时，又天然地刺激了资产阶级不断扩大产品销路的资本欲望，驱使资产阶级"到处落户，到处开发，到处建立联系"①，最终资本"超越一切空间界限"的历史行动造就世界市场的形成以及民族国家的现代转向。19 世纪，整个世界都处于资本主义生产方式高速发展的状态中，实现向现代经济增长的转型成为经济社会发展的主题，世界开启了"全球文明"。②

工业革命使得资产阶级将全球初步连为一个整体。以蒸汽机为动力的第一次工业革命极大地提高了社会生产力，使得人类从工场手工业进入机器大生产。以机器大生产为核心的资本主义生产方式逐步确立，资产阶级开始按照自己的意愿改造世界。"资产阶级，由

---

① 《马克思恩格斯文集》第 2 卷，人民出版社 2009 年版，第 35 页。
② [美] 帕尔默等：《工业革命：变革世界的引擎》，苏中友等译，世界图书出版社 2010 年版，第 359 页。

于一切生产工具的迅速改进，由于交通的极其便利，把一切民族甚至最野蛮的民族都卷到文明中来了。"①马克思说："蒸汽机使印度能够同欧洲经常地、迅速地交往，把印度的主要港口同整个东南海洋上的港口联系起来，使印度摆脱了孤立状态，而孤立状态是它过去处于停滞状态的主要原因。在不远的将来，铁路加上轮船，将使英国和印度之间的距离以时间计算缩短为八天，而这个一度是神话中的国度就将同西方世界实际地联结在一起。"②"它迫使它们在自己那里推行所谓的文明，即变成资产者。一句话，它按照自己的面貌为自己创造出一个世界。"③

随着新航路的开辟，机器大工业在促进技术革新、生产发展的同时，还使资本主义获得了极大的推动力和加速力，为世界市场的形成和发展起到了重要作用。"大工业建立了由美洲的发现所准备好的世界市场。世界市场使商业、航海业和陆路交通得到了巨大的发展。这种发展又反过来促进了工业的扩展，同时，随着工业、商业、航海业和铁路的扩展，资产阶级也在同一程度上发展起来，增加自己的资本，把中世纪遗留下来的一切阶级排挤到后面去。"④"由于有了机器，现在纺纱工人可以住在英国，而织布工人却住在东印度。在机器发明以前，一个国家的工业主要是用本地原料来加工。例如：

---

① 《共产党宣言》，人民出版社 2018 年版，第 31 页。
② 《马克思恩格斯选集》第 1 卷，人民出版社 2012 年版，第 858 页。
③ 《马克思恩格斯选集》第 1 卷，人民出版社 2012 年版，第 404 页。
④ 《共产党宣言》，人民出版社 2018 年版，第 29 页。

英国加工的是羊毛，德国加工的是麻，法国加工的是丝和麻，东印度和黎凡特加工的则是棉花等等。由于机器和蒸汽的应用，分工的规模已使脱离了本国基地的大工业完全依赖于世界市场、国际交换和国际分工。最后，机器对分工起着极大的影响，只要任何物品的生产中有可能用机械制造它的某一部分，这种物品的生产就立即分成两个彼此独立的部门。"①

马克思指出："工厂制度的巨大的跳跃式的扩展能力和它对世界市场的依赖，必然造成热病似的生产"②，为了防止出现市场收缩的状态，造成商品充斥，所以世界市场必须不断拓展到最大限度。新航路的开辟不仅促进了地中海、波罗的海、北海、大西洋沿岸等区域性贸易，也带动了欧洲与美洲、欧洲与亚洲的跨洋贸易，使商品和货物交换的范围越来越广阔。恩格斯也由此指出："由于交通工具的惊人发展，——远洋轮船、铁路、电报、苏伊士运河，——第一次真正地形成了世界市场。"③

因为生产力的发展，特别是交通工具的变革消除了地理上的障碍，使得商品、人员、资金以及信息能够跨越原来狭隘的地域范围，进行国际性甚至世界性的流动。这样，交往就成了普遍交往。恩格斯说，在地理大发现后，"世界一下子大了差不多十倍；现在展现在西欧人眼前的，已不是一个半球的四分之一，而是整个地球

---

① 《马克思恩格斯文集》第1卷，人民出版社2009年版，第627页。
② 《马克思恩格斯文集》第5卷，人民出版社2009年版，第522页。
③ 《马克思恩格斯全集》第25卷，人民出版社1974年版，第554页。

了"①。如"法国的生产关系是受法国的对外贸易制约的，是受法国在世界市场上的地位以及这个市场的规律制约的"②。马克思又将工业后发国家德国作为例子说明，任何国家一旦加入世界市场，那么就再也无法退出。从1848年起德国工商业、铁路、电报和海洋航运业的兴旺为加入世界市场提供了物质基础，德国便"真正地、不可逆转地被卷入了世界贸易"③。

马克思和恩格斯指出："在17世纪，商业和工场手工业不可阻挡地集中于一个国家——英国。这种集中逐渐地给这个国家创造了相对的世界市场……"④1851年在英国举行的世界博览会不仅加深了英国与世界的联系，而且集中体现工业大生产对世界交往的影响力。恩格斯说，博览会后，英国已经"开化"了，它给"英国这个岛国的闭塞状态敲响了丧钟。英国在饮食、风尚和观念方面逐渐变得国际化了"⑤。在博览会这个不大的空间中，密密麻麻地展出现代工业积累起来的全部生产力，同时也展示出在这个动荡不安的社会的深层已经创造了的和正在一天天创造出来的建设新社会的物质。因此1851年的大型工业博览会是"产品和生产者的全世界大会"，它"令人信服地证明了集中起来的力量的意义，现代大工业以这种集中

---

① 《马克思恩格斯选集》第4卷，人民出版社2012年版，第92页。
② 《马克思恩格斯文集》第2卷，人民出版社2009年版，第88页。
③ 《马克思恩格斯文集》第2卷，人民出版社2009年版，第207页。
④ 《马克思恩格斯选集》第1卷，人民出版社2012年版，第193页。
⑤ 《马克思恩格斯选集》第3卷，人民出版社2012年版，第756页。

的力量到处打破民族的藩篱，逐渐消除生产、社会关系、每个民族的民族性方面的地方性特点"①。

　　资本无限累积的动力驱使西欧资本主义国家开辟世界市场，推动世界贸易和国际分工蓬勃发展。资产阶级出于开拓市场的需求，广泛地开展殖民扩张活动，将世界其他国家和地区变成西欧资本主义国家的消费市场与原料产地，西欧资本主义国家向各殖民地掠夺原料、倾销商品、压榨劳动价值，东方开始从属于西方。"资产阶级，由于开拓了世界市场，使一切国家的生产和消费都成为世界性的了。"②在《共产党宣言》中，马克思、恩格斯生动描述了"资本主义先进国家—中心、落后民族国家—边缘"的经济全球化图景。

　　世界交往的进程是从局部向更大范围展开的，并且在不同国家或社会中展开的速度和影响存在差异。全球经济交往开始之后，处在先进地位的国家"主动"经济全球化，处在落后地位的附属国家"被动"经济全球化，每一个国家都受到了整个全球经济的制约。马克思和恩格斯在著作中都把世界分为"机器生产中心区"和"为中心区发展工业服务的主要从事农业的生产区"。恩格斯指出，19世纪上半叶"英国是农业世界的伟大的工业中心，是工业太阳，日益增多的生产谷物和棉花的卫星都围绕着它运转"③。"英国消费它们的

---

① 《马克思恩格斯全集》第10卷，人民出版社1998年版，第585页。
② 《马克思恩格斯选集》第1卷，人民出版社2012年版，第404页。
③ 《马克思恩格斯选集》第1卷，人民出版社2012年版，第72页。

大部分过剩原产品，同时又满足它们对工业品的大部分需要。"① 马克思在《关于自由贸易的演说》中提到，"生产咖啡和砂糖"并不是"西印度的自然禀赋"，而是由于世界贸易和殖民统治而被当成了咖啡树和甘蔗的产地。② 大机器出现之后，与之相适应的新的国际分工产生了，工业不发达地区服务于工业发达地区，"农业的生产地区"服务于"工业的生产地区"。

2. 文明与野蛮的二元色彩

蒸汽机的发明是手工劳动进入机器时代的分水岭，是人类进化和文明发展过程中具有里程碑意义的事件。蒸汽机本身只是一个产品，但是以蒸汽机为代表的工业和产业系统以此作为基础开始形成，使人类社会的生产力与生产关系发生了本质性变化。生产力和各国之间的交往关系是正向促进的，生产力越发展各国之间的分工关系越是复杂、深入，各国交往更为紧密。"大工业便把世界各国人民互相联系起来，把所有地方性的小市场联合成为一个世界市场，到处为文明和进步做好了准备，使各文明国家里发生的一切必然影响到其余各国。"③

资本要在世界扩张成功，必须依靠本国以及其他国家的生产关系和上层建筑的支持与配合。在本国，资产阶级利用自己的统治地

①《马克思恩格斯选集》第 1 卷，人民出版社 2012 年版，第 66 页。
②《马克思恩格斯选集》第 1 卷，人民出版社 2012 年版，第 374 页。
③《马克思恩格斯选集》第 1 卷，人民出版社 2012 年版，第 299 页。

位，通过立法、垄断意识形态等诸多方式来建立适合资本主义生产的生产关系和支持资本主义发展的上层建筑。在国际上，则通过占领殖民地、发达国家间达成妥协、战争等方式来为资本的扩张提供有利的环境和条件。它们把本国的制度移植到殖民地上，力图消灭殖民地上旧的生产关系，重建当地的上层建筑。这方面最典型的是英国在印度的统治。

马克思在《不列颠在印度统治的未来结果》一文中列举了英国人在印度的诸多做法：建立自由报刊；培育新的阶级；使用蒸汽机，修建铁路把印度与世界联系在一起，并改变其国内交往。之所以这样做是因为"使印度变成一个生产国对他们大有好处"①。当然，重建殖民地并不是和平进行的，而是通过暴力、流血完成的。"资产阶级文明的极端伪善和它的野蛮本性就赤裸裸地呈现在我们面前，它在故乡还装出一副体面的样子，而在殖民地它就丝毫不加掩饰了。"②

在《反杜林论》中，马克思指出："资产阶级本身最初是一个封建等级，当15世纪末海上航路的伟大发现为它开辟了一个新的更加广阔的活动场所时，它使封建社会内部的主要靠手工进行的工业和产品交换发展到比较高的水平。欧洲以外的、以前只在意大利和黎凡特之间进行的贸易，这时已经扩大到了美洲和印度，就重要性来

---

① 《马克思恩格斯文集》第2卷，人民出版社2009年版，第687页。
② 《马克思恩格斯文集》第2卷，人民出版社2009年版，第690页。

说，很快就超过了欧洲各国之间的和每个国家内部的交换。美洲的黄金和白银在欧洲泛滥起来，它好似一种瓦解因素渗入封建社会的一切罅隙、裂缝和细孔。手工业生产不再能满足日益增长的需要；在最先进的国家的主要工业部门里，手工业生产为工场手工业代替了。"①

资本不断扩张的本性使资本主义生产处于不断扩大的运动当中，资本主义生产又使世界市场的范围逐渐扩大，"创造世界市场的趋势已经直接包含在资本的概念本身中"。②资本作为产生剩余价值的价值，其自我生存和发展需要通过不断地占有剩余价值来维持，当资本的发展由于国内市场的相对狭小而受到阻碍时，就必定要突破国家的界限寻找更广阔的国外市场。马克思指出："商业的突然扩大和新世界市场的形成，对旧生产方式的衰落和资本主义生产方式的勃兴，产生过非常重大的影响，那末，相反地，这种情况是在已经形成的资本主义生产方式的基础上发生的。世界市场本身形成这个生产方式的基础。另一方面，这个生产方式所固有的以越来越大的规模进行生产的必要性，促使世界市场不断扩大。"③这说明，世界市场的逐步扩大与资本主义生产方式向世界的扩展是紧密关联的。

因此，在马克思看来，资本既具有一般生产要素的生产力特性，又具有映射资本主义特殊阶级逻辑的生产关系特性，是生产关系与

---

① 《反杜林论》，人民出版社 2018 年版，第 110 页。
② 《马克思恩格斯全集》第 46 卷上册，人民出版社 1979 年版，第 391 页。
③ 《马克思恩格斯全集》第 25 卷，人民出版社 1974 年版，第 372 页。

生产力的统一，而经济全球化是资本经济关系的世界市场呈现，或者说，是"资本世界市场关系的最高表现形式"。因此，在当作为生产关系的资本统摄作为生产力的资本时，资本便成为"资产阶级社会的支配一切的经济权力"①，相应地，经济全球化对世界历史的作用就表现为文明和野蛮的二元色彩。一方面，"疯狂的发展生产力"，对世界历史产生"伟大的文明作用"。比如把资本、劳动力、信息、技术和人才等各类资源的流动、流通时间无限趋近于零；资本和技术混合的全球价值链，使各国在社会生产、流通消费、精神共享等环节的上下游实现"高度融合"，从而为世界历史的进一步深化奠定科技、思想和文化基础。另一方面，"疯狂的追逐利润"，又使"现代的灾难"日益凸显。在自由资本主义时期主要表现为资产阶级殖民侵略、资源掠夺、战争屠杀等积累原罪，在金融资本主义的当代则主要表现为国际金融危机、逆全球化等经济霸权。② 在这个意义上，资本主义经济关系的存在和发展只有在世界市场中才能得到全面的解释和说明。

3. 历史向世界历史的转变

在人类告别动物后漫长的历史发展中，从起初孤立的发展逐渐向联系的发展，其间经济的交往，文化的交流乃至民族的融合，都

---

① 《马克思恩格斯全集》第 30 卷，人民出版社 1995 年版，第 49 页。

② 袁堂卫、张志泉：《逆全球化、再全球化的马克思主义分析》，《马克思主义研究》2019 年第 9 期。

对社会进步和文明发展起到了积极的作用。然而直到世界历史和全球化形成之前，各民族的发展在总体上依然是相对封闭的。世界历史和全球化造就了一个资本主义的世界体系，从此，各国的发展就不可能再孤立地进行，而是相互作用、相互影响、相互制约乃至相互依赖，尤其是落后国家的发展受到世界资本主义体系的强烈影响。[①]

作为总体的"世界历史"发展进程无疑建立在经济全球化基础之上，并由此引起整个资本主义文明的全球扩张。历史学家斯塔夫里阿诺斯洞察到，自1500年以来，"世界经济一体化的趋势就不曾停滞"[②]。马克思主义世界历史理论指明了人类社会的一体性和整体化发展大势，突出了全球发展的客观性和整体性，从宏观上探索人类社会发展的总体规律性。经济全球化提供了物质基础，推动历史向世界历史转变。

在《德意志意识形态》中，马克思指出："单个人随着自己的活动扩大为世界历史性的活动，越来越受到对他们来说是异己的力量的支配（他们把这种压迫想象为所谓世界精神等等的圈套），受到日益扩大的、归根结底表现为世界市场的力量的支配，这种情况在迄今为止的历史中当然也是经验事实。"[③]

---

① 周文：《经济学自主知识体系：中国特色社会主义政治经济学教程》，商务印书馆2023年版，第240页。
② ［美］斯塔夫里阿诺斯：《全球通史：从史前史到21世纪》，吴象婴等译，北京大学出版社2012年版，第4页。
③ 《德意志意识形态（节选本）》，人民出版社2018年版，第34页。

"世界历史"是在交往的发展中形成的，是生产力发展的结果。马克思、恩格斯提出的"世界交往""世界历史""世界经济"等概念毫无疑问是对大工业产生的社会经济影响的最直接回应。马克思深刻地阐述了17世纪以后大工业发展带来的新变化。他说："大工业创造了交通工具和现代的世界市场，控制了商业，把所有的资本都变为工业资本，从而使流通加速（货币制度得到发展）、资本集中。大工业通过普遍的竞争迫使所有个人的全部精力处于高度紧张状态。它尽可能地消灭意识形态、宗教、道德等等，而在它无法做到这一点的地方，它就把它们变成赤裸裸的谎言。它首次开创了世界历史，因为它使每个文明国家以及这些国家中的每一个人的需要的满足都依赖于整个世界，因为它消灭了各国以往自然形成的闭关自守的状态。"① 因此，"真可以说，自从有了这种全世界海洋航行的必要的时候起，地球才开始成为圆的"②。

马克思说："历史向世界历史的转变，不是'自我意识'、世界精神或者某个形而上学幽灵的某种纯粹的抽象行动，而是完全物质的、可以通过经验证明的行动，每一个过着实际生活的、需要吃、喝、穿的个人都可以证明这种行动。"③ 马克思、恩格斯在《德意志意识形态》中解释了世界历史的内涵："各个相互影响的活动范围在这个发展进程中越是扩大，各民族的原始封闭状态由于日益完善的

① 《马克思恩格斯文集》第 1 卷，人民出版社 2009 年版，第 566 页。
② 《马克思恩格斯全集》第 10 卷，人民出版社 1998 年版，第 592 页。
③ 《马克思恩格斯文集》第 1 卷，人民出版社 2009 年版，第 541 页。

生产方式、交往以及因交往而自然形成的不同民族之间的分工消灭得越是彻底，历史也就越是成为世界历史。"世界历史"是以生产力的普遍发展和与此相联系的世界交往为前提的"。①

由此可以看出，马克思是在两个层次上使用"世界历史"概念的。在第一个层次上，世界历史指的是个人的、民族的、地区的历史从相对孤立走向相互联系，相互影响、相互渗透、相互融合，从而形成共同历史。这种用法强调的是世界历史形成的动态过程，它是一种动态的历史观。在第二个层次上，世界历史指的是整个人类的历史。强调的是从世界的角度来看待人类历史，是一种整体的历史观。马克思说："整个所谓世界历史不外是人通过人的劳动而诞生的过程，是自然界对人来说的生成过程。"②

由资本主义所开创的世界历史与全球化进程，对落后国家发展的影响一方面是造成了落后国家对资本主义国家的依附性结构，落后国家在相当长的时期只能通过依附途径获得发展；另一方面，是西方发达国家向落后国家展示了发展的未来。"工业较发达的国家向工业较不发达的国家所显示的，只是后者未来的景象。"③为此，在列宁看来，世界历史是各个民族和国家相互依赖、相互影响、相互作用的必然结果。作为一个系统整体，它有着超越于各民族和国家历史之上的"系统质"，各个民族和国家的发展不可避免地受其运动

---

① 《马克思恩格斯文集》第1卷，人民出版社2009年版，第539—541页。

② 《马克思恩格斯文集》第1卷，人民出版社2009年版，第196页。

③ 《资本论》第1卷，人民出版社2004年版，第8页。

方向和规律的影响具体到资本主义世界历史时代而言，由于"人类的整个经济、政治和精神生活在资本主义制度下就已经愈来愈国际化了"[①]。在这样一个普遍联系的社会中，必须从整体上把握社会的发展。

世界市场是世界经济交互关系的空间转化，世界历史是人类交往在时间上的延伸，经济全球化就是世界历史的空间上的扩张。

二、全球化的概念争议

自20世纪90年代以来，全球化趋势日益明显，因此成为国内外众多专家和学者争相研究和广泛讨论的一个热点话题。不同专家和学者分别从经济学、政治学和社会学等多个学科视角对全球化进行了研究，呈现出百花齐放、百家争鸣的特点，研究内容主要包括全球化起源、演进和影响等，得出了相应结论，这在很大程度上丰富和拓展了全球化相关理论，以至于使全球化理论成了一个基于不同学科而形成的理论群。但由于各个学科分析范式不尽相同，因此，并未形成权威的、被各方所公认的全球化理论。正如德国科隆大学社会学研究所所长于尔根·弗里德里希斯所言："全球化这个概念，如本文将要说明的，具有多种含义。目前，它几乎成了一种标签，

[①] 《列宁全集》第23卷，人民出版社1990年版，第332页。

用以描述任何一种方式的国际关系和市场的国际化。就是在科学著作中，也被理解为各种不同的内容，没有统一的定义。"①

1. 全球化概念面面观

德国著名社会学者乌尔里希·贝克通过对全球性、全球主义、全球化三个概念分别阐述和区分研究来界定全球化，认为全球化指政治、经济、科技信息、生态环境、生产方式等跨文化冲突和世界各个领域均可感受的甚至生活举动和语言系统的无界限性。总之，全球化是既可感可知却又有晦涩难懂的一面，它在潜移默化中悄悄改变着人们的生活，使人不能够孤立的存在，不得不面对它、主动或被动的适应它。②

英国社会科学院院士、剑桥大学伊马纽学院名誉研究员大卫·莱恩教授指出："全球化是一个侵蚀国界，整合国民经济、文化、技术和治理手段并使国家间产生相互依赖的复杂关系的过程。"③牛津大学著名全球经济问题研究专家阿兰·鲁格曼则认为，全球化可以定义为跨国公司跨越国界从事外国直接投资和建立商业网络来创造价值的活动，并指出"全球化"一词已经被滥用，现今

① 张世鹏、殷叙彝：《全球化时代的资本主义》，中央编译出版社 1998 年版，第 2 页。

② ［德］乌尔里希·贝克：《什么是全球化？全球主义的曲解—应对全球化》，常和芳译，华东师范大学出版社 2008 年版，第 20 页。

③ 大卫·莱恩、苏珊珊：《全球化的困境与中国方案》，《当代世界与社会主义》2019 年第 5 期。

人们所理解的全球化概念太宽泛了，这些观点的麻烦在于完全曲解了跨国公司在全球化中的关键性驱动作用。[①]伦敦政治经济学院的莱斯利·斯克莱尔补充了全球化的经济、政治和意识形态驱动因素：一是跨国公司，在 2000 年前后，跨国公司主导了世界经济，其产值甚至大于许多民族国家；二是跨国政治机构；三是社会阶级变动，全球资产阶级崛起，工人阶级出现了去地域化；四是消费主义，贪得无厌的个人主义文化意识形态取代了阶级意识。

英国学者吉登斯从制度角度，把全球化看作是现代性的各项制度向全球的扩展。他认为全球化不过是现代性从社会向世界的扩展。它是全球范围的现代性因为"现代性骨子里都在进行着全球化"[②]。也有学者强调全球化是一个动态的、矛盾冲突的过程，是人类各种文化、文明发展要达到的目标。费舍斯通提出了全球文化出现的可能性。他认为全球文化的相互联系状态的扩展也是全球化进程，它可以被理解为导致了全球共同体"文化持续互动和交流的地区"的出现。[③]

还有一些学者认为全球化就是资本主义的全球化，随着全球化的不断发展最终将导致资本主义一统天下的结局。法国学者雅

---

① ［英］阿兰·鲁格曼：《全球化的终结》，常志霄等译，生活·读书·新知三联书店 2001 年版，第 6 页。

② ［英］安东尼·吉登斯：《现代性的后果》，田禾译，译林出版社 2011 年版，第 56 页。

③ Featherstone, M., 2020, "Problematizing the Global: An Introduction to Global Culture Revisited", *Theory Culture & Society*, 37(7–8): 157–167.

克·阿达说："论述全球化，就是回顾资本主义这种经济体制对世界空间的主宰"，"资本主义在空间进行的拓展已经遍及世界的各个角落，而全球化既是这一空间拓展的表现，也是并且首先是一个改变调整以至最后消除各国之间自然的和人为的疆界的过程。"① 美国学者阿里夫·德里克也认为，当代的全球化意味着资本主义进入了"全球资本主义"的新阶段，在这个阶段，"资本主义生产方式将第一次在历史上以真正意义的全球性分离形式出现。"②

英国学者简·阿特·斯图尔特对全球化有着不同的认识。他认为已有的四种关于全球化的解释：把全球化等同于国际化；新自由主义者及其较激烈的反对者把全球化视为自由化；把全球化视为世界性或世界化；把全球化视为西化、欧化和美国化等，都是不恰当的或者是多余的，在对其分析之后，斯图尔特提出了第五种关于全球化的解释，即超地域性的兴起以及由此出现的社会生活的相对非地域性。③

以上学者从各自研究领域出发，对全球化内涵进行了界定。但由于各位学者研究视角和研究立场不同，得到的结论也不尽一致。全球化作为人类社会发展的必然产物，备受世界各国关注始于20世

---

① ［法］雅克·阿达：《经济全球化》，何竟等译，中央编译出版社2000年版，第3页。

② ［美］阿里夫·德里克：《全球现代性：全球资本主义时代的现代性》，胡大平、付清松译，南京大学出版社2012年版，第21页。

③ ［英］简·阿特·斯图尔特：《解析全球化》，王艳莉译，吉林人民出版社2011年版，第46—53页。

纪 80 年代，但全球化却早已有着悠久的历史。印度学者纳扬·昌达在《大流动》一书中认为全球化源自人类追求更好更充实生活的基本欲望，商人、传教士、冒险家和武士是全球化的主要推动者，并提出早在 5.5 万年前，解剖学意义上的现代人类走出非洲时全球化就已经开始了。[①] 斯塔夫里阿诺斯在《全球通史》中提出全球化起源于 1500 年，从此以后随着通信技术和交通工具的不断发展，世界各地的交往联系日益密切，地区历史开始转变为全球历史。

2. 全球化与丝绸之路

通常全球化被看作是当代社会独有的现象。但早在 2000 年前，全球化就已经是事实，它提供着机遇，带来了问题，也推动着技术的进步。人们今日所熟知的"丝绸之路"贸易网络历史上就已经存在，它将中国太平洋沿岸和非洲及欧洲的大西洋海岸联系在了一起，使波斯湾和印度洋之间的货物流通成为可能，同样还有穿越亚洲之脊的、连接城镇和绿洲的陆上通道。

2000 多年以前，各大文明自成体系，却又都在不断扩展着自己的活动空间，通过战争、商贸、宗教和迁徙，将各自文化向周边扩散传播，与其他文明相互影响、相互渗透，或相互冲突。粗略地划分，自公元前 500 年到公元 500 年这千年中，欧亚大陆几大文明

---

① ［印］纳扬·昌达：《大流动》，顾捷昕译，北京联合出版社 2021 年版，第 2 页。

的往来，从零星变得频繁。根据郭卫东的研究，"古时的中外交易商货集中于丝绸（绢、纱、绫、罗、锦、缎等），瓷器（青瓷、白瓷、唐瓷、建窑瓷等），香料（胡椒、檀香、麝香、沉香、豆蔻、桂皮、生姜等），珍奇（琥珀、象牙、犀角、珠玑、玳瑁、贝壳等），异兽（狮虎、鹦鹉、大象、珍禽、长颈鹿等），贵金属（金、银）等类"。①

借用弗兰科潘在《丝绸之路》一书中的一段论述："今日纵横交错于亚洲，将中国与欧洲、里海、高加索山脉、波斯湾和东南亚各个角落连接在一起的新交通干线，追随的正是当年那些带着货物和信仰四处奔波的旅行者和圣贤者的足迹。跟随着朝圣者、军队、牧人和商人旅行的足迹，伴随着交易的进行、思想的交流、相互的适应和不断的提炼。他们传播的不仅是财富，还有死亡和暴力、疾病和灾难。19 世纪末期，这个蔓延四处的网络，丝绸之路，这个词最早在 1877 年德国地质地理学家李希霍芬的《中国》一书中出现，他把从公元前 114 年至公元 127 年间，中国与中亚、中国与印度间以丝绸贸易为媒介的这条西域交通道路命名为'丝绸之路'。"② 这条总长 7000 多公里的交通干道及支线，曾把古老的中国、印度、希腊、波斯等几大文明串联。驼队马帮和船只，装载着东方的丝绸、香

---

① 郭卫东：《鸦片战争前后中国与西方贸易的更新换代问题》，《近代史研究》2023 年第 5 期。

② ［英］彼得·弗兰科潘：《丝绸之路：一部全新的世界史》，邵旭东等译，浙江大学出版社 2016 年版，第 4 页。

料、宝石，西方的玻璃器皿、纺织品金属及货币，穿梭于陆路和海上，将欧亚大陆上的几大文明连接成一条不间断的文明地带。这是人类历史上第一次大规模的全球化，过程缓慢但意义深远。这一时期也是古典文明的鼎盛时期，从东到西，各大文明体都创造了辉煌的文化。

在公元 1500 年之前，尽管各大文明体之间存在着一定程度的相互联系，但这种联系从未达到全球体系所需的"持续互动、日益互依"的合作深度，更不具有共时性的特征。①

3. 全球化与全球市场体系

全球化起源于人类全球性的财富追求与市场扩张。在葡萄牙和西班牙的航海家经历了非洲海岸和大西洋的长期探险和拓殖之后，欧洲人把非洲的奴隶运往美洲，再把美洲白银运往欧洲和亚洲，以换取亚洲商品再运回欧洲。欧洲人从中实现了资本的原始积累，并建立了基于殖民开发的资本主义世界体系。在以往的生产和交易方式中，资本的投资和扩张方式无法带动整个经济体系，而欧洲人第一次做到了这一点。因此，欧洲获得了可以和中国、印度等富裕的亚洲国家平起平坐的地位，逐渐使欧洲从世界边缘地带变成了世界的中心。

恩格斯在《反杜林论》中指出："在 15 世纪末 16 世纪初，由

---

① 参见王湘穗：《美式全球化体系的衰变与前景》，《文化纵横》2016 年第 6 期。

于封建生产方式的崩溃，这种自由的劳动者才在历史上第一次大量地出现。但是由于这种情形，而且由于世界贸易和世界市场从那个时代起开始形成，所以就产生了一种基础，在这种基础上，现存的大量动产必然要越来越多地转化为资本，而以生产剩余价值为目的的资本主义生产方式，必然要越来越成为占绝对支配地位的生产方式。"①

在 16 世纪和 17 世纪，由于地理上的发现而在商业上发生的并迅速促进了商人资本发展的大革命，是促使封建生产方式向资本主义生产方式过渡的一个主要因素。世界市场的突然扩大，流通商品种类的倍增，欧洲各国竭力想占有亚洲产品和美洲宝藏的竞争热，殖民制度，所有这一切对打破生产的封建束缚起了重大的作用。但现代生产方式，在它的最初时期，即工场手工业时期，只是在它的各种条件在中世纪内已经形成的地方，才得到了发展。

在《资本论》中，马克思指出："如果说在 16 世纪，部分地说直到 17 世纪，商业的突然扩大和新世界市场的形成，对旧生产方式的衰落和资本主义生产方式的勃兴，产生过压倒一切的影响，那么，这种情况反过来是在已经形成的资本主义生产方式的基础上发生的。世界市场本身形成这个生产方式的基础。另一方面，这个生产方式所固有的以越来越大的规模进行生产的必要性，促使世界市场不断扩大，所以，在这里不是商业使工业发生革命，而是工业不断使商

---

① 《反杜林论》，人民出版社 2018 年版，第 219 页。

业发生革命。"①

但是，"那些还在奴隶劳动或徭役劳动等较低级形式上从事生产的民族，一旦卷入资本主义生产方式所统治的世界市场，而这个市场又使它们的产品的外销成为首要利益，那就会在奴隶制、农奴制等等野蛮暴行之上，再加上过度劳动的文明暴行"。②机器产品的便宜和交通运输业的变革是夺取国外市场的武器。机器生产摧毁国外市场的手工业产品，迫使这些市场变成它的原料产地。例如东印度就被迫为大不列颠生产棉花、羊毛、大麻、黄麻、靛蓝等。大工业国工人的不断"过剩"，大大促进了国外移民和外国的殖民地化，而这些外国变成宗主国的原料产地，例如澳大利亚就变成羊毛产地。正如马克思在《资本论》中所指出的，"一种与机器生产中心相适应的新的国际分工产生了，它使地球的一部分转变为主要从事农业的生产地区，以服务于另一部分主要从事工业的生产地区"。③

在马克思看来，资本主义生产方式笼罩下的世界市场存在不可调和的矛盾。资本无限累积的动力驱使西欧资本主义国家向各殖民地掠夺原料、倾销商品、压榨劳动价值，不断在全球范围内寻找更易于组织的劳动力与更优的再生产条件，将世界其他国家和地区变成西欧资本主义国家的消费市场与原料产地。那些原本由封建国家所主导的区域性市场，逐渐被新兴的资产阶级按照大工业发展需求

---

① 《资本论》第 3 卷，人民出版社 2004 年版，第 371 页。

② 《资本论》第 1 卷，人民出版社 2004 年版，第 273 页。

③ 《资本论》第 1 卷，人民出版社 2004 年版，第 519—520 页。

的意图，进一步发展为世界市场①。这种资产阶级主导的世界市场体系必然形成两大板块，一个是宗主国；另一个是被殖民、被掠夺的附属国。资本为了追求利润最大化，不断突破地域和行业的限制，寻求新的增值空间和方式。这种内在冲动推动了资本在全球范围内的扩张和渗透，重新配置生产要素和资源，形成了以资本主义生产方式为主导的世界市场。②

第一次工业革命期间，人们越来越认为印度最合适的地位是为西方工业提供原材料，包括原棉和靛蓝染料，同时充当英国商品的市场。这样一来，就使印度陷入了快速去工业化过程。③同样在贝克特看来，"西方国家控制关键的生产环节，维持对棉花经济的国际分工，全球南方国家的殖民地不仅生产棉花，还必须成为西方棉产品的消费市场"。④阿本霍斯和莫雷尔同样在《万国争先》一书中指出："在1900年，国际环境中的胜利者，是那些实现工业化的难度更低、速度更快的国家，其中就有美国、日本以及诸多欧洲国家。而各个前殖民地又已经在长期的殖民阶段中忘记了正常的发展模式，

---

① 栾文莲：《全球的脉动：马克思主义世界市场理论与经济全球化问题》，人民出版社2005年版，第292页。

② 吴耀国：《世界历史和世界市场的时空维度——基于历史唯物主义体系的全景化透视》，《武汉大学学报（人文科学版）》2016年第1期。

③ ［英］阿诺德·佩西、［英］白馥兰：《世界文明中的技术》，朱峒樾译，中信出版社2023年版，第348页。

④ ［美］斯文·贝克特：《棉花帝国：一部资本主义全球史》，徐轶杰等译，民主与建设出版社2019年版，第11页。

只能依赖熟悉的原材料出口贸易来继续维持运转。"① 这些在国际分工体系中的胜利者，也就是所谓的列强，就是第一批充分利用工业革命带来的优势的国家，也正因如此，它们才能塑造并主宰 19 世纪国际体系的经济、外交乃至文化规则。发达国家的垄断资本通过影响政府政策，参与国际组织，制定有利于自身的贸易和投资规则。他们推动自由贸易和市场开放，要求落后国家开放市场、削减关税，然而自身却保留对关键产业的保护措施。这种"双重标准"使得落后国家在国际竞争中处于不利地位，市场被外资占领，本土企业生存困难。

哈佛大学罗德里克教授指出："虽然经济全球化给发达国家带来了前所未有的繁荣昌盛，也使中国和其他亚洲国家的众多劳动者脱离了贫困，但它的根基浅薄。国内市场通常建立在国内的监管及政治制度基础之上，但全球市场的基础则很薄弱，没有全球性的反垄断权力机构，没有全球性的最后贷款人，没有全球性的社会安全网，当然也没有全球性民主。"②

当今世界正经历百年未有之大变局，新冠疫情使这一大变局加速演进，同时逆全球化思潮抬头，单边主义和保护主义明显上升，世界进入新的动荡变革期。站在经济全球化发展的十字路口，中国

---

① ［新西兰］马特耶·阿本霍斯、［加］戈登·莫雷尔：《万国争先：第一次工业全球化》，孙翱鹏译，中国科学技术出版社 2023 年版，第 43 页。

② ［美］丹尼·罗德里克：《全球化的悖论》，廖丽华译，中国人民大学出版社 2011 年版，第 10 页。

彰显负责任大国的历史担当，始终坚持对外开放的基本国策，坚定奉行互利共赢的开放战略，坚持经济全球化正确方向，积极融入经济全球化潮流，创造了中国经济与世界发展相互促进的伟大成就，成为全球经贸合作的积极参与者、全球自由贸易体系的坚定支持者、全球贸易便利化的重要引领者和全球经贸合作平台的改革贡献者，推动经济全球化朝着更加开放、包容、普惠、平衡、共赢的方向不断向前发展。

今天，我们坚持经济全球化正确方向，既是对社会生产力发展的客观要求和科技进步的必然结果的自觉坚持，也是对势不可当的历史潮流的深刻把握。经济全球化是历史大势、时代潮流。习近平总书记指出："历史地看，经济全球化是社会生产力发展的客观要求和科技进步的必然结果，不是哪些人、哪些国家人为造出来的。经济全球化为世界经济增长提供了强劲动力，促进了商品和资本流动、科技和文明进步、各国人民交往。"[1] 这一科学判断，植根于历史唯物主义的基本原理和方法论，符合人类社会历史发展客观规律。

三、世界体系论

发端于北美地区马克思主义思想流派的世界体系学派，是在沿

---

[1] 《习近平谈治国理政》第 2 卷，外文出版社 2017 年版，第 477 页。

袭西方马克思主义对工业文明及其意识形态批判传统中发展起来的。这一学派"将每个国家或地区的历史演进过程和从 16 世纪封建时代转变而来的资本主义世界经济都纳入一个全球性的时空视角"。[①] 20 世纪 60 年代以后，以萨米尔·阿明、贡德·弗兰克、多斯·桑托斯等为代表的依附论者接过了"发展主义"反对西方霸权的民族大旗，以发达资本主义国家与发展中国家间的"中心—外围"结构为理论支点，系统地考察了发展中国家落后的结构性原因。20 世纪 70 年代以后，依附理论进一步演进为"世界体系理论"，沃勒斯坦等左翼学者以"一体化"视角揭示了资本主义世界体系中不同国家和地区在经济、政治、文化等方面的不平衡状态和深层次原因，将这一流派的影响力推至顶峰。

1. 依附理论

阿根廷经济学家劳尔·普雷维什于 1950 年首次提出了依附理论的概念，并对世界范围内经济旧约秩序进行了批判，大力倡导新的世界经济秩序。在依附理论中，世界经济是由"中心—外围"两个部分组成的体系，包括中心发达国家和外围不发达国家，它们之间的经济关系不平衡。其中，外围不发达国家的技术进步与生产力的增长都被中心发达国家所侵吞，而外围不发达国家的工业

---

① ［美］詹姆斯·多尔蒂等：《争论中的国际关系理论》，阎学通等译，世界知识出版社 2013 年版，第 487 页。

化，必须实行贸易保护。这种不平等的经济往来发生在中心发达国家和外围不发达国家之间，中心发达国家利用多种剥削手段，使外围不发达国家的发展变得更加困难。因此，普雷维什把中心发达国家的发达和外围国家的不发达联系在一起考察，发现了后者对前者的依附关系。这一理论也成为研究拉丁美洲发展主义理论的开端。

20 世纪 60 年代，美国著名学者保罗·巴兰在其名著《增长的政治经济学》中把刨除了社会必要消费之后的社会产品叫作"经济剩余"，而经济发展的核心问题，正是经济剩余有多少，以及其中多大的比例能被用来进行资本积累。巴兰认为，"中心"和"外围"的分化取决于世界剩余产品在不同地区的分配以及经济剩余是否被合理地生产性利用。世界不平等地国际贸易关系导致发展中国家只能服务发达国家的经济结构。不发达国家的落后归因于经济剩余的转移，是由垄断资本主义的发展导致的，资本主义发达国家的发展是以牺牲不发达国家为代价的。

巴兰认为"把这些受害国家以前积累的和现时产生的剩余的一部分掠走，不可能不对这些国家的资本积累造成严重阻碍"。[①]落后国家的经济剩余通过援助关系、商品贸易和国际投资等三个途径被转移到中心国家，被欧美发达资本主义国家占有。发展中国家总是

---

① ［美］保罗·巴兰：《增长的政治经济学》，蔡中兴、杨宇光译，商务印书馆2014 年版，第 242 页。

处于不平等的国际交换关系中。资本主义发达国家跨国公司通过对外投资获取超额利润并将其源源不断地转移到母国，从而加剧中心和外围之间的不平衡性。

在国际分工体系中居于霸主地位的发达国家，决定了不发达国家的贸易方向和内容。同时，这种国际分工格局和经济结构，又进一步增强了发达国家的霸权地位。发达国家主导的国际分工体系，大大减少了不发达国家从全球性分工和专业化中获得的利益。巴兰认为，不发达国家要想获得长期的经济增长，消灭落后状态，就必须摆脱依赖一项或两项出口商品的经济结构，应该转向多样化生产。因此，发展中国家应该进行有效的计划，作好资本密集型和劳动密集型企业形式的选择，以便发展合理的对外经济联系。

在对剩余价值的研究上，法籍希腊经济学家阿吉里·伊曼纽尔认为发展中国家的低工资、高劳动强度，导致发展中国家的剩余价值率高于发达资本主义国家的剩余价值率。发达国家资本对外输出，通过国际分工获取更高的剩余价值，而剩余价值却由发展中国家转移到发达资本主义国家，因此发展中国家失去了积累资金和发展经济的手段。伊曼纽尔认为，工资的不平等是引起不平等交换的唯一原因。在国际贸易中，当代发达国家获取的超额利润并不是由发达国家雇佣工人创造的剩余价值，而是由不发达国家雇佣工人剩余劳动创造的价值的转移形式。

伊曼纽尔批判了李嘉图的比较成本理论，他认为按照比较优势进行国际分工，每个国家专门发展对它比较有利的部门，并不一定是最优结果，因为不发达国家面临着"交换不平等和它们的贸易条件不断恶化的局面"。[①]伊曼纽尔认为，有利于一些国家而不利于另一些国家的国际分工造成各国劳动生产率的不同，从而导致不平等的交换。他提出在国际范围内设立重新分配的机构，降低国际分工的不平等。

沿着保罗·巴兰的分析思路，德国马克思主义经济学家弗兰克认为，在旧国际分工格局下，世界资本主义体系是"宗主—卫星"结构，不发达的"卫星"是"宗主"发展的工具。第三世界国家被迫接受发达国家主导的专业化分工，从而形成"依附"的链条。在这个体系中，宗主剥削着卫星，致使卫星的发展不过是一种"不发达的发展"。[②]发展中国家"不发达的发展"状况是由世界资本主义体系造成的。弗兰克认为被纳入世界经济体系的发展中国家在经济、社会、政治中都服从发达资本主义国家的需要，经济发达和不发达都是资本主义世界体系发展的必然结果。在这个过程中，中心地区的经济发展很大一部分得益于附属地区的经济剩余。在垄断资本占统治地位的世界贸易格局中，必然出现宗主国向卫星国攫取经济剩余的结果。卫星国表现为"一种工具"，即"它从自身的卫星榨取资本或经济剩余，并且把其中的一部分输送到一切都成为其卫星的世

---

① ［希腊］阿吉里·伊曼纽尔：《不平等交换》，文贯中、汪尧田等译，中国对外经济贸易出版社 1988 年版，第 274 页。

② ［德］安德烈·冈德·弗兰克：《依附性积累与不发达》，高戈译，译林出版社 1999 年版，第 1 页。

界性宗主中心去"。①

弗兰克认为，在资本主义世界体系不合理的国际分工中，存在主导和依附的关系。在这种不对称、不平等结构中，落后地区不可能独立自主地发展经济，发展中国家和发达国家的经济联系越密切，发展中国家的依附状况越严重，只有当这种依附关系减弱时，不发达国家的经济才能发展。弗兰克认为不发达国家只有降低依附性，才能获得经济的持续发展。发展中国家应该割断与发达国家的经济联系，打碎转移经济剩余的依附链条，从而实现经济发展的自主性。因此，发展中国家在世界资本主义体系中必须摆脱依附、走独立自主的工业化道路，才能实现本国经济的可持续发展。

巴西经济学家卡多佐对去依附路径作出了乐观的独特设想，他曾于 1972 年在《新左翼评论》(*New Left Review*) 上发表《拉美的依附性及发展》一文指出，传统依附理论似乎将"依附"和"发展"绝对对立起来，认为存在依附就不能发展，要发展就必须摆脱依附，忽视了二者结合的可能性。他将"依附的发展"看作动态变化的过程，认为依附与发展这对矛盾可以实现结合。当外围资本主义发展到一定程度后，外国资本、本地国家资本和本地私人资本之间能够寻到一定的共同利益，由此联动并结合起来。通过对依附"共生利

---

① ［美］查尔斯·威尔伯：《发达与不发达问题的政治经济学》，高铦译，商务印书馆 2015 年版，第 165 页。

用"，迂回实现对原有剥削秩序的"变相脱钩"，为发展中国家社会经济发展带来助益。

卡多佐指出，在全球资本主义体系中，发达经济和欠发展经济的差异表现为在统一的生产和分配的国际经济体系中的作用和位置不同，各经济体的地位不平等，从而形成一种支配与被支配的关系。在欠发展经济体内，外部市场对内部市场起着决定性作用。因此，卡多佐认为："这种分析方法意味着应该承认欠发展社会在社会政治范围内存在着某种类型的依附。从历史上看，这种依附是随着资本主义起源国家的经济扩张开始的。"[①]

卡多佐同时指出当跨国公司渗透于发展中国家时，新的国际分工将对发展中国家的国内市场产生重要影响。他认为跨国公司控制着发展中国家的工业化结构，从而导致国际交换的不平等，世界市场上产生的大量经济剩余不断流向发达资本主义国家。也就是说，如果一个国家的生产体系只有依靠国外技术和资本的参与，或是不得不从属于国际贸易体系才能获得经济增长的话，那么，"本国生产者在很大程度上丧失了在国内建立一套自主的权力和资源分配体系的能力"。[②]

另一位巴西经济学家多斯桑托斯在代表作《帝国主义与依附》

---

① ［巴西］费尔南多·恩里克·卡多佐、恩佐·法勒托：《拉美的依附性及发展》，单楚译，世界知识出版社 2002 年版，第 23 页。

② ［巴西］费尔南多·恩里克·卡多佐、恩佐·法勒托：《拉美的依附性及发展》，单楚译，世界知识出版社 2002 年版，第 49 页。

中指出，依附概念是拉美地区讨论不发达与发展问题而产生的。"依附是这样一种情况，即一些国家的经济受制于它所依附的另一国经济的发展和扩张……依附状态导致依附国处于落后和受统治国剥削这样一种局面。"

多斯桑托斯认为，随着跨国公司的资本输出，产生了一种新的国际分工，这种国际分工的基础在于根据科技革命的发展所确定的国际模式。跨国公司期望"在依附国开辟一条能使它们利用那里十分低廉的劳动力和其他许多可供利用的优越条件的投资途径"。[①] 随着国际分工形式的发展演变，第二次世界大战之后产生了一种新的依附形式：技术—工业型依附。发展中国家工业发展时期，在技术、外贸等方面依附于发达资本主义国家。

"新的依附结构"对发展中国家的经济发展产生了"结构性束缚"，外资控制发展中国家最有活力的部门，从而使大量的经济剩余流往国外。发展中国家的工业发展受到发达资本主义国家技术垄断的严重制约，因此发展中国家在工业发展中不得不使用发达资本主义国家被先进技术替换下来的机器。国际大资本基于技术优势，控制了第三世界的廉价劳动力，从而在本国市场之外建立新的生产单位。新国际分工格局下，中间产品贸易逐渐增加，"占统治地位的中心所生产的机器、零件和原料的出口增加，取代了制成品的出

---

① ［巴西］特奥托尼奥·多斯桑托斯：《帝国主义与依附》，毛里金等译，社会科学文献出版社 1999 年版，第 31 页。

口"。^①中心国家对外投资，利用当地廉价劳动力完成产品的最后生产工序，而所用的零件大多是中心国家自己生产的。

新国际分工的双重性，导致依附国发展的不可持续性。多斯桑托斯认为这种新的国际分工，表面上看来有利于依附国的技术开发和工业发展，但实际上依附国的技术水平远低于国际水平，他们只能利用纯粹进口的技术加紧开发自己的劳动力和自然资源。依附国在短期可以从新的国际分工中得到一些好处，但是掌握技术、资本和管理的跨国公司把大量的利润转移回本国，不能为依附国解决发展的根本问题。由于依附国对中心国严重的技术依赖，中心国的每一项投资都会加深这种依赖程度。发展中国家要走出依附，就必须变革它们参加国际体系的方式及国内经济结构。多斯桑托斯以拉丁美洲为例提出，发展中国家必须建立"内向型发展"机制，即"需要一种面向这些国家内部市场的发展"。^②

2. 中心—外围理论

迄今为止的经济全球化，在很大程度上是资本主义生产方式在世界范围内的扩展，是资本主义将其基本矛盾扩散到全球范围的过程，而发展中国家在这个过程中受到剥削和压榨。"在旧的分工中，

---

① ［巴西］特奥托尼奥·多斯桑托斯：《帝国主义与依附》，毛里金等译，社会科学文献出版社 1999 年版，第 30 页。

② ［巴西］特奥托尼奥·多斯桑托斯：《帝国主义与依附》，毛里金等译，社会科学文献出版社 1999 年版，第 282 页。

不发达国家供应原材料，发达国家提供制成品"①，"不平等交换的条件——即不发达的再生产就这样逐渐形成。前资本主义农业关系的畸形以及手工业的破产造成了没有工业化的城市。一端是劳动力报酬的低下，另一端是资本的集中，促使外国资本在外围国家建立用于出口的现代生产部门"②。由此，"贫者越贫，富者越富"这个现象在经济全球化的驱使下没有丝毫改善的痕迹。

资本无限累积的动力驱使西欧资本主义国家向各殖民地掠夺原料、倾销商品、压榨劳动价值，不断在全球范围内寻找更易于组织的劳动力与更优的再生产条件，将世界其他国家和地区变成西欧资本主义国家的消费市场与原料产地。③ 在资本原始积累时期，西方国家凭借对非西方国家的绝对优势和殖民征服，掌控了经济全球化的资本主义权力、资本主义专利，"美洲金银产地的发现，土著居民的被剿灭、被奴役和被埋葬于矿井，对东印度开始进行的征服和掠夺，非洲变成商业性地猎获黑人的场所——这一切标志着资本主义生产时代的曙光。"④

西方资本主义垄断资本的扩张，使得外围国家的工业居于从属

---

① ［埃及］萨米尔·阿明：《不平等的发展》，高铦译，商务印书馆 2000 年版，第178 页。

② ［埃及］萨米尔·阿明：《不平等的发展》，高铦译，商务印书馆 2000 年版，第173 页。

③ 李直、刘越：《马克思主义视角下的当代国际分工理论：缺失、复归与融合》，《政治经济学评论》2022 年第 5 期。

④ 《马克思恩格斯文集》第 5 卷，人民出版社 2009 年版，第 860—861 页。

地位，中心和外围的差距会拉大。"在贸易关系中采取主动的是中心国家——中心国家把专业化的特定形式强加给外围国家。"[①]中心和外围的分工是中心所要求的专业化分工形式，外围的出口服从于中心的需求。在国际贸易理论体系中，经典的比较优势理论及其各种扩展模型一直处于核心地位。但是，这种最初从几百年商业殖民主义实践基础上发展出来的贸易理论是一个循环往复的"贫穷的理论"，后发国家一旦服从安排就只能专注于生产力增长缓慢的行业，从而被锁定在幼稚状态，专业化于贫困。

埃及学者萨米尔·阿明指出，二战之后跨国公司在边缘国家不断发展，生产活动分布在世界各地，资本主义世界技术革命的发展形成了一种新的不平等国际分工形式，旧国际分工正在被一种公司内部的分工所取代。在跨国公司内部国际分工中，发展中国家提供的只是利用低工资制成的初级产品和制成品，发达资本主义国家提供的是设备和软件。边缘国家对中心国家在技术和资金上产生依赖，新的分工加深了不平等交换。

在阿明看来，资本主义生产同时就是"生产和再生产资本主义社会关系本身"，以交换价值为基础的资本主义生产是在世界市场扩张的前提和条件下发展起来的，只有不断越出"中心"范围，建构与边缘国家之间的支配性结构，资本主义生产方式才能够不断消除

---

① ［埃及］萨米尔·阿明：《不平等的发展》，高铦译，商务印书馆2000年版，第218页。

外部障碍，并将其转化为自身的内部要素。只有从根本上改造世界范围内的生产关系，以攫取剩余价值为目的的资本主义生产才能真正成为贯穿世界体系的总体趋势。

或者说，在由资本主义生产方式所改造和支配的世界体系中，资本主义生产成为统一的或一体化的资本主义世界体系的再生产。①要打破世界资本主义体系中的中心与边缘的现行国际分工形式，寻求平等的发展，发展中国家必须增强自力更生的能力，实行"自主中心的战略"，而"一个自主中心的战略必须建立在同时生产消费品和资本货的基础之上。对外贸易应当包括消费品和生产设备，以此建立平等交换的条件"。②

阿明的理论充满着斗争精神与批判色彩，他认为资本主义在本质上是两极分化的，这主要体现在世界范围内的"中心—边缘"结构上，不平等交换与世界规模的积累导致了世界资产阶级对世界无产阶级、帝国主义国家对其他国家的持续剥削。大部分发展中国家和欠发达国家在实际上对帝国主义形成了"依附"，从而也就被剥夺了在资本主义制度内通过经济发展赶超发达国家的机会。国家地位的不平等反映的是世界范围内阶级的不平等。阿明的世界体系分析与马克思研究资本主义生产方式的历史科学原则具有一致性，在世

①　户晓坤：《世界体系与现代化替代方案：萨米尔·阿明与俄罗斯左翼学者的对话》，《世界哲学》2023 年第 2 期。

②　［埃及］萨米尔·阿明：《不平等的发展：论外围资本主义的社会形态》，高铦译，商务印书馆 2000 年版，第 177 页。

界体系理论内部形成了与伊曼纽尔·沃勒斯坦、安德烈·弗兰克、乔瓦尼·阿瑞吉和费尔南德·布罗代尔等学者不同的研究路向。

3. 世界体系理论

世界体系理论兴起于 20 世纪 70 年代的美国，其重要标志是纽约州立大学伊曼纽尔·沃勒斯坦《现代世界体系》第一卷这部著作的出版。它既是对现代化经典理论与依附理论的重大突破，又是现代化理论深入发展的重要标志。

沃勒斯坦认为："自延长的 16 世纪以来，现代世界体系就已经是一种资本主义世界经济。"[①]资本主义的百年发展历史清晰地反映出一个无可争辩的事实，即世界日益被划分为发达与不发达的两大部分，二者在物质生产力发展水平上存在着天壤之别。"中心"发达经济体与"边缘"不发达经济体之间存在着明显的总体性、结构性差异。发达国家的资本积累不是内生优势的结果，而是剥削外围的产物；落后国家的不发达从根本上讲也不是源于其内部的落后性，而是源自不平等的专业化分工和在世界体系中所处的不利地位。[②]

现代世界体系也是一个动态的发展过程。这种动态体现在两个方面：一是世界体系是在时间轴上的纵向发展和变化。沃勒斯坦在

---

① ［美］伊曼纽尔·沃勒斯坦：《现代世界体系》第 4 卷，郭方等译，社会科学文献出版社 2013 年版，第 342 页。

② ［英］安东尼·布鲁厄：《马克思主义的帝国主义理论：一个批判性的考察》，陆俊译，重庆出版社 2009 年版，第 16—18 页。

写作四卷本的鸿篇巨著《现代世界体系》时，把这种判断鲜明地表现在每一卷的副标题上。他利用副标题的形式把世界体系的发展分为四个阶段：（1）16世纪的资本主义农业与欧洲世界经济的起源；（2）重商主义与欧洲世界经济体的巩固：1600—1750；（3）资本主义世界经济大扩张的第二时期：1730—1840年代；（4）中庸的自由主义的胜利：1789—1914。二是世界体系在横向上的结构变化。中心、半边缘和边缘的关系随着经济政治条件的变化而有所变化。在中心方面，世界体系的中心先后经历了从荷兰到英国再到美国的几次转变，半边缘的地位并不稳定，其中的组成部分会蜕变为边缘，而边缘中的部分也会上升为半边缘。①

沃勒斯坦在《现代世界体系》第一卷的《导言》中说："这里（不是为所有集团的利益而研究世界体系）就产生了我们的责任感。它取决于我们对美好社会的憧憬。既然我们要求有一个较平等较自由的世界，我们必须了解达到这一境界的各种条件。而要做到这一点，首先要求对迄今为止现代世界体系的性质和演变有个明晰的揭示，同时对它现在和未来在各方面或许可能取得的发展的幅度也须加以说明。就我的承诺范围而言，这种力量对那些代表世界上大多数深受压迫的人们的利益的集团应该是极其有用的。"②

---

① 杨雪冬：《马克思主义经典作家关于全球化和时代问题的基本观点研究》，人民出版社2017年版，第137页。

② ［美］伊曼纽尔·沃勒斯坦：《现代世界体系》第1卷，尤来寅等译，高等教育出版社1998年版，第10页。

在此基础上，沃勒斯坦对当时解释发展中国家不发达原因的"依附理论"和盛行于社会科学界的以民族国家为单位的研究及方法提出了挑战。沃勒斯坦认为发展主义与世界体系理论相比有两个区别一是发展主义的观点是机械式的，而世界体系理论则是辩证的。因为后者研究的目的不是只找出"形式结构"，而是找出真正的"实质结构"，以发现整体和部分在维持及改变某一结构时产生的后果。二是世界体系理论更具有实践性。它并没有像发展主义那样把国际政治的基本问题视为某些中心国家间的关系，而是把强国之间的关系看作世界体系中的组成部分。

为了解决发展主义不能回答非西方社会不发达的问题，沃勒斯坦开始了理论上的探索。他认为既有的分析单位和分析方法都难以用来解释近代以来的世界历史的发展，尤其是无法回答西方和非西方发展道路的分途。他认为长期以来把民族国家或民族社会作为分析的基本单位的方法实际是片面的和模糊的，既无法把西方社会和非西方社会在近代的变迁完整地涵盖进去，又难以解决整体和部分的关系，因为二者不是社会系统，而是封闭的单位，无法解释社会系统中的总体社会变迁和局部的变迁。[①]

因此，沃勒斯坦主张用"体系"来代替民族国家，用世界体系来概括近代以来世界的总体状态。这样可以解决传统理论在解释现

---

① ［美］伊曼纽尔·沃勒斯坦：《现代世界体系》第1卷，尤来寅等译，高等教育出版社1998年版，第6页。

代世界和个体社会时难以弥合的整体和部分、普遍和特殊、抽象与具体、政治与经济的分离。实际上，沃勒斯坦所提倡的分析单位的替换表明了他的整体历史观，他认为："人类对明智地参与自身系统的进化能力，取决于他对整体的洞察能力。"[1]沃勒斯坦的整体历史观得到了以布罗代尔为代表的年鉴学派的观点和方法的支持。后者提倡的长时段、跨空间立体地再现和解读历史的方法成为沃勒斯坦建构世界体系理论的重要工具。

沃勒斯坦借助大量的历史文献指出，14、15世纪欧洲的封建制度出现了全面的危机，这场危机为16世纪以后欧洲的扩张及经济转变提供了前提和背景。虽然关于这场危机的原因有许多说法，但是沃勒斯坦认为有一种解释似乎更为合理："封建制度的危机是一种定期趋势一个直接的周期性危机和气候条件恶化引起的衰退汇合在一起形成的危机局势。"[2]这场危机在政治、经济和文化领域中都造成了深刻的影响，庄园制度、领主制度等封建制度的存在基础受到了动摇，基督教遭到了多方面的攻击，漫长的中世纪行将结束。在随后的世纪中，欧洲出现了三个重大的变化：地理的扩张，生产方式的多样化及民族国家的发展和壮大。这些变化使一种新的占有剩余产品的方式——资本主义的生产方式的出现成为了可能。地

---

[1] ［美］伊曼纽尔·沃勒斯坦：《现代世界体系》第1卷，尤来寅等译，高等教育出版社1998年版，第10页。

[2] ［美］伊曼纽尔·沃勒斯坦：《现代世界体系》第1卷，尤来寅等译，高等教育出版社1998年版，第28页。

理扩张提供了世界市场，生产方式的变化伴随着更有效更扩大的生产力的发展，民族国家为经济提供了强大的国家机器的协助。这样，到 1450 年时，创建资本主义世界经济体的舞台就在欧洲确立起来。

沃勒斯坦的结构论是对"依附理论"中的结构主义的基本观点的继承和发展。与后者不同的是，世界体系理论认为影响边缘发展的外部因素不是由核心与该边缘联系的紧密度决定的，而是由该边缘在单一世界体系中占有的结构位置决定的。在这个立论的基础上，沃勒斯坦把依附理论中的"中心—边缘"修正为"中心—半边缘—边缘"，用居于中心和边缘之间的"半边缘"来使原来的解释模式更有弹性，更有操作性。沃勒斯坦所建构的世界体系的核心是生产分工。世界体系实际上就是一种分工模式，分工决定了中心、边缘、半边缘在体系中的位置以及位置的变动他说，世界体系就是"具有广泛劳动分工的实体。这种分工不仅仅是功能上的——即业务上的——而且是地理上。那就是说，各项经济任务的区域分布不是均匀地分布于整个世界体系"①。

世界体系学派把非洲、拉丁美洲和亚洲等第三世界国家和地区的发展问题纳入自己研究主题，体现了"历史唯物主义世界体系史……不应以欧洲为中心，也要防止其他任何形式的中心论。一

---

① ［美］伊曼纽尔·沃勒斯坦：《现代世界体系》第 1 卷，尤来寅等译，高等教育出版社 1998 年版，第 428 页。

种综合性的世界体系史应该以全人类为中心"的价值取向。① 观察过去 500 年世界资本主义体系发展进程的历史，人们不难发现，世界体系中的每一个周期的延续时间大致都在一百多年。每一个周期，都会经历一段从萌芽、壮大到衰落的过程；每一个周期的主导国家都会因自身的固有缺陷而爆发整体性的危机。危机的结果，是原有周期的主导国家被更有效率、更强有力的新生力量所替代。此时，资本主义全球化又进入到一个新的周期。布罗代尔和阿瑞吉等人把这种反复出现的现象，称为资本主义体系演进变化的"周期律"。

四、全球化及其不满

作为 2001 年度诺贝尔经济学奖得主之一，约瑟夫·斯蒂格利茨在经济学界的地位早已得到确认，但他再次被人们广泛关注的，并非他在信息经济学、劳动力市场分析等方面的贡献，而是有关全球化进程及其矛盾冲突等方面的真知灼见。

《全球化及其不满》在 2003 年一经出版就迎来了热议，并被翻译成 25 种文字，全球销量突破 100 万册。在这本书中，斯蒂格利

① ［德］贡德·弗兰克、［英］巴里·吉尔斯：《世界体系：500 年还是 5000 年？》，郝名玮译，社会科学文献出版社 2004 年版，第 132 页。

茨回顾了过去数十年在全球化的大背景下，亚洲和拉美的金融危机的前因后果，第三世界和一些东欧国家经济发展和社会转型的经验和教训，以及以国际货币基金组织为首的国际组织南辕北辙的努力。在这些描述的基础上，斯蒂格利茨批评了华盛顿政经界盛行的市场原教旨主义，倡导国际经济金融政策制定的民主性和公开性，要求改革主要国际金融组织。更为重要的是，斯蒂格利茨向权威的经济学家和国际政策的制定者发出了道德挑战，指出了他们置华尔街金融资本利益于贫穷国家之上的错误行径，呼吁经济学和经济政策向人性回归。

在《全球化及其不满》一书出版 15 年后，新的不满情绪终于将这一信息，传到了发达经济体身上。《全球化逆潮》一书中鲜明讽刺了新的不满情绪，"全球化最具讽刺之处是发达国家新的不满——按自身利益制定规则的国家。但正如我一再解释的那样，这些规则代表的不是美国和其他发达国家的普通公民的利益，而是代表大公司和金融集团的利益"。[1] 在本书中他公开批评国际货币基金组织和美国财政部，指出他们往往根据意识形态和市场原教旨主义，并把华尔街的利益放在贫困国家的利益之上，给寻求资助的发展中国家提供"标准"的解决方案，而不考虑给这些国家的人民带来何种影响。

---

[1]　［美］约瑟夫·斯蒂格利茨：《全球化逆潮》，李杨等译，机械工业出版社 2019 年版，第 113 页。

1. 对新自由主义的批判

在 2003 年出版的《全球化及其不满》一书中，在对新自由主义的批判中，斯蒂格利茨通过深入揭示市场机制的缺陷，反过来强化凯恩斯主义关于政府干预的合理性，为阐述新国家干预理论的框架进行铺垫。针对新自由主义依赖于"看不见的手"这一理论基础，斯蒂格利茨直指其缺陷，那个被认为是最好的经济模式"自由化"和"全球化"的自由市场经济，并没有为大多数人提供福利，即使是在美国这个似乎最自由化、最全球化和最市场化的国家里也是如此。①

斯蒂格利茨指出："市场本身不会确保全球化将增加国家蛋糕的大小，全球化本身也不会。例如，如果工作机会的减少超过就业创造，因为金融市场功能失调了，而且不能给那些想利用全球化机遇的人提供他们要求的资金。甚至当全球化增加了国家蛋糕的规模时，市场本身并不能确保不会存在大量的生活状况变得更糟的人。而且如果全球化管理得不好，也没有被很好地管理，失败者的损失就会更大。"②

20 世纪 90 年代是对市场的信仰迅速膨胀的十年。但是历史并

---

① ［美］约瑟夫·斯蒂格利茨：《全球化逆潮》，李杨等译，机械工业出版社 2019 年版，第 13 页。

② ［美］约瑟夫·斯蒂格利茨：《全球化逆潮》，李杨等译，机械工业出版社 2019 年版，第 41 页。

没有在这里终结，21 世纪刚刚开始，金融泡沫破碎，市场道德沦丧的后果正在凸显，全球性的经济衰退出现。国际金融组织指导下的发展中经济和转型经济毫无例外地遭遇了各种危机，而中国成功的独立的渐进式改革呈现了独一无二的大气象，但是华盛顿的主流社会对此是不愿意去深想的。如今，市场原教旨主义者控制着国际货币基金组织；他们相信市场基本上能够很好地运行，而且政府基本上运行得很糟糕。[1] 对国际货币基金组织来说，自由化的金融体系本身就是目的。它对市场的信任显得非常幼稚，以至于它相信自由化的金融体系会降低贷款的支付利率，并因此而获得更多可利用的资金。国际货币基金组织对其教条主义立场的正确性是如此确信，以至于它对实际经验毫无兴趣。[2]

斯蒂格利茨警告："如果我们始终坚持一个过分乐观的观点，即市场始终都是高效的，并且如果我们认为收入分配脱离市场的过程必然可以被社会接受；如果我们拥有我们之前的那种全球化——不是基于自由市场原则，而是为发达国家的大公司和金融产业福祉进行管理的；如果我们假设家庭和企业可以自行适应体制的变化，那么，调节全球化是不可能的。"[3] 斯蒂格利茨在《重构美国经济规则》

---

[1]　［美］约瑟夫·斯蒂格利茨：《全球化逆潮》，李杨等译，机械工业出版社 2019 年版，第 260 页。

[2]　［美］约瑟夫·斯蒂格利茨：《全球化逆潮》，李杨等译，机械工业出版社 2019 年版，第 110 页。

[3]　［美］约瑟夫·斯蒂格利茨：《全球化逆潮》，李杨等译，机械工业出版社 2019 年版，第 64 页。

一书中指出："美国创建的是让极少数人受益并扼杀经济长期增长的充满扭曲的市场经济，2008 年金融危机及随之而来的全球大萧条就是无序的市场经济活动的教训。"[①] 新自由主义思潮一步步造成当前美国的产业空心化、贫富悬殊、政治立场大分裂等。要发挥政府作用，减少对市场的过分依赖，加大政府的监管作用，政府在为市场提供规则和监管之外还深度参与技术进步等公共产品的提供，只有这样能够对修正市场失灵作出贡献。

市场自身无法实现可持续性的共同繁荣。尽管市场在任何运转良好的经济体中都发挥着举足轻重的作用，但它们往往无法实现公平而有效的结果。[②] 斯蒂格利茨认为"市场并不是凭空出现的，而是被构建而成的"[③]。关于这一认知，文一同样在《伟大的中国工业革命》中指出："自由市场从来不是免费提供的，更不是天然就存在的。因此市场是一个昂贵的公共品，需要政府来建设。"[④] 二者有着异曲同工之妙。

[①] ［美］约瑟夫·斯蒂格利茨：《重构美国经济规则》，张昕海译，机械工业出版社 2017 年版，第 14 页。

[②] ［美］约瑟夫·斯蒂格利茨：《美国真相：民众、政府和市场势力的失衡与再平衡》，刘斌夫等译，机械工业出版社 2020 年版，第 18 页。

[③] ［美］约瑟夫·斯蒂格利茨：《美国真相：民众、政府和市场势力的失衡与再平衡》，刘斌夫等译，机械工业出版社 2020 年版，第 20 页。

[④] 文一：《伟大的中国工业革命：发展政治经济学一般原理批判纲要》，清华大学出版社 2016 年版，第 152 页。

2. 收入不平等

斯蒂格利茨曾表示，他之所以长期关注收入不平等问题，根本原因是收入不平等影响广大中底阶层群体的生存和发展，限制了人的可行能力。在斯蒂格利茨看来，美国银行家们受到金钱激励而从事过度冒险和短视行为并做不透明的假账，最终导致了 2008 年的金融危机就是金钱激励高成本的典型例子。斯蒂格利茨指出，主张用收入不平等这种方式激励人们努力工作背后的基本依据，是标准经济理论在行为研究中盛行的个人主义：每个人评价事物的出发点都不会考虑其他人的付出、工资和待遇；羡慕、嫉妒或者公平感等情绪都不存在或者不应该存在，这些情感在经济行为中也无足轻重，经济分析应该在忽视它们的情况下进行。标准经济理论显然高估了个体的自私性而低估了个体的其他道德情感，低估了人与人之间相互关联的重要性。①

斯蒂格利茨认为，随着资本主义进入全球化和金融化时代，资本（精英阶层）对下层的剥削，早已不是 19 世纪马克思所说的工厂主对劳动者个体"剩余价值"的剥削，而是利用国家的力量和全球化、金融化和数字化工具，绕过了工人与企业主的合同环节，使上层对中下层剥削正常化、合法化，形成一种隐性且"合法"的剥削

---

① ［美］约瑟夫·斯蒂格利茨：《不平等的代价》，张子源译，机械工业出版社 2013 年版，第 97 页。

体系："即使在房价上升的时期，财富也仅仅是流向了上层极少数人的口袋里，而中层以及底层人因为通货膨胀，他们的实际收入是下降的。"①

在《美国真相：民众、政府和市场势力的失衡与再平衡》一书中，斯蒂格利茨开篇就直接表明："我写本书的首要目标是加深人们对国家财富真正由来，以及在加强经济的同时，国家要如何确保经济增长的成果能得到公平分配的理解。"②"我们对剥削缺乏深刻理解，首当其冲的就是对市场势力的概念理解不足。美国将太多的精力用于剥削他人，而真正用于创造财富的努力却远远不够。"③在全球大多数国家，不平等程度越来越高，那些遵循美国经济模式的国家通常比遵循其他模式的国家情况更差，尽管其结果并不像美国那样糟糕。我们不仅需要重视顶层和底层人民之间的差距，还要看到大多数人都处于水深火热之中。美国正在逐渐退化为"一美元一票"而不是"一人一票"的"民主"国家。④如果社会需要一个有效的制衡体系来遏制富人对权力的滥用，就必须创造一个财富和收入分

---

① ［美］约瑟夫·斯蒂格利茨：《美国真相：民众、政府和市场势力的失衡与再平衡》，刘斌夫等译，机械工业出版社 2020 年版，第 185 页。

② ［美］约瑟夫·斯蒂格利茨：《美国真相：民众、政府和市场势力的失衡与再平衡》，刘斌夫等译，机械工业出版社 2020 年版，第 17 页。

③ ［美］约瑟夫·斯蒂格利茨：《美国真相：民众、政府和市场势力的失衡与再平衡》，刘斌夫等译，机械工业出版社 2020 年版，第 45 页。

④ ［美］约瑟夫·斯蒂格利茨：《美国真相：民众、政府和市场势力的失衡与再平衡》，刘斌夫等译，机械工业出版社 2020 年版，第 21 页。

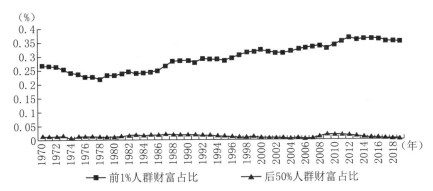

图 1　1970—2019 年美国财富不平等情况（前 1% 与后 50% 人群财富占比）
资料来源：世界财富与收入数据库（WID）。

配更加平等化的经济体制。

　　新自由主义强调自由竞争，取消政府监管和干预，削减社会福利，并削弱工会的势力，从而导致收入从劳动向资本严重倾斜，造成劳工阶级与资本家阶级收入差距进一步扩大；通过发展金融取代工业发展在国家经济产业结构中的重要地位，通过资本市场的股权重组实现股东价值最大化的终极目标。新自由主义的实质并非创造整体的社会财富，而是对资本和财富的重新分配，这也就成为社会不同群体之间不平等现象的重要基础。[①] 分析导致西方发达国家收入不平等的重要因素可发现，其自身的制度弊端是造成英美等国或国家内部收入不平等加剧的重要原因。[②]

---

　　① 黄平、李奇泽：《新自由主义对英美等国收入不平等的影响》，《中国社会科学》2023 年第 9 期。

　　② 李奇泽、黄平：《经济全球化与发达国家收入不平等》，《红旗文稿》2017 年第 22 期。

有着相当一部分知名学者支持斯蒂格利茨的观点。例如，以研究全球不平等问题著称的托马斯·皮凯蒂认为在新自由主义理论指导的全球化时期，全球各个地区的收入和财富的不平等现象急剧上升，他的长周期研究数据表明自 1980 年以来全球不平等的增长几乎在所有地方都在增加。对于全球最高收入者来说，收入的增长是爆炸性的，但对于绝大多数的公众而言，提升的只是工资水平。哈佛大学罗德里克教授认为自由贸易自由化和全球资本自由流动必然加剧收入分配的不平等，因为它经常导致"市场失灵"从而引发贸易衰退经济危机。

在这个意义上，新自由主义式全球化的盛行改变了贸易和竞争规则，因此这不是"帕累托的改善"，因为它在经济实践中不会提供同等的收益，而是以牺牲劳动为代价使金融和寡头受益，最终的结果是贫富差距的持续扩大，并最终造成了严重的社会撕裂问题，这也是"西方之乱"的症结所在。

3. 呼吁更加有效的全球治理模式

和许多人一样，斯蒂格利茨也认为全球化既是一个机会也是一种挑战。当各个国家形成其自己的经济政策并且利用其比较优势时，全球化可以是收入显著增长的基础。如果发展中国家认真应对全球化的挑战，它们可以确保收入增长的利益被广泛分享，从而使贫困得到减缓。以全球气候治理为例，温室气体的过度排放对人类生存构成了威胁，这远远超过了任何企业甚至任何国家所能承担的成本，很明显单靠市场运作是远远不够的。

在斯蒂格利茨看来，"全球化在一定程度上成为富人以牺牲穷人为代价而更加富有的手段。财政部部长和央行行长就为全球金融体系做出关键决策，当他们做决策时，他们通常更多地考虑跨国企业金融部门的公司、银行和对冲基金，而不是那些受政策影响的工人和其他公民。国际治理的孤立结构加剧了问题，财政部长和央行官员相互会面，但很少与处理金融部门不稳定所造成的劳动力市场后果的劳动部长会面。当然，更糟糕的是发达国家在制定规则的机构中（例如国际货币基金组织）的影响力不成比例"。[1]

斯蒂格利茨还强调全球化过分地由公司利益驱动，它忽略了大多数贫困者的声音。在《全球化逆潮》一书中，他指出全球化真正的问题在于如何管理全球化。部分问题也在于国际经济机构，主要是国际货币基金组织、世界银行和世界贸易组织，这些机构帮助建立了博弈规则。通常情况下，它们这样做是为更发达的工业化国家的利益和这些国家的特殊利益服务，而不是为发展中国家的利益服务。[2]

"例如，国际货币基金组织固执地认为，随着取消由于保护主义壁垒的庇护而形成的旧式的、无效的工作，就会创造新的、更有效

---

[1]　［美］约瑟夫·斯蒂格利茨：《全球化逆潮》，李杨等译，机械工业出版社2019年版，第65页。

[2]　［美］约瑟夫·斯蒂格利茨：《全球化逆潮》，李杨等译，机械工业出版社2019年版，第277页。

的工作机会。但实际情况并非如此，很少有经济学家相信工作机会能够在瞬间被创造出来，至少在大萧条期间不会这样。创造新的企业和工作，必须有资本和企业家，而在发展中国家，往往不是缺乏商业机会就是缺少资金（由于缺少银行的支持）"。①国际货币基金组织仅仅关注金融变量，而不关注实际工资、失业、国内生产总值或者更广泛的福利措施等。②国际货币基金组织着重关注像失业率这样冰冷的数字，但10%的失业率背后是数百万没有工作的家庭。对于那些家庭来说，导致失业率达到8%的政策变化会造成一个差异化的世界，这种人的差异在统计数据的微小变化中根本无法捕捉到。

当然，斯蒂格利茨在书中也表明了他对全球化的信心。他认为：从长期来看，中国和世界将从那些在构成上对世界上所有国家一视同仁的国际协定和国际机构中获益。只有到那时，全球化才能够达到其促进世界上所有国家可持续与平等发展的潜力。

在斯蒂格利茨的著作中，中国几乎在每一个主要的议题中都作为一个参照点而出现：在转型、发展和危机管理方面都是这样。在斯蒂格利茨看来，中国的这些经验似乎都在提醒世界：在国际货币基金组织（IMF）所倡导的政策之外还存在着可供替换的政策，这

---

① ［美］约瑟夫·斯蒂格利茨：《全球化逆潮》，李杨等译，机械工业出版社2019年版，第138页。

② ［美］约瑟夫·斯蒂格利茨：《全球化逆潮》，李杨等译，机械工业出版社2019年版，第195页。

种可供替换的政策被证明是大为成功的。当俄罗斯和其他独联体国家在向市场经济转型的过程中经历着收入下降，贫困激增时，中国的收入显著增加，贫困率下降。当东亚和全球金融危机导致深重的衰退以及在这些遵循 IMF 政策处方的国家出现大萧条时，中国的增长几乎没有受到影响。甚至在全球金融危机的背景下，中国和韩国的收入都是以令人刮目相看的速度在增长。

斯蒂格利茨认为，中国所做的许多事情只不过是根据常识行事——并且是与"标准的"经济理论相一致的。中国经验最令人瞩目的一个方面是，它似乎一直存在着一种企图，保持对发展和转型之终极目标的关注：不仅仅是国内生产总值的增长，而且还有更高的生活水平，平等和可持续的增长。至少迄今为止，中国还没有忘记社会正义和休戚与共的重要性。"以政府为主体的有效市场的建构"，[①] 是中国共产党推进制度型开放的鲜明底色；融合西方模式与中国经验的全球治理体系，也是推进以高水平开放引领新型经济全球化的重要举措。

事实上，新自由主义经济学理论误判了经济全球化的经济发展史，忽视掉政府作用对于在经济全球化历史进程中已然发挥过的重要作用，从而导致与马克思世界市场理论所指明的自由人联合体与经济全球化未来图景背道而驰。在全球霸权主义、单边主义和保护

---

① 周文、包炜杰：《经济全球化辨析与中国道路的世界意义》，《复旦学报（社会科学版）》2019 年第 3 期。

主义横行，经济发展前景道阻且长的世界市场环境下，中国共产党特别强调政府合作与国际治理对于推动经济全球化走向共同繁荣、交流互鉴与开放包容的极端重要性，积极促成多边机制形成、深切关注后发国家发展权益、推动全球经济尽快复苏的实际行动，都展现出与各国政党携手在世界市场中完善全球治理体系和推进新型经济全球化的诚意、觉悟、担当和魄力。

五、历史终结论

1. 历史终结论的理论缺陷与时代困境

世界历史的激烈震荡总会在思想理论中产生回响，20世纪旧世界秩序的崩塌使"历史终结论"高调登场，并在世界范围内引起轰动。福山在将黑格尔、科耶夫对"历史终结"问题的阐述彻底"政治化"后，得出历史的终点定格资本主义社会的自由民主制的结论。他在《历史的终结与最后的人》中不断强调这一政治制度拥有共产主义制度不可比拟的优越性，充分表明了其为资本主义意识形态辩护的阶级立场。[①] 为了表达对资本主义前途命运的乐观，福山宣扬

---

① 刘同舫：《人类命运共同体的历史唯物主义沉思》，人民出版社2023年版，第73页。

以美国为代表的资本主义自由民主制是"历史的终结"，认为这一制度能够对人的自然本性中固有的暴力、侵略等倾向进行制约并促使其发生转化，生成未来社会发展的稳固确定性因素。这一思想的提出满足了西方政要及右翼知识分子的政治诉求，传播了他们一贯秉持的政治主张，在全球范围内引发了广泛争议，因而福山本人以及他的学说一时名声大噪。

西方解构主义的代表学者德里达在《马克思的幽灵》一书中指出，福山所著《历史的终结与最后的人》一书"被抢购的情形，就像是战争爆发的谣传刚开始流行时，人们抢购当时货架上所有的食糖与黄油一样"[1]。这种哄抢的情形恰好从侧面反映了人们在面临旧秩序崩塌时的不知所措，尤其是东欧剧变、苏联解体之后的世界。苏联解体不仅在许多人心中播下了对未来不确定的种子，而且使二战之后确立的世界秩序以新的方式重组强化了美国作为唯一超级大国构建世界新秩序的霸主地位。"缺少了苏联的制衡，美国迅速填补了冷战后的权力真空，并在所有可能的地方建立其偏爱的以民主制和自由市场为基础的资本主义秩序。"[2]

在福山看来，"给政治秩序下定义的是社会组织起来所依据的根

---

① ［法］雅克·德里达：《马克思的幽灵：债务国家、哀悼活动和新国际》，何一译，中国人民大学出版社 2016 年版，第 69 页。

② ［美］罗伯特·卡根：《历史的回归和梦想的终结》，陈小鼎译，社会科学文献出版社 2013 年版，第 82 页。

本规则"。福山将政治秩序视为一种根本性规则，这种规则是组织一个良好社会所必须遵循的道路。它包括三种基本类型的制度，即有效国家、法治和民主负责制。在福山的论述中，政治秩序的构建就是确定以何种方式来安排政治制度以实现制度的有效运转，以最终实现自由民主制度。福山所认为的良好的政治秩序，就是能够实现自由民主制度的社会根本规则。在福山看来要实现现代自由民主制度，首先必须构建有效国家，其次是实现国家的法治化，最后是建立民主负责制。这三种制度按顺序建立并实现三者处在一种平衡状态之中才算是构建成功。在考察了多个国家和地区政治秩序的起源和变迁之后，福山认为这种顺序和安排是最合理最理想的，应该将它向全世界推广，特别是适用于还没有完成现代化的广大发展中国家。

在新冠疫情肆虐全球之际，福山提出的一系列言论进一步佐证了其并未放弃"历史终结论"。即使新冠疫情令自由民主制在世界范围内遭遇到了更严重的危机，也没有改变福山对历史终结论的顽固坚守。在《是什么决定了一个国家的抗疫能力?》《我们将回到1950—1960 年的自由主义时代》《大流行病与政治秩序：国家的不可或缺》《恢复公共服务的荣誉》等文章中继续强调"历史终结论"。在关于美国控制疫情预期及自由民主制未来图景的展望中提出"民主或将重生"，实质是为自由民主制的"优越"辩解；在评价中国抗疫时提出"疫情控制成果与政体类型没有必然联系""这次疫情并不能证明中国制度的优越性"，实质是在歪曲中国抗疫成绩和中国制度的优越性。可以看出，福山依旧继续坚持"历史终结论"论调，推行西方意识形态霸权。[①]

福山用貌似纯粹学理探讨的方式论证了西方自由民主制度的永恒性，并对共产主义意识形态给予彻底的颠覆。他试图为人类历史的发展趋势把脉和诊断，恢复人们对社会历史发展进步论和普遍世界史的自信和期待。[②]在福山看来，无论历史发展的具体道路有多么繁多，条条道路最终都要走向西方自由民主制度这条人类理性和正义之路。福山认为，共产主义因为没有获得人们发自内心的认可而必将被抛弃，历史最终要趋同于资本主义。但是，正如恩格斯曾在《路德维希·费尔巴哈和德国古典哲学的终结》中所指出的，历史发展和人的认识一样，"永远不会在人类的一种完美的理想状态中最终结束；完美的社会、完美的'国家'是只有在幻想中才能存在的东西"[③]。承认历史发展已经走向终点的看法，实际上是对历史纵向发展可能性与横向发展多样性的否定。

福山既然否定了马克思的唯物辩证法，所以也必然否定社会基本矛盾。他打着"回到黑格尔"的旗号，主张采用黑格尔的唯心辩

① 孙宇伟：《福山"历史终结论"最新形态评析——以新冠肺炎疫情期间福山言论为线索》，《当代世界与社会主义》2021年第4期。

② 薛俊强：《全球化、资本与中国道路：马克思社会理想观的当代境遇及其价值意蕴研究》，人民出版社2019年版，第22页。

③ 《马克思恩格斯文集》第4卷，人民出版社2009年版，第270页。

证法来分析历史发展趋向。针对马克思对资本主义社会基本矛盾的深刻剖析，福山从抽象人性逻辑出发为自己辩护："资本主义社会无产者的长期贫困对于马克思来说不只是一个问题，而且是一个矛盾，因为它会导致革命，从而推翻资本主义社会的全部结构并用一个不同的社会制度来取代它相反我们会申辩说，如果目前社会及政治组织形式完全满足了人的最基本需要，历史就走到尽头了。"① 对于马克思所提出的资本主义社会基本矛盾，他只是做了这种"巧妙"应对。把资本主义社会存在的所有现实矛盾一概称为"问题"而非"矛盾"，认为这些"问题"不会导致危机的爆发和资本主义社会的崩溃。实际上，正是被他忽视的这些"问题"，如不平等问题、贫困问题、住房问题、极端自由主义问题，引发了美国和世界金融危机。②

2. 历史终结论的破产

历史的发展具有不可预测性，福山的"历史终结论"只是告诉我们，"在政治和经济史上，从美元的价格和天气到民族国家的边界与下一次暴力革命的爆发，唯一真正的共识是我们无法预测什么，他让我们所有人走上一条通往自由民主乌托邦的安全的新黑格尔主

①　[美]弗朗西斯·福山：《历史的终结及最后之人》，黄胜强译，中国社会科学出版社 2003 年版，第 157 页。

②　刘仁营：《"历史终结论"批评：金融危机背景下的思考》，人民出版社 2020 年版，第 272 页。

义道路"。[①] 关于自由民主制的理想与现实之间的差距问题。福山认为，当自由民主制实现其理想形态的转化之后，它将不再面临任何强劲意识形态对手的挑战，但自由民主制在现实状况中也可能存在两方面的困境：一是内部颠覆的风险，二是面临无法普遍化的难题。"自由民主制度之所以被从内部颠覆，要么由于过度的优越意识、要么由于过度的平等意识。"[②]

随着"第三波"民主化浪潮的"回潮"和"失败国家"的出现，让福山看到了自由民主制度既没有成为各国政治发展的必然选择，也没有"终结"各国的历史；同时，美国主导的"华盛顿共识"政策的失效，美国政治经济乱象频出，而作为对照的中国，在各方面的发展都取得了巨大的成就，这些都促使福山开始检视自由民主制度所存在的问题。

超越"历史终结论"的抽象"虚设"，我们应当把握普遍性与特殊性相统一的关系。从历史必然性的角度来看，从传统生产方式向现代生产方式的转变，从前资本主义社会向资本主义社会、社会主义社会的转变，是世界历史发展的一般趋势，中国式现代化的形成与发展从根本上顺应着这一趋势。从历史特殊性的角度来看，中国式现代化具有世界历史意义，能够为世界现代化发展提供崭新的道

---

① Milfull, J., 2003, "The End of Whose History? Whose End of History? (Philosophy of History)", *Australian Journal of Politics and History*, 49(2): 222–226.

② ［美］弗朗西斯·福山：《历史的终结与最后的人》，陈高华译，广西师范大学出版社 2014 年版，第 323 页。

路选择与经验参照，但归根到底还是基于中国具体实际形成的现代化道路，更多地展现出中国的社会面貌、发展需要与文化特质。总的看来，历史必然性与历史特殊性的统一，构成了中国式现代化理论体系的历史观基石，支撑其拓展现代化发展的"大历史"视野，从更宏阔的历史尺度中实现自身的发展。①

　　正确看待中国经济形势，关键是要用全面、辩证、长远的眼光看问题。既要看速度，也要看增量，更要看质量。改革开放以来，国际上唱衰中国的舆论一直不绝于耳，各式各样的"中国崩溃论"从未中断。不过，在疫情期间全球经济大幅度萎缩背景下，中国经济在世界范围内率先复苏，成为 2020 年全球唯一实现经济正增长的主要经济体，彰显了中国经济发展的强大韧性。新时代以来，我国经济增速位居世界主要经济体前列，对世界经济增长的平均贡献率为 38.6%，超过 G7 国家贡献率的总和。国家统计局最新数据显示，2024 年国内生产总值达到 134.91 万亿元，同比增长 5%，快于欧美等主要经济体增速，继续成为世界经济增长的重要引擎和稳定力量。在全球贫困状况依然严峻、一些国家贫富分化加剧的背景下，中国共产党历史性地解决了绝对贫困问题，如期全面建成小康社会，打赢了人类历史上规模最大的脱贫攻坚战，为全球减贫事业作出了重大贡献。一系列的事实也再一次证明了习近平总书记在二十届中共中央政治局常委同中外记者见面时所强调的，"现在，中国经济韧性

---

　　①　项久雨：《中国式现代化的理论体系》，《马克思主义研究》2023 年第 3 期。

强、潜力足、回旋余地广，长期向好的基本面不会改变"。①

作为全球共同关注的新经济形态以及撬动世界经济增长的新杠杆，数字经济已经成为促进经济增长和改善经济结构的必然选择。中国信通院的数据显示，2023 年数字经济规模高达 53.9 万亿元，占国内生产总值的比重达到 42.8%。其中，数字产业化和产业数字化的规模分别为 10.09 万亿元和 43.84 万亿元。② 作为数字经济发展源头的基础研究和原始创新不断加强，2024 年全社会研发经费支出达到 3.61 万亿元，居世界第二位；研发投入强度达到 2.68%，超过欧盟国家 2.11% 的平均水平；基础研究经费支出为 2497 亿元，比上年增长 10.5%，比研发经费增速快 2.2 个百分点；规模以上高技术制造业增加值同比增长 8.9%，远高于规模以上工业增加值 5.8% 的增长率和规模以上制造业增加值 6.1% 的增长率；已有 570 多家工业企业入围全球研发投入 2500 强。③ 从无接触配送的网购和外卖到在线义诊与就医指导，从停课不停学的网络教学到互联网远程协作办公，国民经济"加速器"的作用凸显。

"历史终结论"的基本逻辑就是西方文明被视为先进的、现代的，而西方以外的文明则被看作落后的、传统的。在现代化过程中，西方文明力图将其他文明的国家带入现代化世界，并不断推进西方

---

① 《习近平著作选读》第 2 卷，人民出版社 2023 年版，第 613 页。

② 数据来自中国信息通信研究院发布的《中国数字经济发展研究报告（2024 年）》。

③ 数据来自佘惠敏：《去年我国研发经费超 3.6 万亿元》，《经济日报》2025 年 1 月 24 日。

价值在世界范围内的普及。然而，历史的发展既没有如福山所预测的那样走向终结，自由民主制也未能实现其理想形态的转化。"经过一百多年的现代化努力，古老的文明获得了新生，它们恢复了信心，找到了自我；曾经被西方霸权扭曲的文明之间的不平等关系，现在重新被扭转。"① 在新的时代条件下，中国以更加高远的站位和更为开阔的视野提出了构建人类命运共同体的全球性主张，尝试突破单一民族国家的利益局限所造成的全球性发展困境以维护人类的未来生存与发展，使人类解放的历史进程迈入了新阶段，为世界的未来走向贡献了中国智慧与中国方案，为人类历史发展走向提供了多样可能性的路径选择，实现了对"历史终结论"的终结，宣告了"历史终结论"的破产。

六、小结

马克思、恩格斯早已深刻揭示了经济全球化的本质、逻辑、过程，奠定了我们今天认识经济全球化的理论基础。在马克思和恩格斯的系列论述中，虽然并未明确使用"全球化"等字眼，但蕴含较为深刻的全球化思想。马克思和恩格斯是从唯物史观的基本原理出

---

① 钱乘旦：《文明的多样性与现代化的未来》，《北京大学学报（哲学社会科学版）》2016 年第 1 期。

发，认为全球化并不是从来就有的，是生产力、社会分工和交往发展的必然过程和结果。马克思用"历史向世界历史的转变"这一命题，表征了这一客观的历史过程，并重点立足政治经济学的视阈，在"世界市场"的阐述中论述了经济全球化的动力系统、发展规律、演变形态等一般性的逻辑建构。马克思从历史、现实、未来的三重维度，深刻地阐述了经济全球化的历史必然性、现实二重性、未来多样性。

第二章 全球化与西方兴起

　　全球化正是西方兴起的关键原因。"资本主义过程的诞生取决于全球扩张，此后便习惯于扩张。中世纪欧洲的贸易城市是全球扩张的幼卵，16 世纪的殖民地是其助产士。这一切标志着资本主义生产时代的曙光。这些田园诗式的过程是原始积累的主要因素。"[①] 全球化与现代世界的形成交织在一起，世界海图中，地中海沿岸国较早"发迹"，但其海上霸主地位逐渐被广阔的大西洋沿岸国取代。到 17 世纪 50 年代，荷兰成为世界上最强大的海上霸主，拥有世界上最强大的海军，其商船总吨位也超过英、法、葡、西四国总和。接踵而来的是英国，通过三次英荷海战，"英国人成了五大洲的运输者"。[②]

---

　　① ［美］道格拉斯·多德：《资本主义及其经济学：一种批判的历史》，熊婴译，江苏人民出版社 2013 年版，第 250 页。
　　② ［美］张馨保：《林钦差与鸦片战争》，徐梅芬等译，福建人民出版社 1989 年版，第 43 页。

一、开辟新大陆

1. 农业的发展

1492 年，哥伦布发现了新大陆。此后，新旧大陆之间发生了动植物、人口、文化、技术和思想等各方面广泛的迁移和流动。在农业方面，则是引起了全球范围内农作物的大传播，从而深刻地、永远地影响了人们的物质生活。[①] 美洲粮食作物大规模在欧洲、亚洲、非洲等地区传播，极大改善了旧世界的粮食作物格局，促成 17 世纪开始出现的世界人口爆炸式的增长。[②] 例如，对于英格兰来说，马铃薯的引进与推广，不仅导致了猪的饲养量的增加，而且马铃薯也部分取代谷物而成为人们的食物。大约在 17 世纪的中后叶，萝卜开始在英格兰南部和东部各郡种植。由于萝卜的种植，土壤的肥力增强了，农民的收益也增加了。[③] 而在中东欧地区，由于 18 世纪数次大饥荒的发生，普鲁士、匈牙利以及俄罗斯均开始大规模推广马铃薯的种植。

[①]　张箭：《新大陆农作物的传播与意义》，科学出版社 2014 年版，第 12 页。

[②]　周红冰、沈志忠：《20 世纪前全球化进程中的农业因素——从地理大发现到工业革命》，《中国农史》2018 年第 3 期。

[③]　刘金源：《农业革命与 18 世纪英国经济转型》，《中国农史》2014 年第 1 期。

布罗代尔在讨论资本主义的发展历程时曾指出："无论何时何地，不限于十五至十八世纪那个时期，每当人口增长超过一定的水平，人们就势必更加地依赖植物。"[①] 哥伦布发现美洲大陆后，由印第安人栽种的玉米、甘薯、马铃薯、木薯以及各种美洲豆类等农业作物开始传往旧大陆。由于这些高产作物的出现，"红薯、南瓜、蚕豆，尤其是马铃薯和玉米，在欧洲和中国极大地增加了农业收获量和生存可能性"。[②] 例如，马铃薯具有产量高、营养成分丰富等特点，且马铃薯播种易成活、对土壤要求较低。到18世纪时，"马铃薯已几乎成为（爱尔兰）农民唯一的食物"[③]。农具的改进与推广同样是全球化带来的重要益处。铁犁的引进与推广是农具改良的重要方面。1730年前后，荷兰人制造并享有专利的鲁斯汉铁犁开始传入英格兰。1780年左右，伊普斯维奇公司的创立者罗伯特·兰塞姆对鲁斯汉铁犁进行了改进，发明出一种由铸铁做成的犁头更硬、犁口可以自磨的新铁犁。到1808年，配件易于更换的标准化铁犁开始投入使用，从而推动了铁犁全面取代木犁的进程。[④]

---

① ［法］费尔南·布罗代尔：《十五至十八世纪的物质文明、经济和资本主义》第1卷，顾良、施康强译，商务印书馆2017年版，第118页。

② ［德］贡德·弗兰克：《白银资本：重视经济全球化中的东方》，刘北成译，中央编译出版社2008年版，第99页。

③ ［法］费尔南·布罗代尔：《十五至十八世纪的物质文明、经济和资本主义》第1卷，顾良、施康强译，商务印书馆2017年版，第99页。

④ 刘金源：《农业革命与18世纪英国经济转型》，《中国农史》2014年第1期。

明清时期从国外大约引进了 30 种作物，其中主要是美洲作物，包括粮食作物、油料作物、纤维作物、兴奋作物、果树、蔬菜六大类。美洲是重要的农业起源中心，当地居民驯化了大量的作物，但是此前与欧亚大陆长时间相互隔绝无法交流与传播。至哥伦布到达美洲以后，美洲作物才开始向欧亚大陆传播，进而传播到中国，对丰富中国人的餐桌、解决粮食不足的问题产生了巨大的促进作用。这一时期由美洲传入中国的作物有玉米、甘薯、马铃薯、向日葵、番茄、辣椒、包菜、四季豆、南瓜、花生、烟草、番木瓜、菠萝、番荔枝、番石榴。除此之外，还有源自欧洲荷兰的荷兰豆、西洋菜，源自印度、缅甸、马来群岛的芒果。美洲作物具有耐贫瘠的特点，使以前不能耕种的土地得到利用，从而增加了粮食产量，对明清时期中国粮食供应紧张状况起了重要的缓解作用，当然也间接促进了人口迅速增长。

在古代中国乡村社会，"影响农民选择所种植农作物的主要因素，除了自然条件的适应外，还要考虑作物本身特性，一般产量较高的作物更受欢迎，同时抵抗自然灾害能力较强、宜于备荒的作物也较容易推广"。① 例如，玉米的引进，使得中国在 16 世纪之后人口激增，1500 年左右中国人口不过 1300 万，到 1910 年，中国人口已在 4 亿左右。随着郑和下西洋，甘薯在 16 世纪后期分多次传入中

---

① 王思明等：《美洲作物在中国的传播及其影响研究》，中国三峡出版社 2010 年版，第 61 页。

国。[①] 甘薯凭借其产量高、适应性强等优点，迅速成为贫穷民众的重要口粮。徐光启在《农政全书》中介绍甘薯时，就曾提及其救荒作用，认为甘薯"无患不熟，闽广人赖以救饥"。

中国是世界农业起源的中心之一，自古以来通过中外交流影响着周边国家和地区的农耕文化。特别是与中国毗邻的朝鲜半岛和日本，以及东南亚国家，其农作栽培技术和中国传统农业技术之间有着千丝万缕的关系。中国是世界上最早培植水稻的国家，大约公元前 8000 年，中华先祖就已经开始驯化和栽培野生稻。《齐民要术》是中国现存最早的一部综合性农学著作，为北魏农学家贾思勰所编著，全书共十卷九十二篇，系统地总结了 6 世纪之前黄河中下游地区的农耕文明和牧业生产相关的先进经验。自 9 世纪《齐民要术》传入日本，从未退出历史舞台。他们把《齐民要术》中的农作方法当作东亚农耕技术的定式，以及日本传统农业技术的源流所在。[②]

"丝绸之路"的开辟，尤其是汉唐两个高峰期横跨欧亚大陆的商贸交流，促进了东西方农作物和农业技术的广泛传播和深度融合。另外，8—10 世纪间的伊斯兰农业革命，也将非洲出产的高粱，中国的柑橘，印度的芒果、棉花、甘蔗等传播至欧亚大陆和非洲各处。15 世纪末，新航路和贸易路线的开辟促使美洲的玉米、土豆、红薯

---

① ［美］艾尔弗雷德·W. 克罗斯比：《哥伦布大交换：1492 年以后的生物影响与文化冲击》，郑明萱译，中信出版社 2018 年版，第 109 页。

② ［日］西山武一：《亚洲的农作方法和农业社会》，东京大学出版会 1969 年版，第 155 页。

等农作物，以及火鸡和羊驼等动物逐步向欧亚大陆扩散和传播，这些耐寒和异常高产的农作物能够在贫瘠的土地上生长，对欧亚大陆人口增长贡献巨大。同时，欧亚大陆的小麦、大麦、水稻等农作物，葡萄和香蕉等水果，以及羊、猪和马等动物传播至美洲大陆，新、旧大陆原本各自独立的农业系统在全球传播和融合，促进了农业早期全球化的实现。

咖啡和茶汤，看似泾渭分明，却沿着丝绸之路发生了奇妙的跨界融合。茶叶和咖啡豆经历了丝路上长达十七个世纪的迁徙。公元 16 世纪以后，茶叶成为中国外贸的主要产品之一，通过海上和陆上丝绸之路广为传播，远至欧美。与此同时，奥斯曼土耳其军队把咖啡豆从红海西部带回伊斯坦布尔。在土耳其的欧洲商人首次将咖啡豆贩运回欧洲。在欧洲成功普及的咖啡又随殖民扩张被带到南美、北美洲国家。在 1717 年英国的进口华货中，"茶叶已开始取代丝成为英国的主要货品"；1720 年，茶叶"又进一步占优胜的地位"。① 之后的很多年份，茶叶约占中国全部外贸出口额的 90%—95%。1825 年后，茶叶干脆成了英国东印度公司"从中国输出的唯一的东西……以至国会的法令要限定公司必须经常保持一年供应量的存货"。②

---

① ［美］马士：《东印度公司对华贸易编年史（1635—1834 年）》第 2 卷，区宗华译，广东人民出版社 2016 年版，第 156—158 页。

② ［英］格林堡：《鸦片战争前中英通商史》，康成译，商务印书馆 1961 年版，第 3 页。

茶对美国也发生巨大影响。1773 年 5 月，英国政府颁布《茶叶法案》，影响到北美殖民地的既得利益集团。12 月 16 日，"抗茶会"的武装人员"易装服，蒙假脸具，一拥登其船，掷茶水中"①，在波士顿将英国船载运的 297 箱茶叶倾倒海湾。该事件成为独立战争的导火索，进而引致美利坚合众国的诞生。当然，北美十三州的独立有多方面的因素，茶叶不过是导火索之一。缘此，美国独立后的贸易目标定向中国。1784 年，美国首至中国船的回航货品中茶叶占了最大份额。到 1796 年，美国在中国购茶数量已比除英国外的所有欧洲国家的收购总和还要多。②因茶结缘，太平洋上"最古老"与"最年轻"的两个大国建立起了直接联系。

正是借助于新旧大陆之间农业传播的力量，世界性的人员流动才开始出现，并实现了劳动力资源的全球再分配，进而促进了分工。正如彭慕兰所指出的："有时，历史的重大转折，隐藏在不易察觉的小事物上。西班牙人征服美洲大部地区时，欧洲人所为之雀跃的东西是美洲的金、银。随着其他欧洲人跟进来到美洲，焦点转向烟草、咖啡豆、可可、糖这些珍奇农产品的出口。这些产品全是美洲作物，或者可以在美洲以前所未见之规模栽种的作物。它们没有一样对人很有好处，但欧洲人很快就爱上这每样东西，且把它们栽种在欧洲

---

① （清）梁廷枏：《海国四说》，中华书局 1997 年版，第 69—70 页。

② ［美］泰勒·丹涅特：《美国人在东亚》，姚曾广译，商务印书馆 1959 年版，第 41 页。

以外的地方。"①

2. 对白银的无限追求

在《资本论》第 1 卷中，马克思就指出："金银作为铸币穿着不同的国家制服，但它们在世界市场上又脱掉这些制服。这就表明，商品流通的国内领域或民族领域，同它们的普遍的世界市场领域是分开的。"② "金银的流动是二重的。一方面，金银从产地分散到整个世界市场，在那里，在不同程度上为不同国家的流通领域所吸收，以便进入国内流通渠道，补偿磨损了的金银铸币，供给奢侈品的材料，并且凝固为贮藏货币。这第一种运动是以实现在商品上的本国劳动和实现在贵金属上的金银出产国的劳动之间的直接交换为中介的。另一方面，金银又不断往返于不同国家的流通领域之间，这是一个随着汇率的不断变化而产生的运动。"③

亚当·斯密指出："美洲矿山的发现，降低了欧洲金银的价值。"④与地理大发现相伴随的是资本主义国家采取的"殖民主义"政策。通过"殖民主义"政策，这些国家不但获得了黄金、白银等贵重金属，而且还获得了发展经济的原材料，进而完成了原始的资本积累。

---

① ［美］彭慕兰、［美］史蒂文·皮托克：《贸易打造的世界：1400 年至今的社会、文化与世界经济》，黄中宪、吴莉苇译，上海人民出版社 2018 年版，第 250 页。

② 《资本论》第 1 卷，人民出版社 2004 年版，第 147 页。

③ 《资本论》第 1 卷，人民出版社 2004 年版，第 169 页。

④ ［英］亚当·斯密：《国民财富的性质和原因的研究》，王亚南译，商务印书馆 1972 年版，第 39 页。

1545 年和 1548 年在秘鲁（今玻利维亚）的波托西和墨西哥的萨卡特卡斯先后发现银矿，由此美洲白银开始涌入这个市场。这些新增的白银对世界经济产生了深远的影响，从 1600 年甚至更早一些时候对亚洲各个部分产生了影响。所以，15 世纪发生在西欧的强烈的"黄金热"正是地理大发现背后的动力，使对货币如饥似渴的欧洲在现代之初一头扎入白银宝库。①

白银在流入欧洲之后，欧洲人将大量白银投资于实业和贸易，促进了欧洲经济的发展，并且加强了欧洲在亚洲贸易中的实力。荷兰、英国、法国相继成立了东印度公司，凭借着利用美洲白银与亚洲（主要是中国）进行贸易来换取大量商品，从而加强了东西方的经济联系，促进了世界市场的形成。更为重要的是，白银涌入欧洲，欧洲由于白银供给的显著增加而促生了"价格革命"，即物价上涨、通货膨胀的过程。到了 18 世纪，欧洲各国已经普遍实行了金银复本位制。在这种货币体制下，白银作为一种初始的货币刺激，使得欧洲在其原有生产规模的基础之上，自然而然地振兴了欧洲的消费和投资，从而带动了欧洲市场经济的发展以及海外贸易的扩张，并且使得价格革命在欧洲发生成为可能。美洲白银的大量流入扩大了价格上涨的幅度，这对于欧洲向近代资本主义发展有着关键的影响。

一位葡萄牙商人曾在 1621 年这样描述白银的流动：它"在全世

---

① ［德］贡德·弗兰克：《白银资本：重视经济全球化中的东方》，刘北成译，中央编译出版社 2008 年版，第 62 页。

界到处流荡，直至流到中国。它留在那里，好像到了它的天然中心"（转引自弗兰克《白银资本》，第 188 页）。16 世纪中期（明中后期）至鸦片战争前，中国确实是一个白银"洼地"，它吸引着来自欧洲、美洲、南亚、日本等世界各地的白银。钱江认为 16 世纪到 18 世纪末，中国从世界获得的白银约为 1.11 万吨；西方学者巴雷特和阿特曼则认为，1800 年以前的两个半世纪里，中国从欧洲和日本进口了 4.8 万吨白银，从马尼拉获得了 1 万吨，也就是说中国从欧洲、日本、南亚获得了约 6 万吨的白银，占当时世界白银产量的一半。虽然我们无法考证数字的准确性，但大量白银流入中国应该是一个不争的事实。弗兰克相信，非洲和亚欧之间有一个黄金和白银的市场，新航路的开通把美洲纳入其贸易圈，从而形成了一个全球性的市场。美洲的银子供给扩大了国际市场，白银充当了润滑剂。全球金融市场的车轮是由各地的白银流通来润滑的，而货币就是它在世界体系中流通的血液，它为商品制造交易提供了润滑的作用。①

为什么会出现这样的现象呢？原因是这一时期中国与世界其他国家，尤其是与欧洲国家之间存在着巨大的"贸易不平衡"，即一方面中国商品在世界范围内具有明显的竞争优势，而且不存在对西方商品的渴求，中国唯一需要的是白银，对白银的需求因明代后期白银货币化速度的加快而显得愈加紧迫；另一方面，工业革命前期的

---

① ［德］贡德·弗兰克：《白银资本：重视经济全球化中的东方》，刘北成译，中央编译出版社 2008 年版，第 134 页。

西方国家，没有什么可以和中国交换的产品，反而在价格革命引起的"商品匮乏"的情势下，急需来自中国的大量日用品，而他们唯一可以与中国交换的就是白银。于是，大量的商品沿着世界贸易网流出中国，同时大量的白银又顺着同一渠道流了进来。

虽然白银还是流通货币，但这些欧洲国家并不总是有充足的白银来购买中国的商品。据统计，在1721年至1740年间，英国用来偿付中国货物的94.9%是白银，只有5.1%是用货物来冲抵。[①] 可惜，长期的恶性开采使银主产地美洲的银矿枯竭，世界银产量急剧下降。一时间，绝大多数原先和中国进行贸易的西方国家只得无奈地淡出中国市场。从自中国的进口来说，除英美两国以外的所有欧美海上贸易国从1764年的总值占比36.7%一路下滑到1825—1829年的0.4%；从向中国的出口来说，情况更惨不忍睹，在同一时段中的总值占比由53.3%跌落到0.4%。[②] 当时在广州的外商怨声载道："丹麦人和瑞典人在1825年之前好些年就从广州撤走了……当时也没有法国商人在广州做生意，从1802年至1832年，这30年间一直没有升起过法国的国旗，连人员也撤走了。曾拥有最多白银来源的西班牙也从1832年中断了在华的惨淡业务。"[③]

---

① ［美］张馨保：《林钦差与鸦片战争》，徐梅芬等译，福建人民出版社1989年版，第43页。

② 姚贤镐编：《中国近代对外贸易史资料》第1册，中华书局1962年版，第266—267页。

③ ［美］亨特：《旧中国杂记》，沈正邦译，广东人民出版社2000年版，第207—209页。

白银在中国货币史上长期以实物货币形式流通，明以前，白银的货币职能及流通范围是有限的。明早期，白银逐渐成为重要的商品中介物，流通规模不断扩大，呈现出制度层面的"公领域"和民间社会的"私领域"因政策阻隔产生的"双轨"状态。1436年，明朝改行以银为主的币制，银的需求超量增加。明中期以后，"双轨"流通开始变化。万历初年，"一条鞭法"的改革使白银成为具有充分货币职能的货币参与流通。

白银货币化标志着古代中国从农业经济向市场经济的转型，引发了一系列国家制度变迁与整体社会多元变化，启动了中国由传统国家与社会向近代国家与社会的转型。[①] 中国大一统经济系统的容量不断扩大，促进了生产扩张与贸易深化，在参与贸易过程中，人们的生活和购买力水平不断提高。海外白银的流入导致了都市的繁荣和商业繁华，也让中国与世界市场联系在了一起。然而，随着市场货币化程度加深，白银货币的被动供给为明代社会带来了极其深刻的负面影响。对海外白银的过度依赖，为国家治理、社会稳定和人民生活埋下隐患。

17世纪上半叶是16世纪全球化开端以来最严重的全球性"大衰退"。"大衰退"是指市场经济活动在一段时间内大幅减少，人为灾害与自然灾害造成市场的全面衰败，乃至崩溃。在中国，则明显

---

① 万明：《明代白银货币化研究20年——学术历程的梳理》，《中国经济史研究》2019年第6期。

可见经济下滑崩溃的现象。万明认为，中国市场的大衰退始于 16 世纪末，从明万历二十四年（1596 年）直到崇祯十七年（1644 年）明王朝灭亡，仍没有结束，到清康熙年间才逐渐缓和。市场大衰退的爆发，是国内与国际因素合力作用的结果：国内市场 / 社会与国家的博弈白热化，加之气候、灾荒、瘟疫等综合因素，市场经济进入收缩阶段，向近代转型受阻；国际上则因全球经济贸易体系发生大变局，国际市场竞争白热化，造成海外白银供应链断裂，无疑是雪上加霜，促发了王朝鼎革的进程。[①]

二、全球化与西方工业化

1. 工业革命

回顾全球史，人类社会在 18 和 19 世纪之交经历了一次"大分流"。地理大发现使欧洲的贸易中心从地中海移到大西洋，造成了意大利诸城邦的衰落和西北欧国家的兴起。来自新大陆和殖民地丰富而廉价的棉、麦、肉、木等土地密集型产品缓解了西欧发展的生态制约，欧洲节省了土地和森林等资源，能够集中从事能源开发与其

---

① 万明：《全球视野下的明朝覆没——基于白银货币化的分析》，《河北学刊》2021 年第 5 期。

他生产，从而有力地推动了工业革命。[1] 正如历史学家埃里克·霍布斯鲍姆所言，"工业化是人类有文字记录以来最彻底的变革"[2]，以技术革命为核心的工业化几乎对所有的生活领域产生了影响，在短时间内使全球面貌一新。大规模社会化生产的工业资本主义社会取代了手推磨的封建社会。18—19 世纪，工业技术普及到了各个领域当中，"各个行业都在蒸汽动力技术革新基础之上找到了适合行业的发展技术，没有一个部门阻碍得了西方经济的增长"。[3]

以英国为代表的西欧国家率先开始了工业革命，开启了生活水平和人均收入持续提升的现代经济增长阶段。在工业革命之前的漫长人类历史中，技术进步是一种零星的偶然的现象，独立地发生在不同的时间和地区。这些技术进步，虽然也能带来一定的进步，但是很快就被湮没在历史的长周期之中，不能推动社会发生真正的转型。而到了工业革命前夕，在西欧国家产生了一种完全不同的技术进步的过程。技术进步在全社会不同的领域全面爆发，各种相互关联、相互促进的技术进步层出不穷，最终驱动社会发生了"质变"。特别是自 19 世纪初以来，与漫长的马尔萨斯时代相比不过瞬间光景，全世界的人均收入已经飙升了 14 倍，预期寿命也增长了一倍以

---

① ［美］彭慕兰：《大分流：中国、欧洲与近代世界经济的形成》，施康强译，北京日报出版社 2021 年版，第 49 页。

② ［英］埃里克·霍布斯鲍姆：《工业与帝国》，梅俊杰译，中央编译出版社 2016年版，第 1—5 页。

③ ［美］罗森堡、［美］小伯泽尔：《西方致富之路：工业化国家的经济演变》，周兴宝等译，生活·读书·新知三联书店 1989 年版，第 173 页。

上，人类完成了逃离马尔萨斯陷阱的最后一跳。①

1800 年之后，在西欧国家，科学理论和技术之间实现了积极的交互和融合，有关技术背后科学原理的认知基础不断深化。技术进步的加速和大规模扩散是人类社会脱离马尔萨斯陷阱，进入现代经济增长的关键因素。在 19 世纪中期，英国号称"世界工厂"，世界上的出口产品绝大部分由英国生产。1850 年，仅占世界人口 2% 的英国，生产了世界上大约一半的工业制成品。西方的工业规模和技术优势，前所未有地显现出来。1880 年，英国制造的产业产品占到世界总量的 23%，而法国、德国和比利时一共才占到 18%。②欧洲和北美洲此后两三百年间涌现的重大发明的数量超过了过去数千年中所有人类文明成果的总和。也正是得益于工业革命对于生产力的极大推动，欧美在世界制造业总产量中的份额从 1750 年的不足四分之一飙升到 1900 年的超过五分之四。③

当今世界在很大意义上是工业化的产物。随着农业生产力的不断提高，剩余劳动力从粮食生产中解放出来，重新分配给工业生产。相较于传统农业，工业生产具有更细分的分工模式和更强的产业关联，能够更好地发挥规模经济效应，提高生产要素的配置效率，带

---

① ［以］奥戴德·盖勒：《人类之旅：财富与不平等的起源》，余江译，中信出版社 2022 年版，第 377 页。

② ［英］罗伯特·C. 艾伦：《全球经济史》，陆赟译，译林出版社 2015 年版，第 46 页。

③ ［英］罗伯特·C. 艾伦：《全球经济史》，陆赟译，译林出版社 2015 年版，第 377 页。

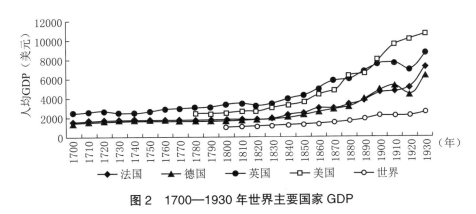

图2　1700—1930年世界主要国家GDP

资料来源：Maddison Project Database (2020), *Maddison style estimates of the evolution of the world economy. A new 2020 update*。

动欠发达地区经济发展。正如《共产党宣言》所说的："资产阶级在它的不到一百年的阶级统治中所创造的生产力，比过去一切世代创造的全部生产力还要多，还要大。"① 正是18世纪60年代产生的工业革命使得欧美国家的生产力实现首次持续增长。19世纪末期以后的第二次工业革命使得少数非西方国家实现了对西方国家的追赶与趋同。19世纪70年代后期，日本在明治维新的过程中开始全面且彻底的产业革命，成为当时亚洲工业化程度最深的国家；韩国从1962年开始，先后经历了发展劳动密集型轻工业出口贸易、政府全力扶植有实力的资本密集型的重工业企业，以及发展知识密集型产业实现科技立国三个阶段，在短短30年内实现了工业化进程。

工业革命前夜的17世纪是荷兰人的世纪。那时期的荷兰拥有世界上最强大的海军和远洋船队，控制了世界上从欧洲、亚洲再到非

① 《马克思恩格斯选集》第1卷，人民出版社2012年版，第405页。

洲的主要通商港口和贸易聚集区，有世界上最发达的金融业和国内物流运输网（运河和马车道），有当时最先进的工业和制造业，也有最开明的重商主义政府和体制。显而易见，17世纪的荷兰似乎具备比英国在18世纪工业革命时更为优越的几乎所有的社会、经济、政治条件，包括新制度经济学家诺斯和阿西莫格鲁都强调的优秀"包容性"制度，经济史学家麦克劳斯基强调的"小资产阶级尊严"和致富冲动，莫克尔强调的"开明经济"体系，社会学家韦伯强调的基督教工作道德，经济史学家艾伦强调的高工资，彭慕兰强调的廉价能源（煤炭），还有兰德斯看重的科学技术人才，荷兰都有。

但是，这么一个近代资本主义经济奇迹的制造者和高度发达的工商业、制造业社会却没有产生工业革命。不仅如此，由于没有产生工业革命，荷兰的技术进步在17世纪后期开始停滞不前，到了18世纪初已经被由于缺乏生产力提高所造成的金融债务压得喘不过气，并最终导致了这一伟大经济奇迹的"奇迹般"的消失和瓦解。①

之所以是英国而非荷兰最先开启了第一次工业革命，根本原因是17—18世纪的英国政府成功地为英国创造了当时世界上最大的纺织品市场和对大英帝国而言全球最大的贸易网络。之所以是美国而非法国或德国超过了英国成为新的世界霸主，根本原因在于美国

---

① 文一：《伟大的中国工业革命：发展政治经济学一般原理批判纲要》，清华大学出版社2016年版，第117页。

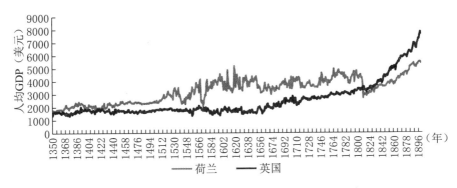

图 3　荷兰与英国的人均 GDP（1350—1900）

资料来源：Maddison Project Database (2020), *Maddison style estimates of the evolution of the world economy. A new 2020 update*。

政府帮助美国商人和企业家创造了比大英帝国更为广大的统一的国内市场（是英国国内市场的数倍）和"有序"的国际市场。[①]英国工业革命的"秘密"恰好是建立在英国政府不择手段的全球市场开拓基础上的。在文艺复兴后欧洲列强开辟和创造世界市场的几百年间，由于远洋贸易巨大的成本和安全风险，欧洲商人集团的远洋探索和全球贸易都是"武装贸易"，是由其国家军事力量支持和背书的，而且是靠跨国贸易中巨大的离岸和到岸价格差与垄断暴利来激励的。

18 世纪的工业革命奠定了资本主义制度的物质基础，推动形成了资本主义国际分工体系，从而确定了资本主义制度在全球范围内的统治地位。马克思、恩格斯在《德意志意识形态》中阐述生产关

---

① 文一：《伟大的中国工业革命：发展政治经济学一般原理批判纲要》，清华大学出版社 2016 年版，第 224 页。

系和交往关系的历史发展时指出，大工业"首次开创了世界历史，因为它使每个文明国家以及这些国家中的每一个人的需要的满足都依赖于整个世界，因为它消灭了各国以往自然形成的闭关自守的状态"。[①] 这些论述都生动地揭示了正是工业化开启了全球化的历史进程，而全球化的深入展开也有赖于工业化的新发展，而非"去工业化"。

2. 梦魇之旅：去工业化导致西方衰落

西方衰败的真正原因在于去工业化。当前，以美国为代表的逆全球化思潮的兴起也从侧面反映出西方世界正在不可避免地走向衰败。客观地看，美国中产阶级退化与就业不足的原因之一确实是市场全球扩张运动，但全球化并不是唯一的原因，甚至不是主要原因。有研究者指出，美国就业岗位消失仅有 13% 源于贸易，其他近 88% 由于自动化以及一些本地因素减少劳动需求所致。[②] 特朗普在第一个任期内对于全球化的判断只是停留在现象层面，他所描述的只是美国民众不断看到工厂一个个倒闭，产业工人不断失业，以底特律为代表的传统工业化城市不断破产。他指责中国导致了美国的巨大贸易逆差，因而宣布对中国商品加征惩罚性关税。在 2025 年 1 月就任第 47 任美国总统后，特朗普迅速实施了一系列"美国优先"的政

①《马克思恩格斯选集》第 1 卷，人民出版社 2012 年版，第 194 页。

② 陈伟光、蔡伟宏：《逆全球化现象的政治经济学分析——基于"双向运动"理论的视角》，《国际观察》2017 年第 3 期。

策，如减少了美国对国际组织的财政支持，还力图通过强化国内能源产业、特别是传统能源的生产，来确保美国的经济自主性。2025年2月1日，特朗普依据其国际紧急经济权力法（IEEPA）宣布对三大主要贸易国加征关税，对加拿大和墨西哥征收25%的关税，对中国全部输美商品额外加征10%的关税。2025年2月10日，特朗普签署行政命令，宣布对所有进口至美国的钢铁和铝征收25%关税。特朗普还表示，相关要求"没有例外和豁免"，未来将考虑对汽车、芯片和药品征收关税。

然而，一味地增加关税并不能够带来美国经济的增长和国民收入的提高，美国社会的大量财富早已随着金融资本主义的发展转移到华尔街金融资本家的手中。

马克思早已指出："在50年代，虚拟资本先是使得工业繁荣，后又引起1857年的崩溃。"理查德·波斯纳一针见血地指出2008年的全球性经济危机正是由于自由市场放任资本逐利所产生的。[1] 瓦克拉夫·斯米尔也指出："如果一个发达的现代经济体要想真正地实现繁荣富强，那么就必须有一个强大、多样和富于创造性的制造业。"非金融企业的过度金融化会加剧经济"脱实向虚"，导致资本更多地配置到金融部门，对工业部门的投资来源造成挤压，进而使企业雇佣的劳动力数量下降，对稳定就业与社会整体的稳定性造成

---

[1] ［美］理查德·波斯纳：《资本主义的失败：〇八危机与经济萧条的降临》，沈明译，北京大学出版社2009年版，第154页。

负面影响。①日本、韩国、中国等东亚国家的经济增长奇迹都得益于工业化。在政府的有力推动下，资源从传统农业等低生产力部门转移到制造业等高生产力部门②。

美国"去工业化"所导致的产业空心化最为典型。以通货膨胀、高失业率与经济停滞并存为主要特征的"滞胀"危机引发了学术界、政界的反思，并认为其成因主要在于凯恩斯主义指导下政府干预过多。为此，在"滞胀"危机影响下美国金融业与制造业之间利润率差持续拉大，资本追逐利润，即剩余价值的内在本性驱使产业资本开始流向金融业等非物质生产领域，导致产业空心化趋势开始出现。③加之，当时兴起的新自由主义反对国家宏观政策调控与金融监管，进一步推动了金融化发展。④现实地看，美国的"再工业化"迟迟未有成效，这与生产的全球化有密切的关系，不同于重商主义时期主要以成品贸易为主的经济全球化，现在的国际贸易中半成品和零部件贸易已占主要地位，这就使传统政策不再足够有效，再加上本国熟练工人的断代，美国的"再工业化"阻力重重。⑤

---

① 彭俞超、黄志刚：《经济"脱实向虚"的成因与治理：理解十九大金融体制改革》，《世界经济》2018 年第 9 期。

② 黄群慧：《中国共产党领导社会主义工业化建设及其历史经验》，《中国社会科学》2021 年第 7 期。

③ 段雨晨、田佳禾：《新卡莱茨基学派对当代资本主义金融危机的研究》，《政治经济学评论》2021 年第 2 期。

④ 周文：《赶超：产业政策与强国之路》，天津人民出版社 2023 年版，第 11 页。

⑤ 葛浩阳：《经济全球化与逆经济全球化的政治经济学分析》，经济科学出版社2021 年版，第 124 页。

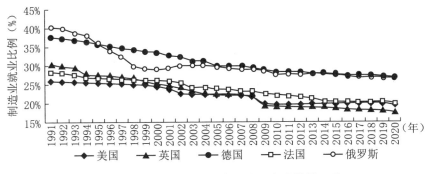

图 4　世界主要国家制造业就业占比持续下降

资料来源：世界银行数据库。

马克思深刻指出："资产阶级，由于开拓了世界市场，使一切国家的生产和消费都成为世界性的了。使反动派大为惋惜的是，资产阶级挖掉了工业脚下的民族基础。古老的民族工业被消灭了，并且每天都还在被消灭。它们被新的工业排挤掉了，新的工业的建立已经成为一切文明民族的生命攸关的问题。"[1] 西方经典产业结构理论片面强调服务业比重越大、现代化程度越高的错误认识，单纯将诸如发达的金融证券产业、股票市场以及房地产业等虚拟经济作为现代化经济的标志，认为虚拟经济越发达，经济现代化程度就越高。然而，脱离实体经济支撑的虚拟经济只是从事"钱生钱"的简单过程，无法创造物质财富，过度发展虚拟经济并不能推动社会生产力的提高进而实现现代化，反而会加剧经济的泡沫化。发展中国家盲目按照根据西方现代化发展经验归纳的现代产业结构理论，刻意降

---

① 《马克思恩格斯选集》第 1 卷，人民出版社 2012 年版，第 404 页。

低制造业产业比重，不顾自身实际大力发展服务业和虚拟经济，不仅无法解决自身面临的发展动能激发、国内消费提振、产业转型升级等问题，而且会陷入经济不断"脱实向虚"的陷阱难以自拔。

20世纪50—70年代，拉美国家如阿根廷、巴西、墨西哥等采用"进口替代型"工业化模式，初步建立了国民经济的工业基础，经历了经济发展的"黄金期"。然而，1982年拉美债务危机的爆发促使拉美国家纷纷被迫接受西方债权国和债权银行的要求，放弃原有发展模式，全力扩大初级产品的生产和出口以争取外贸盈余来偿还债务。在这场拉美世界的全球化浪潮中，过早实施"去工业化"是导致拉美国家20多年经济滑坡最直接的原因。[①] 同时，对于后工业化时代的发达国家而言，"理应"利用自身的资本和技术优势，通过对外输出进而与发展中国家的廉价劳动力相结合，建立远离本土、遍布世界各地的"代工厂"，加速了自身的"去工业化"进程，美国的苹果、通用等跨国公司就是典型案例。

此外，发达国家的现代服务业的快速发展也一定程度上促成了"去工业化"，尤其是金融业、房地产行业催生的经济泡沫。总体而言，无论是发展中国家经济转型还是发达国家进入后工业时代，都表现出了"去工业化"的倾向，以至于给人造成全球化就是去工业化的错觉。那么，在全球化进程中"去工业化"究竟给那些发展中

---

① 苏振兴、张勇：《从"进口替代"到"出口导向"：拉美国家工业化模式的转型》，《拉丁美洲研究》2011年第4期。

国家造成了什么影响呢？必须清醒地意识到：西方向发展中国家输出资本，但是发展中国家没有"企业家"、没有"产业政策"、没有"工业体系"，无法有效消化，从而使其更加远离制造业和技术创新，陷入更深层次的贫困中，"资本流遍全球，利润流回西方"描述的正是这种情况。这也正是全球化中富国更富穷国更穷的根本逻辑所在。

三、全球化与帝国主义

1. 帝国主义的真谛：殖民掠夺

地理大发现打破了世界各国家、各民族及各区域之间的封闭隔绝状态，对于认识世界全貌、促进国际生产、推动人类交往意义深远，极大地改变了人类经济社会生产方式以及世界历史。但是，马克思指出："重商主义体系在某种程度上还具有某种纯朴的天主教的坦率精神，它丝毫不隐瞒商业的不道德的本质。我们已经看到，它怎样公开地显露自己卑鄙的贪婪。18世纪民族间的相互敌视、可憎的妒忌以及商业角逐，都是贸易本身的必然结果。"[1] 历史也已经表明，掠夺财富、侵占土地和奴役殖民地人民才是地理大发现的根本动机。[2]

---

① 《马克思恩格斯选集》第 1 卷，人民出版社 2012 年版，第 22 页。
② 张家唐：《拉丁美洲简史》，人民出版社 2009 年版，第 34 页。

新航路开辟后，"世界一下子大了差不多十倍；现在展现在西欧人眼前的，已不是一个半球的四分之一，而是整个地球了，他们正忙着去占据其余的七个四分之一"。① 在哥伦布发现新大陆那年（1492 年），有大约 1.45 亿人居住在西半球，到了 1691 年，美洲原住民有 90% 以上灭绝，也就是有大约 1.3 亿人因屠杀、奴役、传染病或饥荒而死亡。美国的崛起就是一部从 13 个州开始向西扩张领土的历史。而美国的领土扩张基本上就是靠掠夺印第安人的土地，并对他们进行种族屠杀，也包括胁迫无暇他顾的欧洲殖民帝国（如西班牙、法国与沙俄），以象征性的价格出售原来仅仅在名义上拥有而其实是强占的土地。②

接踵而来的西欧殖民扩张大大扩展了资本主义世界市场。1775 年全世界七分之一的人口约 1.1 亿人处于欧洲统治之下，约 5000 万人在欧洲母国，另有 6000 万人为海外居民。1914 年全球 84% 的地区都掌握在欧洲殖民者的强权手中，占领土地意味着使民众服从。③ "凡是资本主义工业发展很快的国家，都要急于找寻殖民地，也就是找寻一些工业不发达、还多少保留着宗法式生活特点的国家，它们可以向那里销售工业品，牟取重利。"④ 列宁指出，在巴塞尔决

① 《家庭、私有制和国家的起源》，人民出版社 2018 年版，第 87 页。
② 朱云汉：《全球化的裂解与再融合》，中信出版社 2021 年版，第 211 页。
③ ［荷］皮尔·弗里斯：《国家、经济与大分流》，郭金兴译，中信出版社 2018 年版，第 623 页。
④ 《列宁选集》第 1 卷，人民出版社 2012 年版，第 279 页。

议中，"资产阶级竭力把这场帝国主义的、争夺殖民地的、掠夺性的战争描绘成人民的、防御性的（对于任何一方都是防御性的）战争，并从历史上寻找非帝国主义战争的先例来为这场战争辩护"①。

在此，马克思看到了英国资产阶级通过鸦片对中国实施的不平等贸易，由于英国人用枪炮强行推销鸦片，"鸦片获得了对大部分人口的不屈不挠的统治；罪恶与日俱增，暗中交易愈加危险；自1833年东印度公司解散以来，鸦片贸易一直为私人商人所利用，通常所投入的巨额利润使他们在追求鸦片的过程中越来越具有创造性。因此，中国沿海大祸临头，白银几乎穷尽外流"。数据表明，1821—1840年间，中国的白银外流数额至少在一亿两，相当于当时银货流通总额的五分之一，"平均每年流出500万两白银，相当于清政府每年收入的1/10"②。并且，英国人为了打开鸦片在中国的销路，竟于1840年悍然发动了震惊世界的鸦片战争，并迫使清政府签订屈辱的《南京条约》。马克思后来说："这个条约从头到尾都是侮辱。"

"新发现的土地的殖民地化，又助长了各国之间的商业斗争，因而使这种斗争变得更加广泛和更加残酷了。"③早在1844年《巴黎笔记》时期，在对李嘉图《政治经济学及赋税原理》一书的摘录里，马克思已经注意到与生产过剩相关的殖民地贸易问题。1845年《布

---

① 《列宁选集》第2卷，人民出版社2012年版，第458页。
② 俞良早、徐芹：《经典作家东方落后国家社会发展的重要著作和基本理论》，人民出版社2015年版，第181页。
③ 《马克思恩格斯选集》第1卷，人民出版社2012年版，第190页。

鲁塞尔笔记》时期，马克思开始从一些经济学文献中较多地接触到西方资产阶级殖民主义的罪恶历史。马克思当然意识到，资产阶级经济学家通常不会承认这种"新大陆"的开拓历史是以残酷的殖民主义奴役关系为背景的。[①] 实际上，从历史上看，资产阶级所谓"发现新大陆"的历史与殖民主义暴行是同时发生的，这种"新世界的命运"掩盖了对土著居民的野蛮屠杀、种植园农奴制的建立、非洲奴隶贩卖等一系列血腥罪行。

以英国为代表的殖民主义对印度的侵略本质上是两种生产方式的对峙。"这与其说是由于不列颠收税官和不列颠士兵的粗暴干涉，还不如说是由于英国蒸汽机和英国自由贸易的作用"[②]，在马克思那里，殖民的主体不再表现为英国的官方行为或者其他前资本主义形态的民族入侵，而是以贸易和蒸汽机为代表的资本主义生产方式对小农生产的消解，这是现代殖民主义的主要特征。

19 世纪中叶以后，欧洲殖民者开始瓜分亚洲和非洲。在疯狂地殖民扩张下，几乎每片大陆上都建立了殖民地。以英国为例，在 1757—1850 年间，仅印度次大陆，英国兼并的领土已达 410 多万平方公里。在这不到 100 年的时间里，除了亚洲以外，英国的势力还遍布北美洲、大洋洲以及非洲，加拿大、澳大利亚、新西兰、开普

[①] 张一兵：《西方殖民统治的历史真相——马克思〈伦敦笔记〉研究》，《马克思主义与现实》2023 年第 4 期。

[②] 《马克思恩格斯文集》第 2 卷，人民出版社 2009 年版，第 682 页。

等国家和地区都沦为英国的殖民地。[①]

例如，由于优越的地理位置和世界资本主义势力竞争的影响，自 18 世纪末，埃及成为西方列强在中东争权夺势的焦点。埃及地处非洲大陆东北角，北邻地中海，东邻红海，占据着阿拉伯世界的核心位置，苏伊士运河的开通更是缩短了欧洲到东方的航线，埃及则成为这一航线的战略要道和必经之处。1882 年，趁法国海军驶离埃及之际，英国入侵亚历山大港，拉开了殖民埃及的历史序幕，直至 1956 年，英国才结束了长达 74 年的殖民统治。在英国占领期间，克罗默 1883 年至 1907 年的殖民统治对英埃双方都产生了重要的影响。对英国来说，克罗默治下的埃及为英国提供了原料供应基地、商品销售市场和重要的场所，通过殖民埃及，占领苏丹，便利了和英属印度殖民地的联系，成为大英帝国殖民体系的重要部分。

今天，西方现代化所谓的繁荣之象背后，是赤裸裸的殖民主义剥削和帝国主义掠夺的残酷历史行径。在很长的一段时间里，殖民地是作为宗主国经济的一个构成部分而存在，投资殖民地也是有利可图的。而随着时间的推移，世界被基本瓜分完毕，西方各个工业国家之间的矛盾积累到了一定水平，此时保卫和征服殖民地的成本逐渐超过直接经营殖民地所带来的收益。同时，经过长期的"经营"，殖民地的要素禀赋或比较优势已经被安排到位，此时给予殖民地独立和自由，从提高利润的角度来看更为划算。因为此时各个

---

① 高岱、郑家馨：《殖民主义史》(总论卷)，北京大学出版社 2003 年版，第 30 页。

宗主国既在工业发展上取得了绝对领先的优势，而各个前殖民地又已经在长期的殖民阶段中忘记了正常的发展模式，只能依赖熟悉的原材料出口贸易来继续维持运转。殖民主义正是在这种阶级私欲的驱使下实施的，本质是掠夺与剥削，主要通过武力征服、政治控制、经济压榨和文化入侵等殖民手段方式体现出来。

2. 帝国主义的形态：金融垄断

马克思说："一切资本主义生产方式的国家，都周期地患一种狂想病，企图不用生产过程作中介而赚到钱。"[1]如今的金融资本正施展魔力将这一狂想变成现实，资本和生产极大程度地分离，资本日益脱离生产，金融资本渐渐摆脱实物交换的限制，达到资本的最高形态。正如列宁所指出的："金融资本是一种存在于一切经济关系和一切国际关系中的巨大力量，可以说是起决定作用的力量，它甚至能够支配而且实际上已经支配着一些政治上完全独立的国家。"[2]

1688年光荣革命之后，工业革命之前，英国初步形成了国债制度、银行体系、证券市场三者构成的金融体系。到1816年英国率先实行了金本位制，随后主要资本主义国家都实行金本位制。金本位制的建立，确立了英国在第一次全球化浪潮期间的世界金融霸主地

---

① 《资本论》第2卷，人民出版社2004年版，第67—68页。
② 列宁：《帝国主义是资本主义的最高阶段》，人民出版社2014年版，第79页。

位，支撑了世界金融体系。① 在实业资本主义主导的历史阶段，金融活动主要是为工业、贸易和服务业提供资金。金融嵌入在产业网络中，从属于实物生产经济部门在制造业利润率不断下降的情况下，投资实业已经越来越失去吸引力：而在国家信用可以透支的制度下，通过生产实现盈利就更是一种低效率的笨办法。通过资本运作直接而快速地获利，才是美国资本趋之若鹜的新经济模式。②

帝国主义也意味着金融垄断资本对于全球生产体系的普遍统治，非中心国家生产体系的价值转移使收入和财富进一步流向并集中于金融垄断资本控制的领域，这一持续增长的不平衡本身正是金融自由化的结果。越来越多的剩余价值无法真正进入生产领域，资本积累实现的唯一途径便是剩余价值的"金融投资"，金融自由化产生了越来越多的过剩资本，金融投机推动了各种债务形式尤其是政府债务的膨胀。金融垄断资本的普遍统治以不断深化资本主义系统性危机为代价，使自身处于崩溃和解体的边缘。③

20 世纪 80 年代以来的新自由主义全球化解除了对金融资本自由流动的国家间监管，形成脆弱又臃肿的全球金融结构。④ 金融资本的

① 王世渝：《第三次全球化浪潮》，中国民主法制出版社 2020 年版，第 236 页。

② 王辉耀、苗绿：《全球化 VS 逆全球化：政府与企业的挑战与机遇》，东方出版社 2017 年版，第 92 页。

③ 户晓坤：《世界体系与现代化替代方案：萨米尔·阿明与俄罗斯左翼学者的对话》，《世界哲学》2023 年第 2 期。

④ ［法］热拉尔·迪美尼尔、［法］多米尼克·莱维：《新自由主义的危机》，魏怡译，商务印书馆 2015 年版，第 142 页。

全球扩张与金融霸权使得少数资本主义发达国家坐享全球化的绝大部分红利，广大发展中国家受到资本主义发达国家的盘剥，并未从西方国家所主导的全球化中获益。美国是全球最富国家，也是贫富差距最大的发达国家。法国经济学者托马斯·皮凯蒂通过翔实的经济统计数据表明，2010 年以来全球财富不平等程度似乎与一战之前欧洲的财富差距相似[①]，1980 年到 2010 年 30 年间美国社会底层 50%的人口的收入实质增长率停滞不前、接近为 0，而财富金字塔前 1%的人群收入增幅翻了 3 倍达到底层 50% 民众的 81 倍。[②] 数据所覆盖的近 3 个世纪、21 个主要国家的数据都证明，所有国家的所有阶段都呈现同一个规律：资本分配总比劳动分配不平等。[③] "占领华尔街"运动直接地表达了美国民众对金融资本导致的经济灾难的愤怒。

新自由主义主导下的经济金融政策倾向于放松金融监管和强化市场竞争，然而经济金融化演进会导致大量资源逐渐向金融行业集中、金融机构快速扩张和金融产品规模急速膨胀，从而促使经济部门结构和企业经营出现异化，经济更加"脱实向虚"。不仅如此，在经济过度金融化的情况下，金融行业高度发展和就业人员薪资不断

[①] ［法］托马斯·皮凯蒂：《21 世纪资本论》，巴曙松译，中信出版社 2014 年版，第 451 页。

[②] Piketty, T., Saez, E. and Zucman, G., 2018, "Distributional National Accounts: Methods and Estimates for the United States", Quarterly Journal of Economics, 133(2): 553–609.

[③] ［法］托马斯·皮凯蒂：《21 世纪资本论》，巴曙松译，中信出版社 2014 年版，第 248 页。

上涨的同时，制造业等实体经济部门会出现"空心化"，市场竞争力和盈利水平不断降低，从业人员相对工资收入逐渐下降，结果扩大了收入分配差距。[1] 以美国为首的发达资本主义国家由于自身过度金融化、全球化所导致的制造业优势丧失，产业结构"空心化"严重，跨国公司开始实行大量的生产以及服务外包。美国等国的工人阶级遭遇生存状况的恶化与社会福利的下降。1977 年到 1999 年美国的跨国公司减少了 300 万个美国国内制造业的就业岗位[2]，2001 年到 2009 年美国损失了 320 万个工作岗位，其中四分之三约 240 万个集中在制造业领域。经合组织（OECD）的研究发现：在最发达的西方工业国家，美国拥有最高的相对贫困；20 世纪 90 年代到 21 世纪中期，在绝对贫困人口减少方面，美国同样获得倒数第二的成绩；即使不用相对方法而采用绝对方法衡量贫困，美国仍然高居先进国家之巅，美国政府对于抵御贫困鲜有成效。美国成为一个充满生产过剩与遍地贫困、大量丰裕与贫穷并存的"过剩之地"。

"食利国是寄身腐朽的资本主义的国家。"[3] 美国国家金融垄断资本主义的高度发达已经使得美国的食利性、腐朽性暴露无遗，如今美国庞大的财政赤字正是美国食利性、腐朽性的明证。依照美国财

---

① 黄平、李奇泽：《新自由主义对英美等国收入不平等的影响》，《中国社会科学》2023 年第 9 期。

② 高柏、草苍：《为什么全球化会发生逆转——逆全球化现象的因果机制分析》，《文化纵横》2016 年第 6 期。

③ 列宁：《帝国主义是资本主义的最高阶段》，人民出版社 2014 年版，第 100 页。

政部报告，2025 年开始美国国债将会高达 30 万亿美元，即美国每年发行的公共债务将会全部用于偿还利息，将会进入拆东墙补西墙的庞氏骗局。正是美国垄断集团放任金融资本的大肆收割，造成美国经济泡沫以及制造产业的衰退，虚拟经济和实体经济严重失衡。广大工人阶级与劳动人民遭受就业状况恶化、生活水平下降，从而激化阶级矛盾与社会冲突。美国财政部部长盖特纳更是直言不讳地设想：美国的相对优势将是高度发达的金融业，美国金融业将吸收全球中产阶级的储蓄，这将是美国经济增长的主要来源，美国将成为世界银行。福斯特直言：资本主义已经进入到全球金融垄断资本的新帝国主义时代。[1]

正因为如此，列宁指出："极少数富国……把垄断扩展到无比广阔的范围，攫取着数亿以至数十亿超额利润，让别国数亿人民'驮着走'，为瓜分极丰富、极肥美、极稳当的赃物而互相搏斗着。"[2]帝国主义既是延续资本主义生命的一味猛药，也是直接加速资本主义死亡的手段。这就很明显地证明："新自由主义的帝国主义就已经从内部开始衰弱"，"新自由主义及其帝国主义的特殊形态的末日已经为期不远了。"[3]

---

① Foster, J. B., 2015, "The New Imperialism of Globalized Monopoly-Finance Capital: An Introduction", *Monthly Review*, 67(3): 1–22.

② 《列宁选集》第 2 卷，人民出版社 2012 年版，第 714 页。

③ ［美］大卫·哈维：《新帝国主义》，初立忠等译，社会科学文献出版社 2009 年版，第 153 页。

3. 新帝国主义：数字霸权

16—18 世纪，欧洲列强主要是通过强盗式掠夺、欺骗性贸易、强制性劳动等方式盘剥殖民地人民。19 世纪六七十年代起，帝国主义垄断组织以资本输出剥削其他民族、国家或地区。21 世纪以来，云计算、大数据、物联网等数字技术不断发展，数字平台成为人们交流乃至数字化生存的重要场域。与此同时，帝国主义垄断由现实空间转向虚拟数字空间，数字平台成为帝国主义垄断新载体。

与传统帝国主义通过征服、奴役、劫掠、杀戮等获取土地、原材料和劳动力的暴力方式不同，数字帝国主义的空间权力扩张是通过数字圈地、算法规制和自由幻象制造，来获得数字空间中的支配性权力。[1] 发达国家搭建并主导着一条从数据产生到数据采集占有再到数据产品生产和商品化的积累链条，呈现出规模数据资源化、生产体系智能化、市场流通平台化的特征，进而形成对数据的攫取与占有。[2] 在数字资本主义主导的世界体系下，数字帝国主义将数字资本的触角伸展到全球的各个角落，将新创造出来的理应属于全人类的各种数字力量转变成奴役其他国家的工具。同时，个人和国家的一切交往都依赖于数字网络，"数字帝国主义通过对数字化网络

---

① 陈尧:《数字帝国主义的政治经济学批判——基于垄断资本积累、空间权力扩张双重视角》,《理论月刊》2023 年第 9 期。

② 蓝江:《数字的神话与资本的魔法——从〈政治经济学批判〉导言〉看数字资本主义》,《探索与争鸣》2023 年第 6 期。

的绝对垄断也绝对化地垄断了生存世界的一切，一切都必须在数字技术的赋权下才能有效运转"①，无论是多偏远的国家或地区，其生产、生活活动都不得不服从数字资本增殖逻辑构建的秩序。

首先，在数字化生产过程中，数字帝国主义构建了以数字生产资料为剥削工具，以数据为剥削基础，以数字劳动者为剥削对象的剩余劳动时间剥削体系。其中，数字劳动构成了数字帝国主义剩余价值创造的新源泉。与工业时代的劳动相比，数字劳动的剩余价值生产呈现出多样态共存、多方式交织的新特征②，其具体样态主要包括数字用户无酬劳动和雇佣数字劳动。数字用户无酬劳动的剩余价值生产主要体现为，"在商品化机制的作用下，用户的上网时间被对象化，在线活动成了生产数据商品无处不在的活劳动"③。其本质是资本家通过数字技术在日常生活中的应用，催生了产消一体化的"新型工人"。产消一体化模糊了生产与消费、工作与生活之间的界限，"新型工人"为满足自己需求而作出的生产性贡献被资本家无偿占有。进一步从"数字雇员"和"数字用户"视角来分析"数字资本主义"的剥削形式，可以看到促使每个数字雇员用于数字劳动的总平均工作时间和无薪工作时间增加来获取更多剩余价值；对数字

① 高海波：《数字帝国主义的政治经济学批判——基于数字资本全球积累结构的视角》，《经济学家》2021 年第 1 期。

② 黄再胜：《数字剩余价值的生产、实现与分配》，《马克思主义研究》2022 年第 3 期。

③ 黄铭、何宛怿：《"数字劳动"平台化的辩证分析》，《国外社会科学》2021 年第 2 期。

用户劳动的剥削是通过无偿占有数字用户线上时间生产的数据信息来获得剩余价值。[①]

其次，数字技术没有改变市场经济竞争法则，在激烈竞争中，个别劳动时间低于社会必要劳动时间的平台处于优势地位且日益壮大，其他平台逐渐被淘汰。竞争中不断获胜的个别平台成长为平台寡头，成为新垄断力量。互联网平台作为数字化时代的新组织，本质上是流量入口的数据集合体。它不仅能够以数据为生产要素核心，通过算法设计创造多元动态的市场价值，也可以利用形成垄断结构后所衍生出的市场力量，通过"数据封锁""流量独占"及"算法共谋"等手段实施垄断行为。互联网平台垄断行为不仅针对平台内各方用户，也针对外部其他平台。针对平台内部用户时，通常利用数据与流量控制，通过智能算法技术以实施倾斜式定价等策略，剥夺各方用户福利。针对外部其他平台时，主要在数据与算法控制基础上，采用捆绑销售、限定交易、自我优待及跨界并购等排他性竞争策略，以达到争夺用户并垄断相关市场的目的。[②]

一方面，大型互联网平台企业占据巨大市场份额，拥有市场强势地位，易引发操纵市场、损害市场结构、破坏效率和公平的行为。[③]取得绝对市场优势地位的平台企业利用技术优势和市场支配

---

① 方莉：《数字劳动与数字资本主义剥削的发生、实现及其批判》，《国外社会科学》2020 年第 4 期。

② 周文、刘少阳：《平台经济反垄断的政治经济学》，《管理学刊》2021 年第 2 期。

③ 周文、韩文龙：《平台经济发展再审视：垄断与数字税新挑战》，《中国社会科学》2021 年第 3 期。

地位，通过排他性的准入标准抑制新进竞争者、构建自身利益最大化的生态"闭环"，不仅可能扼杀很多创新行为，也可能损害消费者和中小企业利益，不利于行业良性生态和多元发展。例如，苹果公司对 iOS 设备的软件分销的垄断力，降低了应用开发者的质量和创新能力，并提高了价格，减少了消费者的选择。谷歌在世界大多数设备和浏览器中都获得了默认位置，大量的实体（包括大型上市公司、小型企业和个体商贩）都依赖谷歌获取流量，没有任何其他搜索引擎可以替代。仅过去十年，微软、脸谱、谷歌、亚马逊和苹果共收购了数百家公司，以消除竞争威胁或维持和扩大公司的主导地位。

另一方面，容易导致数字财富的极化效应。数字经济时代，通过互联网的放大效应、资本市场的催化效应、国际市场的扩张效应等，劳资之间的物质利益和经济利益更加尖锐对立。[1] 数字资本被快速集中形成大资本，获得较高的回报率，社会财富也被快速集中在少数寡头手中，导致形成 M 型的社会结构，以及 K 型的社会财富分布趋势。[2] 平台寡头通过占有网站、操作系统、用户数据等生产资料，控制全球网络生产关系，最大限度将全球用户集中在自己的平台上，掠夺全球数字财富。平台寡头营造出"分享即是美好"的氛围，鼓动"自由"分享信息，实际上操纵用户成为其"可分析的

---

[1]　孟飞、程榕：《如何理解数字劳动、数字剥削、数字资本？——当代数字资本主义的马克思主义政治经济学批判》，《教学与研究》2021 年第 1 期。

[2]　周文、韩文龙：《数字财富的创造、分配与共同富裕》，《中国社会科学》2023 年第 10 期。

数据"，沦为其资本增殖工具。数字化平台收集用户信息，将信息商业化，为这些平台的所有者及其所属国家带来庞大的资本积累。

最后，数字技术自身垄断成为垄断新手段。数字技术是人类生产力不断发展的结果，也是社会发展的重要推动力。数字帝国主义国家凭借雄厚的经济实力，率先发展数字技术，将数字产品的核心技术掌握在本国手中，构建起强大的数字底层结构与数字平台，操控世界数字经济，生产与输出帝国主义数字产品，掠夺发展中国家的数字资源。[①] 数字时代的发展重心就在于提取和使用一种特殊的材料"数据"。[②] 正如阿尔温·托夫勒在《权力的转移》中所认为的，"拥有网络上信息强权的人和国家，旋转着未来世界政治经济格局的魔方"。[③] 数字帝国主义国家依托技术优势，不断强化全球垄断地位，对其他国家进行"数字殖民"。

在数字帝国主义垄断下，绝大部分被卷入数字化进程的技术欠发达国家成为其经济附庸，这些国家的人民并没有通过数字技术获得自由，反而成为资本家的"数字奴隶"。数字技术欠发达国家要想发展数字经济，要么支付高额知识产权费用，要么沦为西方数字平台附庸，而这一切都在"市场规则"下进行。正如加拿大学者埃

---

① 郑冬芳、刘凯田：《数字帝国主义是如何搞垄断的？》，《历史评论》2022 年第 6 期。

② ［加］尼克·斯尔尼塞克：《平台资本主义》，程水英译，广东人民出版社 2018 年版，第 47—48 页。

③ ［美］阿尔文·托夫勒：《权力的转移》，黄锦桂译，中信出版社 2018 年版，第 105 页。

伦·M.伍德所说，"它不是通过直接干预资本家与劳动力、帝国与属国的关系起作用的，而是更为间接地通过维护经济强制制度、财产（和无产）制度以及市场运作而发挥作用的"。阿尔温·托夫勒在《权力的转移》中同样认为："权力正在向信息拥有者手中转移，拥有网络上信息强权的人和国家，旋转着未来世界政治经济格局的魔方。"① 数字技术欠发达国家要突破数字帝国主义的技术垄断和技术壁垒，道阻且长。

四、小结

全球化的过程本质上就是不同民族、不同文化之间相互碰撞的过程。自 15 世纪开始到 17 世纪结束的大航海时代无疑是人类历史上最重要的转折点，因为它把散落在世界各地的人类部落串联在了一起，从而获得了埃里克·琼斯所称的"史无前例的生态横财"②。斯塔夫里阿诺斯认为，在哥伦布发现美洲大陆之前，人类文明"只有各民族的相对平行的历史，而没有一部统一的人类历史"③。正是

---

① ［美］阿尔文·托夫勒：《权力的转移》，黄锦桂译，中信出版社 2018 年版，第105 页。

② ［澳］埃里克·琼斯：《欧洲奇迹：欧亚史中的环境、经济和地缘政治》，陈小白译，华夏出版社 2015 年版，第 31 页。

③ ［美］斯塔夫里阿诺斯：《全球通史：1500 年以后的世界》，吴象婴等译，上海科学院出版社 1999 年版，第 3 页。

由于地理大发现所带来一系列的社会影响，"历史也就在愈来愈大的程度上成为全世界的历史"。美洲新大陆的发现、通往印度新航路的开辟为欧洲殖民者以及商人联通欧洲、亚洲与美洲之间的商业贸易往来，为形成资本主义世界市场奠定初步基础。①

西方发达国家都经历了工业化的进程，其工业资本最终又被金融资本取代，可以将新自由主义模式的全球化称作金融垄断资本主义全球化。进入 20 世纪，资本主义进入帝国主义发展阶段，生产和资本高度集中进而形成了垄断统治，然而，面对资本主义经济危机的周期性爆发，主要资本主义国家或通过发动战争或施行新政以缓解矛盾，两次世界大战以及美国的"罗斯福新政"的出台，都是对资本主义危机的应激反应。

二战后，布雷顿森林体系的确立，重新确立了资本主义世界的稳定秩序。随着 80 年代以来西方资本主义出现的新一轮全球化高潮，又一定程度上推动整个西方世界的复兴。当资本主义的固有矛盾造成资本过度积累危机时，"资本总是要通过地理扩张和时间重配来解决"②。从这个意义上来讲，西方主导的全球化是一种"帝国主义"，存在着多次"掠夺式积累"，而这种积累归根到底推动了西方的兴起。

---

① 肖玉飞、周文：《逆全球化思潮的实质与人类命运共同体的政治经济学要义》，《经济社会体制比较》2021 年第 3 期。

② ［美］大卫·哈维：《世界的逻辑》，周大昕译，中信出版社 2017 年版，第 299 页。

第三章 全球化与西方困境

从工业革命时期到科技革命时期再到两次世界大战时期及战后发展时期，世界市场始终在各国经济发展的平衡与不平衡、自由贸易与保护贸易呼声的此起彼伏，以及经济危机带来的全球性经济周期波动中起伏前行。特别是2008年国际金融危机爆发以来，经过十年的调整，全球经济并未实现理想复苏，反陷持续低迷，贸易保护主义不断加码，"逆全球化"思潮暗流涌动。2016年，以"英国脱欧"和特朗普当选美国总统为标志，"逆全球化"潮流进入了一个新的发展阶段。尤其是美国，从推行全球化和自由贸易的主导者开始转变为主张"逆全球化"和保护贸易的推动者，对经济全球化发展带来负面冲击，也极大阻碍了全球贸易的自由化进程。运用马克思世界市场理论反思"逆全球化"现象中存在的问题，才能为全球治理提供正确的指引。

一、记忆之场：全球化失败与全球化的西方困境

1. 全球发展严重失衡

习近平总书记指出："发展不平衡是当今世界最大的不平衡。"[①]新自由主义全球化制造与强化了发展中国家与发达国家的发展差距，发达国家攫取了全球化的主要果实，是全球化的最大受益者；发展中国家则成为全球化的主要风险承受者与成本承担者。凡是实行新自由主义政策的国家几乎都发生了经济萧条，甚至是严重的经济衰退[②]，新自由主义全球化形成显著的南北发展失衡。2006 年联合国首次发布的包含世界所有国家家庭财富在内的《全球家庭财富分布情况》显示：世界财富分布极不均衡、高度集中，人口较少的北美、欧洲和亚太的高收入国家拥有全球财富的 90%，人口众多的非洲、中国、印度以及亚洲其他低收入国家只拥有较少的世界财富份额。瑞士信贷和瑞银最新发布的《全球财富报告 2024》显示：2023 年，最富有的 1% 拥有所有资产的 47%，财富向少数人集中，这些人多为大型跨国企业的所有者、高收入群体以及科技行业的先行者。低

---

① 习近平：《齐心开创共建"一带一路"美好未来》，《人民日报》2019 年 4 月 27 日。

② 杨玉成、赵乙儒：《论新自由主义的源流、性质及局限性》，《世界社会主义研究》2022 年第 2 期。

收入群体不仅收入增长缓慢，更在资产增值和投资回报方面几乎处于停滞状态。而高收入群体则凭借其资本优势和投资渠道的多元化，财富持续攀升，导致财富差距进一步扩大。

世界不均等实验室发布的《2022年世界不均等报告》对当今人类社会的经济不均等程度予以了具体直观的刻画：全球最富有的10%的人口占据了全球收入的52%，而最贫穷的50%人口只赚取了全球收入的8%；处于全球收入前10%的人每年的平均收入为122100美元，而全球收入后50%的人每年的平均收入仅为3920美元，前者是后者的31.15倍；全球最贫穷的一半人口几乎不拥有任何财富，他们的财产只占全球财产的2%，相比之下，全球最富有的10%的人口拥有76%的全球财产；平均而言，最贫穷的一半人口每个成年人拥有4100美元，而最富有的10%人口平均拥有771300美元，后者是前者的188倍。在最平等的地区（欧洲）和最不平等的地区（中东和北非）之间，不平等程度差异很大。在欧洲，前10%的收入份额占比约为36%，而在中东和北非地区则达到58%。[1]

资本主导的经济全球化虽然实现了生产要素的全球流动，但是这种流动是有层级、有结构的，优质的要素流往中心国家，劣等的要素流往边缘和外围国家，表现在国际产业链分工上就是中心国家始终占据着全球价值链的高端，稳稳掌握着高附加值、高利润的生

---

[1] Chancel L., Piketty T., Saez E., Zucman G., et al. World Inequality Report 2022. World Inequality Lab, 2022.

产环节。① 同时，中心国家对核心技术的保护和封锁其实并不利于知识和技术的高效传播，这是有碍于全球生产力的发展的。斯蒂格利茨就对知识产权和专利保护制度报以反思性的批判。他在《全球化逆潮》一书中指出："美国和其他发达国家的主要全球努力一直是限制思想的自由流动，或者至少确保那些利用发达国家产生的想法的人要向发达国家支付费用。第二次世界大战后的几年里，重点是如何加快资本从发达国家向发展中国家流动的速度，这一新的关注点正好起到相反的作用。高收入国家从低收入和中等收入国家获得的知识产权使用费非常高。2012 年仅美国就从其他国家获得 200 亿美元的收入，相当于美国通过其发展机构美国国际开发署给贫穷国家的经济援助（2012 财政年度约 182 亿美元）。"②

委内瑞拉是世界上石油储备最多的国家，比沙特、俄罗斯都要多，资源禀赋优越使其成为拉美地区发展最早的国家之一，却在数十年的发展历程中陷入了"中等收入陷阱"，尤其是委内瑞拉人骄傲的社会福利机制，在石油价格遭遇冰点之后迅速崩溃。近年来，美国不断扩大对委内瑞拉经济和金融制裁，实施一系列制裁、封锁措施，使委政府石油出口收入严重下降，食品和药品进口不足，严重阻碍了委经济社会发展和改善民生的努力。

---

① 葛浩阳：《经济全球化与逆经济全球化的政治经济学分析》，经济科学出版社 2021 年版，第 81 页。

② ［美］约瑟夫·斯蒂格利茨：《全球化逆潮》，张昕海译，机械工业出版社 2019 年版，第 33 页。

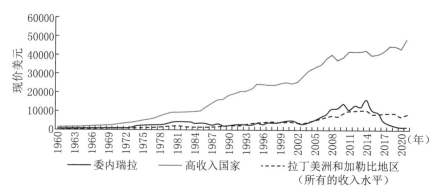

图 5　委内瑞拉和高收入国家与拉丁美洲国家平均水平比较

资料来源：世界银行数据库、国际货币基金组织。

不仅全球范围内国家间的发展差距在不断扩大，国家内部的差距也日益明显。按新自由主义的逻辑，资本在全球范围内的自由流动可以促进投资，而投资会带来就业岗位增加和经济增长，进而有助于改善低收入群体的经济状况并逐渐消除贫困，但现实情况却与此逻辑大相径庭。近年来，学术界大量的实证研究和诸多国家的实践都表明，资本全球化和自由化会通过降低劳动收入占比、提高资本获利能力、加剧经济动荡和减少政府支出等途径，不断加深社会收入不平等程度。

2. 逆全球化浪潮

近年来，经济全球化遭遇逆流，国际贸易中保护主义盛行，全球治理中单边主义加剧，全球供应链出现被动断裂和主动脱钩，某些发达国家极端政治倾向加重、国家安全概念泛化、民粹主义和狭隘民族主义抬头。从根本上说，所谓"逆全球化"是"资本全球化"内在矛盾激化的产物。2008年国际金融危机爆发后，西方资本主义国家非但没有采取行之有效的改革措施，反倒是通过金融输血加放水、贸易和科技壁垒等手段，为大企业和金融垄断资本保驾护航。在西方世界，当金融垄断资本为维护自身利益而助推保护主义，资本主义国家为遏制新兴市场国家和发展中国家崛起而采取脱钩断供时，"逆全球化"从暗流涌动到抬头加剧的转变也就随之发生了。

全球化作为不可逆转的历史潮流，促进了全球范围内的资本、技术和人力等各种生产要素流通，优化了资源配置，为世界经济提供了强劲动力；而逆全球化作为与全球化相伴而生的一种现象，则为世界经济发展增添了极大阻力。世界经济发展历史也一再表明，全球化深入推进，世界经济就如虎添翼、发展迅速；逆全球化现象抬头和加剧，世界经济就发展缓慢，并呈现一种逐渐萎靡的态势。2008年国际金融危机不仅给美国经济以重创，也给世界经济带来了深远影响。此次国际金融危机爆发以后，逆全球化在西方国家逐渐盛行，直接威胁到全球经济的平衡、健康和可持续发展，逆全球化已经成为掣肘全球化深入发展的重大障碍。尤其是自2016年以来，一些国家和地区政策内顾倾向加重，贸易保护主义和单边主义此起彼伏，给世界多边主义和自由贸易体制带来了较大冲击。

随着世界经济、贸易和投资增长速度下降，英国脱欧、特朗普

2016 年当选美国第 45 任总统、TPP 夭折以及全球范围内的贸易保护主义措施增多，美西方国家出现了逆经济全球化的思潮。WTO 的一项统计研究表明，WTO 成员自从 2008 年国际金融危机以来已经推出了 2100 多项限制贸易的措施。美国更是充当保护主义的先锋，仅 2015 年就实施贸易保护措施 624 项，为 2009 年的 9 倍。金融危机给美国精英们大大浇了一桶冷水，他们忽然醒悟过来，发现资本主义制度并未完胜，相反，中国的发展却很成功；美国也不是大赢家，相反，中国成了大赢家。"失算"的心态引动了民粹主义的潜流，加上失落群体的不满，美国率先掀起了逆全球化的思潮。①

当今世界面临百年未有之大变局，国际格局持续动荡不安、世界贫富差距持续扩大、第三世界国家普遍贫困；发达资本主义国家也面临贫富两极分化、经济增长乏力、严重社会不公、社会矛盾激化等诸多问题，世界面临失序风险，逆全球化思潮此起彼伏。西方资本主义主导的全球化历经 500 多年的发展，特别是冷战结束以来新自由主义成为主导全球化的经济意识形态，国际垄断资本自发扩张、自由流动的自发全球化遭遇自身困境，当前不公正不合理的国际政治经济秩序与全球治理失灵严重阻碍全球政治经济的健康发展。此轮"逆全球化"浪潮中，美英等发达资本主义国

---

① 裴长洪：《"一带一路"倡议——马克思主义政治经济学中国化时代化的解读》，《南开经济研究》2023 年第 9 期。

家尚未认清危机爆发的根本原因，因此错误地以为通过贸易保护、推行"逆全球化"，就可以解决危机爆发带来的一系列经济、社会问题。①

自从西方国家开启全球化序幕以来，西方引领的资本主义全球化始终处于不平等、不均衡、不稳定状态。新自由主义全球化是资本主义全球化发展的新阶段，但它以牺牲发展中国家的利益为代价，制造了发达国家与发展中国家的巨大发展鸿沟，发达国家攫取了全球化的主要果实，发展中国家却沦为全球化风险的承担者。"逆全球化"特指 2008 年国际金融危机爆发之后，西方资本主义国家中所发生的经济和外交政策调整、政治形势和社会思潮变化。逆全球化是资本主义全球化困境与危机的表征，现阶段新自由主义全球化之所以式微，是因为当前的全球化已经形成了显著的南北发展失衡，"当前的贫富分化程度已经逼近甚至超越了历史高点"，正在形成前所未有的全球性大分裂。② 逆全球化思潮加速涌动，贸易保护主义、单边主义抬头，世界市场急剧萎缩，全球经济增长乏力，经济全球化动能衰弱，全球治理框架应对无力，人类再次走到何去何从的十字路口。

实际上，世界上许多地方反对全球化不是反对全球化本身，即

———————

① 杨圣明、王茜：《马克思世界市场理论及其现实意义——兼论"逆全球化"思潮的谬误》，《经济研究》2018 年第 6 期。

② ［法］托马斯·皮凯蒂：《21 世纪资本论》，巴曙松译，中信出版社 2014 年版，第 485 页。

增加资金的新来源或者是新的出口市场，而是反对一套特别的教条，反对国际金融机构强制实施华盛顿共识政策。① "逆全球化"不仅违背社会历史发展的客观规律，而且在慌乱中直接"打脸"西方发达国家此前推行的"资本全球化"策略、宣扬的新自由主义意识形态。更进一步，"逆全球化"并不能从根本上克服资本主义生产方式的内在矛盾。任其发展，只会加剧经济全球化进程中的不足。在发达国家内部，这种"逆全球化"非但没有消解各种社会矛盾，反而加剧了利益分化，导致了社会撕裂。在国际范围内，这种"逆全球化"一方面通过矛盾的转移和转嫁，使得发展中国家和地区遭受了更大的经济损失和政治动荡；另一方面甚至通过直接挑动对立对抗，造成了地区冲突和安全挑战。

反全球化的呼声，反映了经济全球化进程的不足，值得我们重视和深思。关于 2000 年前后"反全球化"运动的出现，时任联合国秘书长安南曾在《我们人民——面向 21 世纪的联合国》中指出："很少有个人、团体或者政府反对全球化本身，他们反对的是全球化所带来的悬殊差异。"这种带来悬殊差异的"全球化"，在美国学者斯蒂格里茨看来，其规则的制定者其实是某些西方国家的大企业。而加拿大学者帕尼奇则将这种"全球化"定位为帝国主义的国际化。也就是说，"反全球化"的出现，是经济全球化的治理方式出了问

---

① ［美］约瑟夫·斯蒂格利茨：《全球化逆潮》，李杨等译，机械工业出版社 2019 年版，第 283 页。

题，它根源于"资本全球化"过程中资本主义内在矛盾的转移和转嫁，及其所导致的不平衡现象。

基于 AI 和机器人的第四次技术革命似乎已经导致了劳动占比的不断下降，意味着劳动力投入的大幅度减少。[①]同时，这次技术革命正在终结"雁阵模型"和追赶理论，使全球产出的增长主要集中在发达国家，而且越来越多地依靠资本投入。失业问题在发达国家，尤其是发展中国家将变得越发严重，而且短期内无解。这印证了凯恩斯早在 1930 年就发出的关于技术进步将造成普遍失业的警告。目前，机器人已经在制造业、零售业和餐饮酒店业中得到越发广泛的应用，替代了低技能劳动力。从现有文献来看，一方面，横向的技术创新扩散即人工智能技术的应用范围在不同行业间不断拓展，使得生产效率不断提高，生产要素的相对价格也会随之下降，因而各行业会进一步扩大人工智能技术替代劳动力的应用范围，劳动力被替代数量增加。[②]另一方面，短期内体力类和认知类程序性工作将首当其冲，受到负向影响。从长期来看，随着纵向的技术创新扩散，接纳和采纳人工智能技术的程度加深，人工智能机器在经济社会中扮演的角色越来越多，承担的分工责任越来越大，甚至可能会逐渐

---

① Acemoglu, D. and Restrepo, P., 2020, "Robots and Jobs: Evidence From Us Labor Markets", *Journal of Political Economy*, 128(6): 2188–2244.

② Frey, C. B. and Osborne, M. A., 2017, "The Future of Employment: How Susceptible are Jobs to Computerisation?", *Technological Forecasting and Social Change*, 114: 254–280.

超过人类的体力劳动和认知范围。① 因而进入应用扩散阶段的人工智能技术，会对劳动力的替代的程度逐渐加深，可能会引发链式反应，从而对就业产生巨大的冲击。

习近平总书记指出："经济全球化是一把双刃剑。当世界经济处于下行期的时候，全球经济'蛋糕'不容易做大，甚至变小了，增长和分配、资本和劳动、效率和公平的矛盾就会更加突出，发达国家和发展中国家都会感受到压力和冲击。"② 我们之所以警惕、反对近年来在西方发达国家出现的"逆全球化"思潮，是因为"逆全球化"是西方资本主义国家的食利者阶层为了维持自身垄断地位，继续利用不合理的国际经济秩序攫取超额利润，操纵国家机器所采取的一种策略，其实质毋宁说是"资本全球化"的自我调适。反全球化措施并未真正缓和贫富分化，却助推了民粹主义、民族主义等保守主义浪潮的兴起。实际上，全球化与逆全球化的本质是扩张与反扩张、控制与反控制、占有与反占有、强大与弱小、平衡与倾斜动荡之间的矛盾。③

3. 完全市场化的全球化是乌托邦

20 世纪 70 年代以来的新自由主义，在理论和实践中都无一例

---

① Agrawal, A., Gans, J. S. and Goldfarb, A., 2019, "Artificial Intelligence: The Ambiguous Labor Market Impact of Automating Prediction", *Journal of Economic Perspectives*, 33(2): 31–49.

② 《习近平经济思想学习纲要》，人民出版社、学习出版社 2022 年版，第 135 页。

③ 王世渝：《第三次全球化浪潮》，中国民主法制出版社 2020 年版，第 11 页。

外地奉行以"私有化、市场化、自由化"为核心的经济路线和政策理念。新自由主义理论认为，完全的自由市场是所有人的长期利益所在，是英美等国"文明和繁荣"的支柱。[①] 在此制度框架下，政府对市场即使有所干预也必须保持在最低限度，理由是政府不可能拥有足够的信息来准确预测市场价格信号。新自由主义模式的实践导致了巨大的灾难。新自由主义在拉丁美洲、东欧国家、东南亚国家以及中东国家都带来了巨大的危机与灾难。最终，新自由主义模式将美国和全人类抛入金融危机的深渊。[②] 新自由主义资本主义模式不仅是加剧贫富分化与社会不公、制造人类社会灾难的制度设计，也是资产阶级面对阶级冲突与社会矛盾治理无力、治理无能的政治体制。新自由主义资本主义模式不仅造成美国社会撕裂、民众对立，还企图通过虚假意识形态掩盖治理无力的事实。

事实上，无数历史早已证明，开放而无管制的市场化并不能带来国家的经济增长。[③] 中国经济发展的成功经验充分证明了区别于英美新自由主义的中国道路的强大生命力，是对新自由主义极有说服力的颠覆。迪梅尼尔和莱维在《新自由主义的危机》一书中深刻指出"新自由主义所带来的脆弱而臃肿的金融结构在美国和世界其

---

① 黄平、李奇泽：《新自由主义对英美等国收入不平等的影响》，《中国社会科学》2023 年第 9 期。

② 何秉孟：《新自由主义：通向灾难之路——兼论新自由主义与自由主义的渊源和区别》，《马克思主义研究》2014 年第 11 期。

③ 周文：《国家何以兴衰：历史与世界视野中的中国道路》，中国人民大学出版社2021 年版，第 150 页。

他地区形成并成为产生虚拟盈余的幻景"。① 萨米尔·阿明认为："当代资本主义已经是明日黄花，正转入衰老阶段，不再具有进步意义。"② 印度马克思主义经济学家乌特萨·帕特奈克也同样指出："新自由主义资本主义已经走向穷途末路，日益迎来自身的自我否定时刻。"③

以美国为代表的新自由主义资本主义模式，日益呈现内在的弊端与困境。斯蒂格利茨在《重构美国经济规则》中指出："美国创建的是让极少数人受益并扼杀经济长期增长的充满扭曲的市场经济，2008 年金融危机及随之而来的全球大萧条就是无序的市场经济活动的教训。"④ 金融资本的全球扩张与金融霸权使得少数资本主义发达国家坐享全球化的绝大部分红利。广大发展中国家受到资本主义发达国家的盘剥，并未从西方国家所主导的全球化中获取相应的利益。福斯特直言：资本主义已经进入全球金融垄断资本的新帝国主义时代。⑤

---

① ［法］热拉尔·迪梅尼尔、［法］多米尼克·莱维：《大分化：正在走向终结的新自由主义》，陈杰译，商务印书馆 2015 年版，第 89 页。

② 李江静：《资本主义的系统性危机与中国的应对——访埃及著名经济学家萨米尔·阿明教授》，《马克思主义研究》2018 年第 9 期。

③ 乌特萨·帕特奈克等：《新自由主义资本主义的终结》，《国外社会科学前沿》2019 年第 11 期。

④ ［美］约瑟夫·斯蒂格利茨：《重构美国经济规则》，张昕海译，机械工业出版社 2017 年版，第 44 页。

⑤ Foster, J. B., 2015, "The New Imperialism of Globalized Monopoly-Finance Capital an Introduction", *Monthly Review*, 67(3): 1–22.

从现实来看，20 世纪 90 年代的一些拉美国家提供了镜鉴。"华盛顿共识"严厉的市场化调整方案不仅要求在一国开放国内市场、放松对外资的限制，而且直接要求放松政府管制和国有企业私有化。在结构改革中，市场化加速了贸易自由化并助推了私有化，对这些拉美国家工业部门巨大冲击。从根本来看，新自由主义不断趋向市场原教旨主义，主张自由放任的市场经济，倡导市场自由竞争，反对国家干预，尤其表现在针对深陷债务危机的拉美国家抛出所谓"华盛顿共识"，其实质是适应国家垄断资本向国际垄断资本的理论思潮、思想体系和政策主张。①

东欧国家改革的失败同样如此。东欧转型之初由美国顾问们一手炮制的"休克"疗法，照搬在英美和一些拉美国家实施的模式，强调所谓民主与渐进主义的不相容性，以"赶超革命"或者"赶超现代化"为号召，全然不顾东欧国家的国情，主观武断地一笔抹杀其历史遗产，出笼了一套快速和激烈的干预措施，将数以万计的企业的生死存亡和面临失业威胁的数以千万计的劳动者的命运视同儿戏。东欧政治舞台的规则及随之构建的博弈框架确立过程中的匆促求快，为操纵和腐败大开方便之门。由于缺乏社会监督和暗箱操作，私有化实质上成为利益集团和掌握着各种资源的有组织角色的博弈场，造成公共资产遭受大规模侵吞。②

---

① 周文、包炜杰：《中国方案：一种对新自由主义理论的当代回应》，《经济社会体制比较》2017 年第 3 期。

② ［法］弗朗索瓦·巴富瓦尔：《从"休克"到重建：东欧的社会转型与全球化——欧洲化》，陆象淦、王淑英译，社会科学文献出版社 2010 年版，第 2 页。

在这个意义上，萨米尔·阿明因此指出："通过市场实现的全球化是一个反动的乌托邦。"[①] 全球市场同样是一个非完全竞争市场，发达国家与发展中国家始终处于一种非均衡状态，那些极力鼓吹市场优越性比如认为市场能够形成自发秩序的观点也是极度危险的，它们忽视了一个根本问题，"全球化本身不能给一个社会带来生产能力，它只能让已经具备这些条件的国家更好地利用现有条件。"[②] 因而，那种认为全球化能够通过市场化实现要素价格均等化的"企图"也最终宣告破产。

此外，完全市场化很容易走向私有化。完全市场化将会催生垄断行为、扩大收入差距，往往与私有化相伴而生，导致国民经济失衡，影响社会稳定。保罗·斯威齐在《资本主义发展论》中深刻揭示了世界经济中发达国家对后发国家的两种剥削方式：一是"简单的商品交换"，即贸易自由，二是"通过在后一个国家中拥有资本所有权的方式来达到这个目标"，即"资本自由移动"。[③] 而完全市场化正是促成这种"自由"、实现剥削的"通行证"。从危害来看，如果无条件向外资敞开贸易和投资的大门，这显然是一种不明智的选择。那种过度强调开放市场重要性的全球化主张忽视了不同经济体

---

① ［埃］萨米尔·阿明：《全球化时代的资本主义：对当代社会的管理》，丁开杰等译，中国人民大学出版社 2013 年版，第 5 页。

② ［美］丹尼·罗德里克：《全球化的悖论》，廖丽华译，中国人民大学出版社 2011 年版，第 150 页。

③ ［美］保罗·斯威齐：《资本主义发展论》，陈观烈、秦亚男译，商务印书馆 1962 年版，第 357—361 页。

之间发展的根本性差异。与此同时，市场具有的负外部性也使得广大发展中国家深受困扰。市场自由化将不可避免地造成资本过度积累危机，过度市场化很容易产生泡沫，不受监管的杠杆作用会带来系统性风险，1997 年的亚洲金融危机就是典型例证。

二、贸易全球化：问题与谎言

1. 自由贸易与贸易保护的悖论

在《家庭、私有制和国家的起源》中，恩格斯指出了贸易的起源。"随着生产分为农业和手工业这两大主要部门，便出现了直接以交换为目的的生产，即商品生产；随之而来的是贸易，不仅有部落内部和部落边境的贸易，而且海外贸易也有了。"[①] 在《资本论》第 2 卷中，马克思指出"出现贸易逆差的市场和出现贸易顺差的市场会同时发生危机"[②]。区域贸易自由化给域内成员带来贸易增长，巨大的贸易转移效应会使域外经济体丧失原本的市场份额，并减少其在全球价值链分工中的参与度。基于这一担忧，越来越多的、原本坚持多边立场的发达经济体（如欧盟和日本）和发展中经济体，也开始转向区域 / 双边贸易协定谈判，这反过来又导致全球经济治理下

---

① 《家庭、私有制和国家的起源》，人民出版社 2018 年版，第 182 页。
② 《资本论》第 2 卷，人民出版社 2004 年版，第 352 页。

上层建筑构建的停滞。同时，分散型的区域／双边规则严重缺乏统一适用性，众多规则之间时有混乱交错。2008 年起，经济全球化结束了二战以来的增长势头。世界贸易组织 2024 年版《世界贸易报告》中指出："许多贸易参与度低且高度依赖大宗商品的经济体被落下了。1996 年至 2021 年间，人均收入增速低于高收入经济体平均水平的中低收入经济体占全球人口的 13%，主要集中在非洲、拉丁美洲和中东。这些落后的经济体通常国际贸易参与度较低，吸引的外国直接投资较少，更依赖大宗商品，出口产品的复杂性较低，且贸易伙伴较少。"世界银行于 2025 年 1 月发布的《全球经济展望》报告显示：全球经济一体化进程放缓，发展中国家吸引的外国直接投资（FDI）占 GDP 的比例仅为 21 世纪初的一半。2024 年新增的全球贸易限制措施是 2010—2019 年平均水平的五倍。

贸易保护作为一种理论意识和政策措施，是与自由贸易相对的。正如《新帕尔格雷夫经济学大词典》中相关词条所认为的那样，自由贸易与保护主义是经济学中最古老和最能引起争议的问题之一。[①]从古典经济学的代表亚当·斯密和大卫·李嘉图，到新古典经济学的代表马歇尔，再到新古典综合学派的代表萨缪尔等主流经济学家，都认识到国际自由贸易对全球经济增长和社会福利具有帕累托改进效应。然而，随着经济全球化与区域经济一体化程度的不断提高，

---

① ［英］约翰·伊特韦尔：《新帕尔格雷夫经济学大词典》，经济科学出版社 1996 年版，第 451 页。

各国、各经济体、各企业之间的市场竞争日益激烈，贸易保护主义在一个国家（或地区）时有发生，对国际经济秩序产生了深远而持久的影响。

在西方贸易理论中的另一个发展脉络就是零和博弈与正和博弈之间的争论。重商主义最早提出以邻为壑的零和博弈思想，而斯密国际分工理论的最大贡献则在于提出经济全球化互利的可能性。现代西方经济学对于经济全球化的认识总是在两条道路之间摇摆不定，即正和博弈—市场自律—自由贸易—全球化路径与零和博弈—政府战略—贸易保护—逆全球化路径，而没有在根本性认清资本主义基本矛盾和市场经济缺陷的基础上，建立政府与市场有机结合、先发国家与后发国家协商共赢的国际贸易理论和规则。从论证自由贸易好处的比较优势理论出发，演变到以政府政策直接取消市场规律并实行贸易保护主义的结论。

在克鲁格曼的经济学理论看来，发展中国家出口偏向型增长会使得本国的贸易条件恶化，但对世界其他国家有利；发达国家进口偏向型增长有利于改善本国的贸易条件，但世界其他国家则会为此付出代价。按照这样的理论逻辑，美国很可能由于新兴国家依赖出口的经济发展模式而遭受实际收入的损失。显然，上述这种看法并不是一种追求互利共赢国际贸易秩序的主张，而是一种真正所谓的零和博弈，美国近年来的逆全球化行为也就不足为奇了。

马克思在 19 世纪就认识到："资本主义生产是不可能稳定不变的，它必须增长和扩大，否则必定死亡。即使现在，仅仅缩减一下英国在世界市场供应方面所占的那个最大份额，就意味着停滞、贫穷，一方面资本过剩，另一方面失业工人过剩。要是每年的生产完全停止增长，情形又将怎样呢？这正是资本主义生产易受伤害的地方，是它的阿基里斯之踵。"[1] 随着竞争的日益激烈，在发展中国家不具备竞争优势的领域而发达国家具备竞争优势的领域，如高科技产业、知识产权领域，发达国家推崇贸易自由化；而在发展中国家具备竞争优势但发达国家已丧失竞争优势的领域，如纺织业、加工制造业，贸易自由化却被排除在外，且贸易保护的不公平性依旧突出。[2]

由于中国劳动密集型产业的竞争优势，发达国家传统的农业和制造业等"旧经济部门"的蓝领产业工人所受到的冲击最大，在经济转型中面临结构性失业，对经济和社会不平等的不满持续加剧，进而对政治和商务精英产生深深的不信任。至于维持自身的高科技优势地位，从美国最近几年对中国高科技公司的打压中可见一斑。在剩余价值生产机制中，技术先进的企业可以通过缩小必要劳动时间生产更多的相对剩余价值，从而获得技术红利意义上的超额利润，如果说这样一种生产方式在生产力意义上有积极作用的话，那么如果在生产关系和分配关系上不能得到改进，就必然会导致相对人口过剩、失业率上升、贫富分化加剧等一系列社会问题，最终

---

① 《马克思恩格斯选集》第 1 卷，人民出版社 2012 年版，第 76—77 页。

② 徐浩、赵景峰：《新贸易保护主义对我国的影响与对策》，《宏观经济管理》2022 年第 3 期。

会反过来对这样一种价值生产方式造成冲击而美国的产业结构从 90 年代以来借助全球化之力出现了大幅度的调整，创造大量就业岗位的制造业不断萎缩，更是加剧了美国国内近年来保护主义势头的兴起。

当前西方发达国家的战略性贸易实践和逆全球化取向，具有明显的以邻为壑的零和博弈色彩。马克思已经预见到了保护主义的危害："保护关税制度再好也不过是一种无限螺旋，你永远不会知道什么时候能把它拧到头。你保护一个工业部门，同时也就直接或间接地损害了一切其他工业部门，因此不得不把它们也保护起来。这样一来，你又给你原先保护的那个工业部门造成损失，不得不补偿它的损失；可是，这一补偿又会像前面的情况一样，影响到一切其他行业，因而使它们也有权利要求补偿，于是就这样循环往复，永无尽头。"①

自由贸易前提和贸易保护结论的悖论，根源于政府对于市场的强制取消和国家战略制定失当，近年来世界市场中出现的种种问题也证明当前的国际经济学理论和国际政治经济秩序不仅难以用于指导发展中国家的经济发展，最终也导致发达国家自身的经济运行陷入危机。在《雇佣劳动与资本》中，马克思认识到了"这种危机之所以越来越频繁和剧烈，就是因为随着产品总量的增加，亦即随着对扩大市场的需要的增长，世界市场变得日益狭窄了，剩下可供榨

---

① 《马克思恩格斯文集》第 4 卷，人民出版社 2009 年版，第 339 页。

取的新市场日益减少了，因为先前发生的每一次危机都把一些迄今未被占领的市场或只是在很小的程度上被商业榨取过的市场卷入了世界贸易"。① 因而，这对于我们加快构建新型经济全球化的中国方案提出了紧迫要求。

2. 全球化的吞噬者：发达国家日益主导国际分工体系

新航路的开辟既打破了原有世界相对封闭隔绝的发展状态，为形成统一的世界市场创造了条件，也开启了西方国家殖民掠夺的血腥历史，资本主义文明逐渐成为主导世界的文明形态，东方逐渐从属于西方。"资本来到世间，从头到脚，每个毛孔都滴着血和肮脏的东西。"② 近代以来，西欧资本主义国家实行残暴的对外殖民侵略扩张和严酷地对内掠夺剥削榨取，血腥的原始资本积累成为世界近代史的开端。资本无限自我增殖的欲望驱动着世界市场的形成。枪炮、病菌和钢铁武器既是欧洲殖民者征服美洲大陆的原因，"也使现代欧洲人能够去征服其他大陆的民族"③。西方资本主义文明依靠暴力将世界各国文明强制卷入现代资本主义世界体系，资本主义世界市场体系由此初步形成。

第二次工业革命也大大加速了资本主义的发展。19 世纪末 20

---

① 《雇佣劳动与资本》，人民出版社 2018 年版，第 45 页。

② 《马克思恩格斯选集》第 2 卷，人民出版社 2012 年版，第 297 页。

③ ［美］贾雷德·戴蒙德：《枪炮、病菌与钢铁：人类社会的命运》，谢延光译，上海译文出版社 2006 年版，第 58—59 页。

世纪初，各主要资本主义国家步入帝国主义阶段，资本主义制度取得世界统治地位，整个世界市场被几个主要的帝国主义国家瓜分完毕，资本主义世界市场最终形成。20世纪80年代以来，新自由主义全球化大行其道，经济全球化到达前所未有的程度，以美国为首的西方发达资本主义国家利用自身的霸权地位和力量优势，继续强化不公正不合理的国际政治经济秩序，牢牢把持着全球贸易治理机制、金融治理机制及发展治理机制的话语权和控制权，形成并试图维系着西方发达国家主导世界市场的不公平格局。

当前的国际分工格局已从20世纪70年代外围国家依靠热带农作物、原材料资源以及简单初级劳动产品与中心国家高新技术工业产品之间的不平等交换，转换为发达国家生产离岸外包、发展中国家承接低端产业生产初级劳动密集工业产品，同时还承受环境污染代价与被迫转移绝大部分劳动价值的极度不公格局。发展中国家看似通过获得发达国家的产业转移、技术溢出与价值转移，有助于提升工业化水平、推动经济发展、缩小发展差距；然而实际情况则是发展中国家陷入对发达国家更深的经济依附与技术依赖，发达国家牢牢地掌控着核心关键技术，将低端产业与价值链低端环节转移输出，聚焦于高新技术的研发以及高附加值环节，形成全球商品价值分配的微笑曲线。

发展中国家的经济随时有可能陷入衰退，因为"要素禀赋"可以被创造，当然也可以被剥夺。从科技发展史的角度来看，资本始终在通过发展自己的生产力，来替代对特定自然资源和生产要素的依赖，如人工合成材料和生产机器人的发明，就在很多领域替代了橡胶、天然染色剂和流水线上的工人。正是因为如此，伴随着技术进步和全球化进程的持续推进，服从于传统国际经济学理论的发展中国家开始与发达国家产生在财富积累上，产生越来越大的差距。

在发达国家主导的全球价值链体系中，攫取绝大部分收益的是美国、欧洲和日本等发达国家。1995 年全球制造业价值链收益的73.8% 属于少数高收入国家，尤其以美国、日本、德国所占份额最大，美日两国所占份额就超过所有中低收入国家的份额。从 1995—2008 年，全球价值链收益的这种不平等分配状况虽然有所改善，但也主要是由于这个国际分工体系在东亚的扩展，其中导致少数几个新兴经济体崛起，特别是中国融入了这个价值链体系，其占制造业价值链收益的份额上升到 12.8%，是中低收入国家份额提高的主要贡献者；但世界其他国家和地区占制造业价值链份额仍只有 17.5%，增加幅度非常有限。[①] 此外，仍然有许多低收入国家游离于这个国际分工体系之外，难以享受世界发展所带来的经济红利。

在马克思、恩格斯看来，国际劳动分工作为社会分工的一种形式突破国家疆界，在全球生产领域中分配生产要素。国际分工的产生是多因素共同作用的结果，国际分工最开始以自然禀赋为基础条件，然后又由于生产力的发展和国际政治的影响而出现新的国际分

---

① Timmer, M. P., Erumban, A. A., Los, B., Stehrer, R. and de Vries, G. J., Slicing Up Global Value Chains, *Journal of Economic Perspectives*, 28(2), 2014: 99–118.

工态势。"人们在生产和交换时所处的条件，各个国家各不相同，而在每一个国家里，各个世代又不相同"，正是由于这种不同和差异，才产生了原初的基于自然差别的、偶然性的、非固定的国际分工。而后由于"机器和蒸汽的应用，分工的规模已使脱离了本国基地的大工业完全依赖于世界市场、国际交换和国际分工"①。

全球价值链体系绝不是平等互利基础上的国际分工。在该体系下，美国掌握着规则设计、标准制定和国际货币发行等环节，凭借强大的科技、金融和军事等优势获取最多的价值增值，处于全球价值链的最高端；其他发达国家占据研发设计、品牌营销和高端设备制造等环节，也能取得大量的价值增值，处于全球价值链的中上端；而广大发展中国家由于缺少工业设计、工业生产和产品销售的技术和知识，只能负责原料开采、低端制造和加工组装等环节，其获得的价值增值最小，处于全球价值链的最底端，且这一利益的获得背后所付出的是本国巨大的资源、环境成本和廉价劳动力。② 在这个体系下，"一切发展生产的手段都转变为统治和剥削生产者的手段"③。

3. 美元之恶：薅全球化羊毛

资本全球化使得两种东西具有了世界性，一是资本化强国的语言，二是其国家发行的货币。欧洲大陆上使用拉丁语的西班牙、葡

---

① 《马克思恩格斯选集》第 1 卷，人民出版社 2012 年版，第 246 页。
② 周文：《赶超：产业政策与强国之路》，天津人民出版社 2023 年版，第 230 页。
③ 《资本论》第 1 卷，人民出版社 2004 年版，第 743 页。

萄牙等国在南美拓展殖民地，使拉丁语成为当地的语言，同时掠夺金银充当货币，从而加速本国及西欧各国工商业资本的发展，但这还是区域性的，算不上"全球化"。真正的资本"全球化"是"日不落"的英国展开的，并历经一个多世纪，不仅将英语推向了全世界，也使英镑成为世界货币。

资本化的英国主导的"全球化"大致贯穿了资本雇佣劳动制的自由竞争阶段。从 19 世纪下半叶开始到第一次世界大战，英国一直是以金本位为基础的西方世界经济的领导者。一战后，尽管国内外形势的变化已经不允许英国重现昨日辉煌，但它自然不愿主动放弃霸主地位，在 1925 年重新确立金本位，试图再次承担起昔日世界经济的领导权。但几年之后的大萧条无情地摧毁了这一勉强的角色。面对大萧条和每况愈下的国际地位与影响，英国政府选择退而自保的经济战略：放弃自由贸易，组成以英国为核心以英帝国为防线的经济同盟，通过大量的双边支付和贸易协议，极力维持和扩展英国的经济势力范围。①

这自然妨碍了美国问鼎国际经济霸权之路，遭到了美国持续的反对与挑战。继续并扩大、深化资本"全球化"的美国，曾是英国殖民地，并以英国移民为人口主体，因此，这一轮以市场经济体制为基础的美式资本"全球化"，除了推广英语的"全球化"，更重要

---

① 张振江：《从英镑到美元：国际经济霸权的转移（1933—1945）》，人民出版社2006 年版，第 3 页。

表 1　英、美黄金储备对照表（1880—1971 年）（单位：吨）

	1880	1895	1900	1920	1945	1960	1969	1971
英国（中央银行）	171	305	198	864	1773	2489	1308	690
英国占比	15%	11%	6%	8%	6%	7%	4%	2%
美国（财政部）	210	169	603	3679	17848	15822	10539	9070
美国占比	18%	6%	19%	33%	63%	44%	29%	25%
全球总储备	1151	2750	3175	11295	28331	35892	36287	36575

资料来源：世界黄金协会数据库；李建平、陈娜：《美元权力的溯源、异化与世界反霸之路——以俄乌冲突中的货币战为鉴》，《当代经济研究》2023 年第 10 期。

的是以美元成为更高形态，完全与黄金脱钩的世界货币。英语和美元由此成为美国大资本财团掌握的国家霸权的象征和工具。[①]

金汇兑本位制期间，黄金的可兑换性确保了美元在世界市场上充当抽象人类劳动的直接的社会实现形式。19 世纪下半叶，美国国际贸易的腾飞使其黄金储备在 1880 年首次超越英国（如表 1 所示）。而随之而来的世界大战进一步催发了英镑落幕、美元登场。正如列宁在 1918 年给美国工人的信中提道："美国的亿万富翁们……把所有的国家，甚至最富有的国家，都变成了自己的进贡者。他们掠夺了数千亿美元……每一块美元都有使每个国家的富人发财、穷人破产的'有利可图的'军事订货的污迹。每一块美元都有 1000 万死者和 2000 万残废者的血迹。"[②]

---

① 刘永佶：《从货币本质论美元霸权》，《当代经济研究》2022 年第 10 期。
② 《列宁全集》第 35 卷，人民出版社 1985 年版，第 51 页。

自此，美元替代英镑作为世界货币，充当了"一般支付手段、一般购买手段和一般财富的绝对社会化身执行职能"[1]。1944 年后，依据布雷顿森林体系的双挂钩规定，世界各国纷纷向美国变卖黄金以获取美元这一"国际贸易通行证"。截至 1945 年，美国黄金储备在全球占比高达 63%。然而，冷战期间，美国发起的战争以及进行的"伟大社会工程"等大规模的黄金支出，使美元信用基础开始动摇，从而引发了 1960 年的第一次美元挤兑危机。1969 年美元悬突额已高达 258 亿美元，出现了兑付困难的问题。

美国成为资本主义世界金融中心的关键因素在于确立了美元作为世界霸权的地位，美国成为世界经济的最后消费者和最大的债权国。[2]美国精心构筑了以离岸外包与跨国公司的新的联合生产形式为生产基础，以石油美元为货币基础，以三大国际贸易金融组织与各种国际贸易投资规则为制度信用基础的全球金融垄断帝国，通过金融垄断资本收割全球的剩余价值与劳动成果。美国不仅通过金融美元霸权消耗发展中国家的自然资源、破坏生态环境，迫使发展中国家通过出口自然资源、生产原料、工业产品换取美元作为外汇储备；美国还操纵世界经济局势与美元汇率，既能空手套取发展中国家劳动人民生产的产品，又能凭借金融危机与美元贬值收割外国资产财富。

更为可怕的是，美国已经熟练地具备通过制造经济危机、设置

---

① 《资本论》第 1 卷，人民出版社 2004 年版，第 167—168 页。

② ［美］约翰·贝拉米·福斯特：《失败的制度：资本主义全球化的世界危机及其对中国的影响》，吴娓、刘帅译，《马克思主义与现实》2009 年第 3 期。

金融陷阱、掠夺金融资本的能力，借助制造、管理、操纵世界经济危机剥夺发展中国家的金融资产与劳动价值已然成为一场精心的捕猎表演。[①]1997—1998 年以美国金融大鳄索罗斯为首的多家巨型国际金融集团成功地通过金融投机制造了亚洲金融危机，并操纵金融危机，对东南亚国家洗劫一空，掠夺了巨额金融资产。当美国为了应对大衰退而降低利率时，它帮助美国经济的主要途径之一就是形成了更低的汇率、增加出口和减少进口。这是一种以邻为壑的政策，以欧洲为代价帮助美国实现经济复苏。[②]

美国垄断资本集团通过美国财政部、巨型金融集团、国际货币基金组织合谋实行金融剥削与美元贬值，产生了二战结束以来和平时期最大规模的财富转移，更加固化了发展中国家的贫困状态与发达国家的掠夺积累。因此以美元霸权和金融剥削为基础的美国新帝国主义体系不但是掠夺本国内部人民财富的债务陷阱，也是剥削世界劳动人民的金融圈套。金融垄断资本完完全全脱离了生产，依靠掠夺他国财富与剥削世界劳动人民打上了深深的寄生性的烙印。进入 21 世纪，数字资本主义的快速发展导致国际金融垄断资本加快扩张。垄断金融资本在全球范围获取投机利润，并给发展中国家造成严重金融冲击，同时导致中心和非中心国家贫富差距持续分化、产

[①]［美］大卫·哈维：《新自由主义简史》，王钦译，上海译文出版社 2010 年版，第 186 页。

[②]［美］约瑟夫·斯蒂格利茨：《全球化逆潮》，李杨等译，机械工业出版社 2019 年版，第 10 页。

业结构失衡、金融安全受损以及更多的社会问题。

在《资本论》中，马克思已经做出预言："昨天，资产者还被繁荣所陶醉，怀着启蒙的骄傲，宣称货币是空虚的幻想。只有商品才是货币。今天，他们在世界市场上到处叫嚷：只有货币才是商品！他们的灵魂渴求货币这惟一的财富，就像鹿渴求清水一样。"[1] 美国20世纪80年代对日元的打击、21世纪开始对伊拉克的战争，以及持续不断地对欧元与人民币的阻挠，实质都是为了保证美元的霸权地位不至于受到挑战，只要美元依然是全球商品结算的通用货币，美国就可以继续通过信用透支的方式消费即期的全世界资源和财富，就可以维持美国作为食利者的地位。

伴随工业革命的发展，能源的主要形态从煤炭演变为石油，而与此匹配的锚货币也从"煤炭英镑"发展到"石油美元"。布雷顿森林体系瓦解后，美国抓住机遇以军事武器支持、政治偏袒等诱饵与中东等主要石油产出国签订合作协议，以美元作为石油的唯一计价和结算货币，从而把持了全球重要的战略能源——石油。从20世纪70年代石油危机以后美国便奉行海湾"双柱"战略以加强沙特与美国之间的联系，同时稳固了石油与美元之间的绑定关系，维系了后布雷顿森林体系时代美元的"超中心地位"。[2] 国际能源署（IEA）发布的石油市场报告（2025年1月）显示，"全球石油需求在2024

---

① 《资本论》第1卷，人民出版社2004年版，第162页。

② 廖茂林：《特朗普政府"能源新现实主义"战略中的美元霸权分析》，《东岳论丛》2020年第7期。

年第四季度季节性上升，年增长率达到 150 万桶 / 日。预计 2025 年全球石油供应将增长 180 万桶 / 日，达到 1047 万桶 / 日"。

庞大的石油市场交易被美元所操控，而石油出口国家或地区凭借其自然资源禀赋积攒了大量的美元外汇储备，这部分美元外汇又被投入国际市场进行投资消费，增加了世界经济中美元的使用率，强化了"商品美元"的国际环流。可以说，"石油美元"在操纵石油价格之外重塑了各国国际收支格局。此外，伴随着金融业的发展，石油与期权、期货交易相结合，从单纯的能源大宗商品转变为带有金融色彩的产品。石油从物质属性向金融属性的转变也进一步增强了石油美元在全球范围内的优势地位。

整个石油美元体系的运作机制如下：沙特等中东产油国出口石油，收取美元，而后又可以使用美元购买美国国债和股票等金融产品，通过该体系，美国成功回收大部分美元。美国如同获得了一个用不尽的金矿，长期的贸易逆差为国际贸易市场提供了大量美元，又在国内形成了发达的金融市场迎接美元的回流。

从资本循环角度看，资本以货币形式出现，货币资本转化为生产资本，生产资本又转化为商品资本，商品资本再经过"惊险的一跃"，把包含了剩余价值的商品转化为货币，才算完成了一次循环。[①] 可以看出，在马克思的资本循环理论体系中，货币是非常重要的一环。货币转化的资本不断增殖的欲求驱使它突破国界，主导着"经

---

① 景玉琴、李浩楠：《马克思虚拟资本理论探析》，《经济纵横》2020 年第 11 期。

图 6 美元指数与 WTI 原油指数变化

资料来源：Wind 数据库。

济全球化"，货币也因此成为国际经济关系的纽带。[①] 而在"经济全球化"中领先并居霸主地位的美国，也不断以其国家的暴力强制其他国家接受货币美元，以此榨取他国财富并控制其经济政治。[②]

制裁同样是一把"双刃剑"，把世界经济政治化、武器化，利用国际金融货币体系的主导地位肆意制裁，终将损人害己，使世界人民遭殃。无论是 1979 年美国宣布对伊朗的石油实施禁运以及冻结了 120 亿美元的伊朗资产，还是 2022 年俄乌冲突爆发后，美国冻结俄罗斯超过 3000 亿美元的资产，本质是将美元政治化、武器化，表明美国政府在全球金融市场上的声誉完全臣服于其地缘政治的考量。

---

① 刘永佶：《从货币本质论美元霸权》，《当代经济研究》2022 年第 10 期。

② 李建平、陈娜：《美元权力的溯源、异化与世界反霸之路——以俄乌冲突中的货币战为鉴》，《当代经济研究》2023 年第 10 期。

美国发行国债，其他国家则使用积累的美元现金购买美国国债，美元现金回流到美国而美元资产转移到国外，其他国家到最后获得的只不过是一纸美元资产凭证，而这种资产凭证就变成了美元转嫁危机的手段。对于持有大量美债的债权国而言，这意味着美元币值的波动将会极大影响这些国家持有的美元资产的价值。[①] "债务美元"的存在使得美国可以轻易将国内金融问题转嫁给全世界。在此前提下，华尔街的金融公司利用美元的霸权地位，以精确的数学公式为"科技"手段，设计并推销各种金融衍生品，将资本金融化、金融虚拟化，充分有效地利用美元资本和虚拟经济掠夺世界财富，也必然损坏美元的世界货币地位，其导致的经济矛盾的激变，是资本主义制度被否定的根由，越来越巨大的虚拟资本必将爆破"自然权利"和"社会契约"塑造的资本主义气囊。

三、全球化的理论误导：比较优势与竞争优势

1. 全球化的理论隐患："新自由主义"

过去500多年来的经济全球化，主要参与者是发达国家，发展中国家只是被动卷入者，特别是以美国为首的西方发达国家是助推

---

① 陆夏、王丽君：《构建新发展格局、破解美元霸权体系与应对新帝国主义挑战》，《上海经济研究》2023 年第 5 期。

全球化的主要动力来源。现在随着新兴国家的崛起，一大批发展中国家已经成为经济全球化的新主体。作为支撑经济全球化的西方主流经济学，不但不能引导全球经济健康发展，反而不断演化和滋生出经济全球化新问题。

伴随着全球化进程的迅猛发展和垄断资本从国内资本走向国际资本，新自由主义经济理论逐渐上升到了意识形态的高度，成为当今全球化时代的主要政治、经济范式。新自由主义思想作为产生于资本主义市场经济环境之下的理论范式，其最大的两个特征在于资本追逐与社会达尔文式竞争。前者是资本主义社会一切运动的中心和主线，体现了新自由主义经济和政治思想的本质目的，而后者则是资本追逐的实现方式和基本规则，体现了新自由主义范式中二元对立的零和博弈思想。由于新自由主义理论的这两大特征，使得它作为经济全球化的指导理论，虽然极大地加深了生产的国际化分工，在世界范围内促进了生产力的发展，但是也加剧了发展中国家与发达国家的鸿沟，形成了一系列影响世界整体走向繁荣的问题和障碍。

第一，受新自由主义思想影响，传统全球化演进在国际经济结构上形成了一套以欧美发达国家为中心，其他发展中国家作为外围依附的"中心—外围"结构。新自由主义思想指导下的全球化，主要侧重在于分工的全球化，在于形成更高的生产力和利润率，而国家和地区之间的利益在很大程度上仍是割裂的。跨国资本，特别是跨国金融资本，为追求更高的利润率所产生的损人利己的行为层出不穷。在全球化分工带来巨大收益的分配上，也导致成果分享在发达经济体与发展中经济体之间分配不均，同时在发达经济体内部也分配不均。总体来看，跨国资本获得了全球化发展的最大收益，而余者寥寥。

第二，在国际政治秩序上，形成了一套富国主宰与强权独霸的政治秩序。在国际规则上，奉行"丛林法则"式的市场竞争规则，多以零和博弈的方式解决矛盾，赢者通吃。政治秩序作为上层建筑决定于经济基础而形成，所以这个问题实际是上一个问题的延伸，其核心还是在于贸易自由化和投资自由化的全球化趋势，使发达地区的资本以市场竞争的名义，压制和吞并了其他地区在竞争力上处于弱势的本土资本，从而弱化或极大影响欠发达地区经济发展。

第三，在文化与文明之间的关系上，伴随经济全球化，文明不能互鉴，相反却是西方文化与生活方式强势渗透全球，甚至在一些地区不断毁灭和取代原生态文明，导致世界文化和文明的多样性减弱。可以看出，支撑传统经济的新自由主义理论产生的是一种"神教文化"，这种文化在思想上天然追求一元化发展，表现在宗教上就是信徒与异端的二元对立，表现在经济上就是富者愈富的马太效应，表现在文化自身上就是"野蛮"取代"文明"，而非多种文化包容共存。

新自由主义制度已经宣告失败，新自由主义全球化也面临缓缓落幕的结局。然而以美国为首的发达资本主义集团企图将新自由主义资本主义引发的恶果扩散至全球，将发达资本主义的国内矛盾转移到世界其他国家，让世界其他国家承担新自由主义资本主义的灾难和责任。

2. 比较优势理论的质疑

比较优势理论从诞生至今都一直存在争议：一方面，贸易自由主义者将其奉为圭臬；另一方面，贸易保护主义者将其诟病为万恶之源。从理论基础来看，比较优势理论主导着国际分工和国际贸易。如果静态地看待两国之间的贸易，李嘉图模型显示：两国按照比较优势进行专业分工，然后相互交易采用专业化生产的产品，和贸易前相比，两国的净福利都增加了。因此，根据比较优势实行专业化分工并开展自由贸易，应为各国经济政策的不二选择。[①]

赫克歇尔和俄林进一步在李嘉图比较优势理论的基础上加入了资本要素，对贸易利益来源进行了更细致的刻画：根据不同的要素禀赋结构与要素相对价格，两国会选择相应的要素密集度的技术结构，进入到国际分工交换中，相同技术水平下的技术结构差异使两国形成了各自比较优势，此时按照"出口丰裕要素密集型产品、进口稀缺要素密集型产品"的准则进行贸易可以使两国都获得比较利益。其实质是强调，各国资源禀赋存在差异，各国应生产具有资源禀赋优势的产品。

那么按照上述比较优势理论的推演，发展中国家的比较优势在于丰富的自然资源，发达国家则具有资本和技术的优势。国际分工有利于专业化生产最适合本国生产的产品，国际贸易则使贸易双方

[①] 周文：《赶超：产业政策与强国之路》，天津人民出版社 2023 年版，第 4 页。

实现交换以获得更大效益，这似乎是一套"完美"的全球化方案。然而，面对全球化带来的巨大发展差距的事实，比较优势显然存在着严重缺陷。

基于比较优势理论，在全球化的生产和贸易体系中，对于发展中国家而言，应当大力发展农业而非工业，例如尼加拉瓜将专注于生产香蕉。然而，这种理论并没有考虑到参与分工的国家因专业化分工而付出的机会成本，即不能生产其他产品的隐性成本，也没有考虑经济发展演化带来的结果，即部分国家会依附于这种分工被"锁定"在分工体系中，更没有顾及这种分工是由谁作出安排，谁来参与，谁被迫适应等。这种比较优势却将更多发展中国家沦为世界生产体系中的原料产地和商品倾销市场的风险。

实际上，从早期国际分工的形成过程可以看出"比较优势"和"要素禀赋"理论形成的历史背景。马克思认为国际化分工产生于机器参与生产，这使得生产效率得到了极大提高，当地原材料已经无法满足生产规模的扩大，同时，庞大的产量也难以被本地市场所消化，然而资本对利润的追求永无止境，于是为了突破原材料和销售市场的限制，"一种与机器生产中心相适应的新的国际分工产生了，它使地球的一部分转变为主要从事农业的生产地区，以服务于另一部分主要从事工业的生产地区"。①

这种国际分工与殖民地的形成几乎是同时进行的，欧洲的工业

---

① 《资本论》第 1 卷，人民出版社 2004 年版，第 519—520 页。

国家建立殖民地的主要目的，就是为自己提供特定的原材料和工业品的销售市场。值得注意的是，这些"特定"的原材料，往往就是后来国际贸易理论中所谓该地区的"要素禀赋"所在。殖民时代的宗主国大都不允许殖民地发展与其"自然优势"（大多是种植业、采掘业等）无关的多元化经济，而是将资源集中投入于当地所具有"比较优势"的特定要素的生产上，并且弱化其他方面的生产能力。蒸汽机和铁路使国际竞争变得更加激烈。随着运输成本的下降，世界经济更加紧密地结合在一起。在这一过程中使用动力机械的西方企业实力大增，其他地区采取手工生产制造者远不是它们的对手，从卡萨布兰卡到广州都是如此，哪怕东西方的工资水平存在着巨大差异。随着制造业在亚洲中东地区逐渐消亡，工人们回归农业生产，这些地区的出口产品变成了小麦、棉花、稻米和其他初级产品。换句话说，它们成了当代的欠发达国家。①

　　基于这种历史背景之下的比较优势理论，很容易就得出各国在国际贸易中所扮演的位置，而后的要素禀赋理论也与之类似地很容易发现各国最具禀赋的生产要素，因为这些"比较优势"和"要素禀赋"早就是在殖民时代的原始分工过程中刻意安排所形成的结果。马克思在《关于自由贸易的演说》中指出了这一点："先生们，你们也许认为生产咖啡和砂糖是西印度的自然禀赋吧。200 年以

---

① ［英］罗伯特·C.艾伦：《全球经济史》，陆赟译，译林出版社 2015 年版，第 56 页。

前，跟贸易毫无关系的自然界在那里连一棵咖啡树、一株甘蔗也没有生长出来。"①换句话说，依照比较优势理论或者要素禀赋理论进行国际贸易格局的安排，只会更加巩固原殖民地国家原材料出口的贸易模式，形成依附型经济，同时形成被称为"中心—外围"结构的国际经济秩序。发展中国家长期处于这种依赖型发展模式是十分危险。

20 世纪初，阿根廷是世界上最富有的国家之一，甚至超过法国和德国。在 19 世纪末 20 世纪初，阿根廷依靠潘帕斯地区出产的小麦和牛肉，成为世界上的农产品出口大国。把该国描绘成"世界粮仓"，成为阿根廷民族普遍认同的一个神话。当时，阿根廷首都布宜诺斯艾利斯被视为"南美洲的巴黎"。在欧洲，当人们形容某人腰缠万贯时，常说"他像阿根廷人一样富有"。1900 年，阿根廷的人均GDP 为美国、英国和澳大利亚的一半，是日本的两倍，略高于芬兰和挪威，略低于意大利和瑞典。1913 年，阿根廷的人均收入为 3797美元，高于法国的 3485 美元和德国的 3648 美元。②

但是，今天的阿根廷一直陷入经济发展泥潭之中不能自拔。之所以出现这种现象，是因为 20 世纪 80 年代以来，阿根廷相信新自由主义经济学，照搬了欧美体制，全面推行完全市场，从而使阿根廷成为一个失去经济主权的国家。由于政局不稳，政府作为有限，

① 《马克思恩格斯选集》第 1 卷，人民出版社 2012 年版，第 374 页。
② ［美］罗纳德·H. 奇尔科特：《拉美发展模式的多维视角》，江时学译，中国社会科学出版社 2023 年版，第 127 页。

阿根廷经济大起大落。政治不稳定，政策自然无定力。阿根廷政策制定和制度变迁就如"钟摆"一样摇摆不定：自由市场主义和民粹主义频繁交替，你方唱罢我登场。① 阿根廷实行门户开放政策，本来是为了吸引外资，实现均衡发展，可是万万没有想到，西方资本进入阿根廷之后，攻城略地，把阿根廷的国有企业和重要矿产资源据为己有，阿根廷经济发展失去了自主权。

基于比较优势的国际贸易理论过于强调贸易的重要性，陷入了"贸易原教旨主义"的泥潭，而忽视了生产对于一国经济发展的重要性。一方面，国际贸易不是万能的，工业化才是推动经济发展的主要力量。演化经济学家赖纳特就这一点做了很好的揭示，他指出，技术变迁（创新）、规模经济（报酬递增）和协同／集群效应是富国的三大关键因素，并共同作用于一个国家的生产体系，而"一个国家的财富取决于这个国家生产什么"②。另一方面，经济发展的根本动力在于创新，而创新被集中在制造业中，毋庸置疑，制造业是现代化社会技术创新的第一来源和基本动力。以研究美国制造业发展史著称的思想家瓦克拉夫·斯米尔是这样评价制造业的："如果一个发达的现代经济体要想真正地实现繁荣富强，那么就必须有一个强大、多样和富于创造性的制造业，它的目标是不仅能在资源约束下提供高质量产品的制造业，而且是能提供更多就业机会的制

---

① 周文：《赶超：产业政策与强国之路》，天津人民出版社 2023 年版，第 171 页。
② ［挪］埃里克·赖纳特：《富国为什么富　穷国为什么穷》，杨虎涛、陈国涛等译，中国人民大学出版社 2010 年版，第 92 页。

造业。"①

　　现在来看，李嘉图的比较优势理论在基准模型中是静态的，即假定分工方向是外生给定的，忽略了生产力进步对比较优势的改变。在静态比较优势理论框架下，只有按照既定的比较优势推动技术进步和参与贸易，才能获得贸易利益。而对于一个动态发展的国家而言，除了初始分工安排下的当期贸易利益，还需要考虑影响长期贸易利益的因素，如技术进步和产业结构升级等。从20世纪40年代开始，结构范式的发展经济学家们关注到了"初级产品比较优势陷阱"问题，他们指出，若遵循比较优势原理下的初始分工安排，不打破静态均衡，后进国家就会落入所谓"比较优势陷阱"，永远无法实现产业升级。②

　　真实世界是复杂的，比较优势理论主要适用于两个国家或者少数国家间进行贸易的情形，而难以适用于众多国家和无数企业参与贸易竞争的情形，但这恰恰是现实世界的基本特征。基于比较优势的国际贸易理论过于强调贸易的重要性，陷入了"贸易原教旨主义"的泥潭，忽视了生产对于一国经济发展的重要性以及动态的交易过程不利于弱者的问题。③没有任何一个国家能够只依靠一种产业实

---

① ［加］瓦克拉夫·斯米尔：《美国制造：国家繁荣为什么离不开制造业》，李凤梅、刘寅龙译，机械工业出版社2017年版，第Ⅳ页。

② 樊纲：《比较优势与后发优势》，《管理世界》2023年第2期。

③ 周文：《国家何以兴衰：历史与世界视野中的中国道路》，中国人民大学出版社2021年版，第144页。

现民富国强，多产业共同协作构成的制造业体系才是立国之本。

3. 工业化与竞争优势

长期以来，西方资本主义国家一直致力于推行比较优势的国际贸易理论。依照该理论逻辑，发展中国家应该利用自身丰富的自然资源大力发展农业而非工业，长此以往发展中国家必然趋向"去工业化"趋势，而这一"去工业化"趋势背后隐藏的真实目的就是让更多发展中国家沦为世界生产体系的原料产地和商品倾销市场。比较优势理论的根本目的是维护西方发达国家的产业分工优势，将后发国家牢牢锁定于依附性经济陷阱之中，使得发展中国家永远无法利用现有的比较优势条件实现对发达国家的赶超，更难以实现自身的跨越式发展。

在世界经济格局中处于边缘地位的后发国家实现从前工业社会向工业社会的转型，必然会在经历相当一段时间的生产力和生产效率快速攀升过程后，经济增长方式逐渐转向内涵式发展，从而使自身和整个世界受益于发展转型的增长红利。"工业化"正是用来描述这种经济转型过程的概念。历史经验告诉我们，工业化是一个资本、技术不断增密的过程。资本和技术稀缺的问题，在工业社会发展到相当高度之前也必然长期存在。在开放的经济发展环境中，利用自身先天的资源禀赋与外部市场开展交换活动以进行资本和技术积累，可以有效解决工业化生产要素绝对稀缺的问题。

但是，"比较优势陷阱"的现实案例表明这种积累方式存在缺陷，试图借此将本国制造产业的资本有机构成整体性地提高到现代制造业的世界平均水平，进而一步到位地嵌入全球产业链、价值链，并在某一环节占据一席之地的想法，在现实中根本无法实现。自然资源在国际市场上交换价值的大小取决于相关工业在世界市场上的规模，或者从更深层次上来说取决于世界总体生产力的发展水平。

当一国先天的自然资源禀赋极为有利时，国家总是可以轻易通过市场机制从外部世界换取满足工业化资本积累需求的大量资源，但往往会诱发诸如"资源诅咒"现象，从而阻碍工业化转型；相反，当从外部获取的资源不足时，又难以将制造能力整体提升至现代工业水准，从市场竞争中获取足够利润，只能依靠消耗不可再生的资源禀赋，对其持续输血才能维持勉强的生存，这种制造产业充斥僵尸企业的情况最终也将导致工业化进程走向失败。关于这一点，拉美国家的教训极其深刻。众所周知，拉美国家在 20 世纪后期通过实施大规模进口替代战略实现贸易国际化，结果工业化发展进程反而受阻，工业化发展遭遇失败的"滑铁卢"。

但实际上拉美国家工业增长率从 1950—1960 年的年均 4.0% 上升到 1965—1970 年的年均 6.3%，之后一直保持高的增长率，直到从 1980 年开始出现世界性的收缩和国外债务问题，才使该地区的增长率急剧下降。从 1960 年到 1980 年，拉美国家的工业增长率超过了工业化国家，尽管还比不上 20 世纪 60 年代东亚国家的惊人的增长速度。

竞争优势理论创始人迈克尔·波特认为，竞争优势成为国家生产力领先的关键，国家只有选择有利于生产力增长的政策，才能保持长久的繁荣。如果说只要依靠市场规律的自发运转就可以发挥资源要素禀赋的比较优势实现增长，相较之下，竞争优势的塑造则更需要政府主动参与其中发挥作用。一些学者早已发现，政府在市场创造、市场协调以及使市场变得更为有效的过程中扮演了不可或缺的重要角色。如果国民经济中缺失了政府的角色，竞争优势的塑造会变得崎岖坎坷，工业化转型更无从谈起。产业竞争力提升的过程中必然存在许多"拦路虎"和"绊脚石"，只有充分发挥政府作用才能以较低的成本更好地解决发展中的问题，跨过发展中的诸多障碍。世界经济发展史已充分证明，"500 多年来还没有哪个国家发生过没有国家对市场强有力的干预下，穷国可以从不对称的自由贸易中摆脱贫困的国际分工"。①

政府在工业化中的重要作用主要体现在以下几个方面：首先，调配经济资源并集中支持特定产业领域提高竞争力，例如提高产业相关的生产性基础设施的有效供给、提供相关职业技能培训、鼓励上下游企业紧密配合形成制造集群等；其次，维护市场秩序，为相

---

① ［挪威］埃里克·S.赖纳特：《富国为什么富　穷国为什么穷》，杨虎涛、陈国涛译，中国人民大学出版社 2013 年版，第 92 页。

表 2　拉美国家与其他地区制造业生产比较（1950—1981）

A. 制造业生产年增长率（%）

	1950—1960	1960—1965	1965—1970	1970—1977	1977—1981
拉美	4.0	5.2	6.3	5.8	4.8
非洲	—	8.3	7.1	5.6	6.6
东亚	—	5.1	11.3	11.6	12.9
南亚	6.4	8.7	4.0	4.3	4.2
工业化国家	6.1	5.7	5.7	2.8	2.7

B. 制造业占国内总产值的比重（%）

	1960	1965	1970	1975	1980
拉美	20.8	22.5	24.2	26.5	20.7
非洲	11.5	12.3	13.2	13.2	8.0
东亚	16.0	17.8	19.6	20.7	32.7
南亚	13.1	13.2	13.6	15.5	16.4
工业化国家	28.7	27.9	27.1	27.0	20.4

资料来源：世界银行数据库；［美］约翰·希恩：《拉丁美洲的发展模式：贫穷、压制与经济策略》，杨洁译，中国社会科学出版社 2019 年版，第 77 页。

关产业发展提供高质量的市场环境，鉴于市场环境的维护本身就需要成本，资源有限的后发国家可以通过政府协调有限的资源，以开发区的形式，在一定范围内提供较高水平的市场环境，为产业竞争力的提升创造前置条件；最后，生产组织形式的转变，需要政府持续推动改革进行协调。

充分发挥政府作用是应用竞争优势理论进行工业化赶超的必要

条件。例如，英国虽然在同荷兰的全球竞争中是个后来者和模仿者，但是它拥有比荷兰更加辽阔的国土和更多的人口，尤其是更加持之以恒的国家意志和重商主义的产业政策。荷兰在成功完成原始工业化的后期，缺乏一系列政府引导的产业升级政策，没有一个强大和集权的政府来刻意培育和控制全球棉纺织品的投入产出供应链和市场。1700 年，英国禁止进口质量更好的印度棉织品（白棉布），从实质上起到了保护本国脆弱的棉纺工业的作用。1701 年，英国议会通过了一项法案，法案规定：在英国穿亚洲丝绸和棉布都是违法的。为了进一步保护英国的毛纺织工业，1721 年的《印花棉布法案》规定"1722 年 12 月 25 日之后，在大英帝国的任何人因任何原因穿戴任何进口染色棉纺布料都是违法的"。它几个世纪以来精心培育的世界上最大的国内和全球纺织品市场和殖民地，使得它在 1730—1740 年代决定产业升级和进军棉花纺织品领域时（比如 1736 年英国议会通过了著名的《曼彻斯特法案》），具备几乎现成的全球纺织品市场、销售网络、基于奴隶种植园的全球棉花供应链。

历史已经给出答案，使工业革命在英国、美国、法国、德国、日本、韩国、新加坡以及许多其他地方成为可能的，并不是民主制度和放任自流，而是一个强大的商业导向的政府，以及在商业和贸易政策指导下的政府主导的国家建设；并不是自由资本流动和浮动汇率下基于静态比较优势的"李嘉图"贸易，而是重商主义发展战略下的着眼于未来制造业动态比较优势（或竞争优势）的"李斯特"贸易；并不是纯粹的自上而下的颠覆性制度变革，来支持现代金融体系，而是自下而上的改良性政策调整，来通过原始积累支持原始工业萌芽和轻工业，并借由政府高度集中的统一权力和钢铁意志来支持全球商业市场的创造和与外国制造业的竞争。①

四、贸易冲突：新保护主义的诞生

1. 揭开西方国家崛起之谜

在讨论新保护主义之前，我们回顾历史可以发现，美国经济是在铜墙铁壁般的关税保护之下崛起的：1816 年（35%）、1820 年（35%—45%）、1828 年（50%）、1875 年（40%—50%）、1914 年（44%）②。长时段数据显示，从 1789 年至 1830 年，美国关税税率呈趋势性上升；从 1831 年至 1861 年，关税税率呈趋势性下降（其主因是政治妥协需要）；从南北战争至 19 世纪末，关税税率快速上升后稳定于高水平。比较而言，美国关税政策行走在保护主义道路上，为美国工业（特别是制成品工业）发展提供了有力支持。③

---

① 文一：《伟大的中国工业革命：发展政治经济学一般原理批判纲要》，清华大学出版社 2016 年版，第 138 页。

② ［英］张夏准：《富国陷阱：发达国家为何踢开梯子》，蔡佳译，社会科学文献出版社 2007 年版，第 23 页。

③ 伍山林：《美国贸易保护主义的根源——以美国重商主义形态演变为线索》，《财经研究》2018 年第 12 期。

图 7　美国 19 世纪（1800—1899 年）关税税率变化

资料来源：伍山林：《美国贸易保护主义的根源——以美国重商主义形态演变为线索》，《财经研究》2018 年第 12 期。①

　　那么为什么关税保护是美国经济崛起的关键？ 对于当时的美国来说，它的工业特别是资本货物工业要比英国落后许多，在自由贸易条件下，高效率的英国工业必然要淘汰掉低效率的美国工业。因此，关税保护就成了必然的选择。原因就在于当时的美国无论是工人的工资还是工业的资金成本都比英国高，显而易见，在自由贸易条件下，美国的工业将无法生存。② 印度的发展同样如此，德国学

---

　　①　1820 年之前数据来自 Irwin（2003），1821—1899 年数据来自 Bureau of the Census（1975）。关税税率 A 等于关税除以总进口额，关税税率 B 等于关税除以纳税商品进口额。Irwin, D. A., New estimates of the average tariff of the United States, 1790—1820, *The Journal of Economic History*, 63(2): 506–513；Bureau of the Census, *Historical Statistics of the United States: Colonial Times to 1970*, University of Michigan Library, 1975。

　　②　［美］迈克尔·赫德森：《保护主义：美国经济崛起的秘诀（1815—1914）》，贾根良等译，中国人民大学出版社 2010 年版，第 5 页。

者德特马尔·罗德蒙德在其著作《印度真相》中指出："两次世界大战之间，当英国逐渐在印度实施帝国优惠制时，保护主义也在这里发展起来了。作为殖民地和战时经济的遗产，印度的保护主义延续至今，拼拼凑凑的自由化的最新动态似乎也和以前一样存在缺陷，计划依然是欠考虑的。"①

二战结束至20世纪70年代，美国一直实行凯恩斯主义的需求管理政策，长期的赤字财政导致美国经济出现了严重的"滞胀"。同时，日本经济的迅速崛起，对美国构成了强大的竞争。70年代以后，由于长期的贸易逆差和国内严重的通货膨胀，美国的国际收支状况恶化，引发了美元危机和国际金融市场动荡，1971年8月15日，美国宣布停止以美元兑换黄金，布雷顿森林体系解体。1973年资本主义国家爆发的能源危机、货币危机、债务危机，加剧了生产的衰退和失业率的上升，以美国为首的西方各国为维持国内政治经济的稳定，恢复就业，开始实施新一轮的贸易保护主义。

20世纪70年代中后期开始，以美国为首的西方发达资本主义国家陷入经济停滞和通货膨胀的经济危机之中。日本、亚洲"四小龙"以及新兴工业化国家出口快速增长。美国等发达国家（地区）面临国内产业调整和新工业化国家的"双重挤压"。双重挤压不仅增大了特定产业调整的压力，也给处于制造业两级的产业带来压力。

---

① ［德］德特马尔·罗德蒙德：《印度真相》，贾宏亮译，中国铁道出版社2010年版，第98页。

一方面老的劳动密集型产业由于成本处于劣势，面临新出口国（地区）和新工业国（地区）的有力竞争，另一方面新的高科技产业也面临来自日本和新工业国（地区）的竞争。美、英等发达国家为了维护其政治经济地位和国家利益，又开始实施贸易保护政策。

20 世纪 90 年代以来，以非关税壁垒为特征的新贸易保护主义抬头，与关贸总协定（GATT）和世界贸易组织（WTO）的宗旨背道而驰。2008 年金融危机以来，全球贸易增长乏力、经济增长动能不足导致全球经济市场的萎缩，各国经济出现了"零增长"甚至"负增长"，各国纷纷采取贸易保护主义政策，严重冲击着国际贸易的健康发展。

2. 不对称的西方形象：新保护主义背后的美国故事

当前，在经济全球化遭遇逆流，世界发展充满不确定性，全球经济发展面临严峻挑战，保护主义、单边主义上升，世界经济低迷，国际贸易和投资大幅萎缩的背景下，贸易保护主义不断抬头，这种现象和趋势将对国际分工体系和产业链纵深发展产生消极影响。根据联合国贸易和发展会议（UNCTAD）发布的《2024 年世界投资报告》，全球投资趋势呈现复杂态势。2023 年，全球外国直接投资（FDI）下降 2%，至 1.3 万亿美元。如果将外资中转地排除在外，全球外国投资连续第二年大幅下降超过 10%。这种下降是由于全球经济放缓以及日益加剧的贸易和地缘政治紧张局势引起的。同时，与可持续发展目标直接相关的投资同比下降 10%，其中农业食品系统、水和卫生设施等领域的国际融资项目数量甚至低于 2015 年通过可持续发展目标时的水平。

在经济增长困难时期，西方多国政府通过保护主义和分离主义来保护本国的产业，突出表现是特朗普 2017 年上台后在全球范围内推行"美国优先"战略，在外交政策、产业政策、就业政策和能源政策等多方面奉行以邻为壑的法则，全球化遭遇寒流，具体表现是单边主义、中美贸易争端、国家治理失衡、美墨边境筑墙，并相继退出 TPP、巴黎协定、联合国教科文组织、全球移民协议等国际组织和多边谈判，同时全球范围内的移民难民问题频发、日韩贸易战、英国脱欧等问题都对全球政治经济局势产生了消极影响，全球化寒流掩盖了资本主义的本质矛盾，使得资本主义全球危机变得更加尖锐。

特朗普运用一个零和博弈的视角来看待贸易，在这个博弈中，一个国家收益的百分比是以另一个国家的损失为代价的。特朗普认为，长期以来巨大的贸易逆差给美国带来了巨大的利益损失，导致美国大量的工作岗位流失，产业受到冲击。据美方统计，2017 年，在美国 5660 亿美元的贸易逆差中，来自中国的贸易逆差为 3752 亿美元，占到总额的 66.3%。因此，特朗普认为，为了消除贸易逆差，美国必须与中国进行贸易战。然而，贸易并不是一场零和博弈，发展中国家从来都不是唯一的赢家、唯一的受益者，因为它们制成品出口的增加不仅创造了就业机会，而且通过工业化推动了它们的经济和社会转型。它们的增长刺激了发达国家对货物的需求，它们的廉价产品提高了人们的生活水平。

2018 年 3 月，特朗普政府宣布向价值 500 亿美元的中国进口产品加征关税，美国对华发起贸易战。美国主要采取了两大措施，一为关税战，即通过对中国进口产品加征关税推动制造业回流美国，以改变中美贸易地位的"不平等"；二为科技战，即对美国某些高科技产品与技术的对华出口实施管制，切断中国采购的渠道；此外还实施了对华投资禁令、限制中国企业在美上市等其他金融举措。特朗普虽然退出了奥巴马所签订的 TPP，却又建立了 TTIP（跨大西洋贸易与投资伙伴协定）与 TPP 的融合升级版——美欧日韩加墨自由贸易区，这将成为世界最大的零关税自由贸易区。

建立独立于 WTO 之外的覆盖美欧日韩的发达国家零关税同盟，不仅将架空世界各国广泛参与的多边贸易体系 WTO，使得 WTO 所代表的多边贸易体制名存实亡，世界贸易规则将由多边贸易体制向双边自由贸易协定以及区域自由贸易转变；世界贸易秩序也将重新分化为发达国家集团与发展中国家集团，发达国家集团内部零关税、零壁垒、零补贴的自由贸易体系将会构筑新的贸易框架与壁垒。美国为首的发达国家自由贸易联盟将会分裂世界贸易与国际分工，加剧世界政治经济的不均衡与不平等。

拜登政府总体延续了特朗普政府对华经济政策的基调。拜登政府在特朗普政府政策的基础上进一步扩大了对华出口管制的范围，执政第一年 6 次增补"实体清单"，将 82 个新的中国实体列入其中，增补规模超过特朗普任内的 2020 年。2022 年 10 月 7 日，美国对中国实施芯片制裁，并开始从以各类清单为基础的精准制裁，转向以特定技术为中心、全面限制中国接触西方高科技渠道的更为广泛的制裁。从美国"实体清单"的分布行业来看，无论是特朗普政府还是拜登政府，实体清单都集中于高科技制造业，如计算机科学、通讯与通信设备、电子设备制造等领域（见图 8）。

2022 年 5 月 23 日，拜登正式宣布启动"印太经济框架"，该框架重点强调增强供应链韧性与安全性，提出了"友岸外包"的概念，即向美国的"友善国家"转移生产线，并推行新版价值观贸易。在同一天的讲话中，美国商务部长雷蒙多指出，"印太经济框架"的战略价值在于"面对关键问题时为印太国家提供与中国不同的政策选项"。可见，"印太经济框架"的战略目的在于建设将中国排除在外的替代性供应链体系，在短期通过增加替代性选项保障美国供应链安全，在长期为美国同中国贸易"脱钩"做准备，同时联合盟友尝试恢复跨太平洋伙伴关系协定，试图对中国进行经济孤立与围困。[①]

此外，拜登政府通过一系列的立法举措，从国内层面努力确保美国对华科技优势。2021 年 5 月，美国参议院通过《无尽前沿法案》（Endless Frontier Act），将人工智能、半导体和计算机等高新技术项目列入重点投资领域。6 月，参议院通过《美国创新与竞争法案》（United States Innovation and Competition Act），其中包含的《为

---

① 孔繁颖：《拜登政府为何坚持对华实施贸易战》，《当代美国评论》2023 年第 1 期。

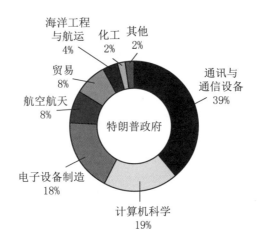

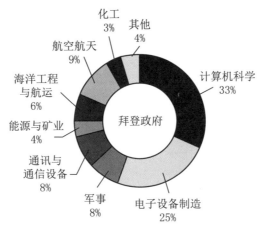

图 8　特朗普政府（2017—2021）"实体清单"与拜登政府（2021—2025）增补清单所涉中国企业的产业分布

资料来源：孔繁颖：《拜登政府为何坚持对华实施贸易战》，《当代美国评论》2023 年第 1 期。

美国生产半导体创造有益激励措施法案》(CHIPS for America Act) 提出拨款 520 亿美元用于促进美国半导体生产。该法案将科技战由 "限制出口" 升级为 "供应链脱钩"，通过 "去中国化" 的举措提升美国供应链的独立性与安全性，为长期对中国进行战略压制创造条件。2022 年 2 月，参议院通过《2022 年美国竞争法案》(America Competes Act of 2022)，再次强调要通过投资提高美国半导体产品质量、填补供应链漏洞，增强并保持在相关领域的领先地位。8 月，拜登正式签署《2022 年芯片与科学法案》(CHIPS and Science Act of 2022，又称"芯片法案")，该法案要求联邦政府为芯片与半导体产业提供补贴，减少美国对海外芯片供应链的依赖。

2025 年 2 月 1 日，特朗普基于《国际紧急经济权力法》(IEEPA)，对来自加拿大和墨西哥的进口产品征收 25% 的额外关税，对来自加拿大的能源资源征收 10% 关税，对中国输美产品加征 10% 的关税。特朗普完全打破了拜登政府确定的贸易与供应链格局（友岸外包、近岸外包、供应链多元化）。特朗普关税一方面作为经济手段，压缩美国的贸易赤字规模，促进制造业回流美国；另一方面，关税作为外交手段，实现美国边境安全、地缘政治安全等国家目的。2025 年 2 月，根据美国经济分析局和美国人口普查局公布的数据，2024 年，美国国际贸易逆差总额为 9184 亿美元，比 2023 年增加了 1335 亿美元，为 1960 年以来第二高水平。美国的贸易逆差数据，比 2017 年"全球关税大战"未开打前还上升了 50%。数据还显示，在美国的"关税大棒"下，美国对华商品贸易逆差达到历史最高水平的 2954 亿美元，其次是欧盟、墨西哥、越南和爱尔兰。

近年来，不论是从倡导多边参与的 TPP、TTIP 看，还是从特朗普政府所推崇的单边主义的美国与单个国家签订贸易协定看，美国表面上是想建立一套新的所谓"公平""自由"的国际贸易规则，实质则是以保护自身的利益为出发点，避免垄断利润遭到破坏所寻求的努力。[①]美国企图以寻求国际同盟的方式，对其已获得的高额垄断利润和市场加以保护。发达国家集团一旦建立了零关税的自由贸易联盟，凭借农业、贸易、服务以及高新技术产业的领先优势，将会构筑发达国家与发展中国家之间的巨大壁垒，产生发达国家与发展中国家的分化；也将会重塑世界贸易体系结构，形成发达国家集团与发展中国家集团的冷战。世界经济难以避免走向封闭与对抗，最终将重新形成发展中国家集团按照发达国家集团所指定的游戏规则参与世界经济与全球生产，发展中国家将再次接受发达国家所掌控的世界贸易体系与国际政治经济秩序。

与之形成鲜明对比的是我国依然坚持更高层次的对外开放，坚定不移推进经济全球化建设。新中国成立70多年以来，尤其是改革开放40多年以来，我国经济发展取得了举世瞩目的伟大成就，我国经济和世界经济深度融合，为世界经济增长提供了超过30%的贡献率，成全球经济发展的执牛耳者。世界各国早已形成了"一荣俱荣、一损俱损"的共生关系，尤其自改革开放以来，中国经济迅猛发展，在全球产业链中具有重要的地位。但部分西方国家将自身发展的结构性矛盾问题归结于全球化，殊不知"经济全球化是西方崛起而不

---

① 陈江生、沈非、张滔：《论美国对华"贸易战"的本质——基于〈帝国主义论〉视角》，《马克思主义研究》2019 年第 11 期。

是西方衰落的原因"①，斯蒂格利茨也认为西方国家尤其是美国出现问题的根源不是全球化造成的，而是其全球化的路径和全球治理模式出现了问题，只给少数人带来了福音，大部分人并没有受益。②这些国家甚至无缘由地指责中国破坏了世界的组织体系，导致民粹主义盛行，这不合事实，更于事无补。

历史已经证明，发动贸易战争，不仅无助于本国经济，反而会加速全球经济危机。早在 90 多年前，美国就曾实施贸易保护主义，其《关税法》引发他国报复，上演了一场全球贸易大战，全球贸易额大幅萎缩，最终加速了美国乃至全球的经济衰退，引发了历史上最著名的那场大萧条。面对美国向各国高举的"关税大棒"，如今的美国政府似乎正在重复历史错误。贸易保护主义的"病毒"正在折磨着特朗普领导下的美国，并且同时传播到了其他主要经济体。一旦贸易保护主义蔓延、渗透全球，会更加加剧世界经济的动荡和不稳定性。为此，世界"免疫"系统必须战胜它，以恢复开放贸易和重整商业健康。只有全球携手合作，才是解决这场危机的真正出路。

时代呼唤全球治理的新样本。站在全球化的十字路口，习近平总书记发出了"世界怎么了、我们怎么办"的"中国之问"，全球治理进程中，中国不可或缺，"国际社会期待听到中国声音、看到中国

---

① 周文、包炜杰：《经济全球化辨析与中国道路的世界意义》，《复旦学报（社会科学版）》2019 年第 3 期。

② ［美］约瑟夫·斯蒂格利茨：《全球化及其不满》，李杨、章添香译，机械工业出版社 2010 年版，第 3—5 页。

方案，中国不能缺席"。① 与西方国家"保护主义"思潮盛行不同，以习近平同志为核心的党中央锐意进取，顺应历史的政治经济发展大势，更加坚定不移推进更高水平对外开放，以全面扩大对外开放的务实行动，跳出了西方国家资本逻辑主导的全球治理模式和西方狭隘的国家利益的视角。

习近平总书记指出："我们要坚定不移发展全球自由贸易和投资，在开放中推动贸易和投资自由化便利化，旗帜鲜明反对保护主义。搞保护主义如同把自己关进黑屋子，看似躲过了风吹雨打，但也隔绝了阳光和空气。打贸易战的结果只能是两败俱伤。"② 中国以人类为关怀建立全球治理的新机制，提出了人类命运共同体的全球化发展新理念，符合人类的共同普遍利益。继续坚定不移发展开放型世界经济，在开放中分享机会和利益、实现互利共赢。

五、重塑全球化与全球化再出发

1. 全球化的新亮点："一带一路"倡议搭建扭转逆全球化的平台

2013 年秋，习近平总书记提出了共建丝绸之路经济带和 21 世

---

① 《习近平主席新年贺词（2014—2018）》，人民出版社 2018 年版，第 13 页。
② 《习近平著作选读》第 1 卷，人民出版社 2023 年版，第 558 页。

纪海上丝绸之路重大倡议。"一带一路"倡议成为我国推动世界生产力发展、促进全球共同发展繁荣、我国参与全球开放合作、改善全球经济治理体系、构建人类命运共同体的中国方案。这个方案已经经历了十余年的实践检验，它的巨大成效已经引起愈来愈多国家和地区的热切关注和响应。

历史证明，开放是国家繁荣发展的必经之路。经济的全球化是社会生产力不断发展的必然结果，对外开放是经济全球化发展的必然趋势。对于谋求经济发展的更多发展中国家而言，实行全面对外开放，是尽快发展社会生产力和适应经济全球化要求的必然选择。"一带一路"倡议不但体现了我国全面开放的新理念，而且更体现了推动经济全球化进程中的中国责任和中国担当。"一带一路"倡议表明，中国不是独善其身的"专车"，而是世界发展的"顺风车"，更是人类进步的"快车"。"一带一路"倡议表明，中国正从关注自身发展转向到加快推进区域合作发展战略实施，主动承担国际责任和义务，从全球发展的参与者转向全球发展的贡献者。在全球经济一体化的大趋势下，任何一个国家经济都难以"独善其身"，一荣俱荣，一损俱损，必须主动积极调整与他国的生产关系，以适应生产力发展的要求。

"一带一路"倡议为全球治理提供全新和充裕的公共产品。当前全球化进程遭遇到一系列新的变化和问题，世界市场发展面临着公共产品供给不足、经济红利收益不均和全球治理多线缺位的严峻局面，而"一带一路"则切实针对上述存在的客观问题，严谨秉持共商、共建、共享的经济发展理念，以各国间的基础设施联通和协商制度供给为首要着力点，为广大发展中国家共同搭乘世界经济发展的快车建立起新的平台。"一带一路"倡议提出的丝绸之路经济带和 21 世纪海上丝绸之路的大多数沿线国家和地区恰恰是西方国家的所谓"全球价值链"参与度低甚至是被遗弃的区域。[①] 沿线国家涵盖了东南亚、南亚、东亚、中亚、西亚北非、中东欧等地区 65 个国家，其地域面积占全球 1/3 以上，其人口总量占全球 60% 以上。其包括了东亚、南亚和中亚的中低收入国家以及西亚北非 19 国和中东欧 20 国的中低收入国家。"一带一路"倡议的目标不是以资本为中心，而是以世界更多国家和地区的人民福祉发展为中心。

"一带一路"倡议从现实性上顺应了世界经济发展大势，打破了旧式全球化格局中弱肉强食的丛林法则，通过强调政府合作与政府介入，为广大发展中国家提供了与国际接轨的机遇，解决了现代世界市场发展中的结构性问题，并使得全球治理在国际上获得了发挥巨大作用的广阔舞台。"一带一路"倡议通过政治互信和经济互利的方式，为世界经济可持续发展开拓广阔领域，为人类命运共同体奠定物质基础，必将引领世界经济新潮流、开创全球化新视野。

最后，"一带一路"倡议也为未来的全球化进程指明新的出路。目前为止，2008 年国际金融危机给经济全球化蒙上的阴霾仍

---

① 裴长洪:《"一带一路"倡议——马克思主义政治经济学中国化时代化的解读》,《南开经济研究》2023 年第 9 期。

未散去，发达国家深陷以邻为壑的理论与政策困局，而发展中国家的经济发展则存在为经济全球化注入活力的巨大潜能，新兴国家市场进步是世界市场繁荣的希望。然而，传统的国际合作范式主要是在发达国家之间进行的，发展中国家往往居于从属地位。"一带一路"倡议则充分尊重和承认了新兴经济体在带动全球经济复苏与世界市场扩展等方面不可或缺的重要地位，同时也为欠发达国家在经济全球化过程中走上符合本国国情的现代化发展道路提供了可行的方案、平台和机遇，由此将引领世界经济找到面向未来的新型发展途径。

2. 数字经济化解全球化的硝烟

习近平总书记在主持中共十九届中央政治局第三十四次集体学习时强调："近年来，互联网、大数据、云计算、人工智能、区块链等技术加速创新，日益融入经济社会发展各领域全过程，各国竞相制定数字经济发展战略、出台鼓励政策，数字经济发展速度之快、辐射范围之广、影响程度之深前所未有，正在成为重组全球要素资源、重塑全球经济结构、改变全球竞争格局的关键力量。"[1] 历史地看，重大技术革命总是对人类生产和生活方式产生深刻影响，每一次全球化浪潮都是由技术变革推动社会经济变革而实现的。铁路、电报的革命性突破，引发了贸易、资本和技术流动的大规模扩

---

[1] 《习近平谈治国理政》第 4 卷，外文出版社 2022 年版，第 204 页。

张。20 世纪以来，集装箱、航空、卫星、光纤电缆等运输通信技术的进一步突破，使许多生产环节必须聚集在毗邻附近地区的时代结束，并逐渐形成了以美国、德国与中国为核心节点的全球价值链网络。进入 21 世纪以来，全球科技创新进入空前密集活跃的时期，新一轮科技革命和产业变革正在重构全球创新版图、重塑全球经济结构。在计算、通信和信息处理领域三股强大技术力量的融合发展作用下，以人工智能、量子信息、移动通信、物联网、区块链为代表的数字技术迅速崛起，驱动经济社会加速数字化变革。[①]

全球经济体系与新兴数字技术之间相互融合发展的趋势，正在创建经济全球化的新秩序新格局。江小涓认为，数字经济成为推进世界经济全球化的核心经济形态，数字全球化是维系和推动全球化前进的重要力量。[②]数字技术的使用催生出数字贸易这一推动全球化发展的新方式，极大减少了贸易成本和时间，使得新的贸易产品不断涌现，同时也在改变贸易方式和贸易规模。[③]2019 年全球数字服务贸易出口规模超 3 万亿美元，增速远超过同期服务贸易和货物贸易。数字贸易、数字金融和数字政府等，能够极大地维护世界产业链的稳定，促进各国在丰富经济业态、提高贸易福利、优化资源

---

① 史丹、聂新伟、齐飞：《数字经济全球化：技术竞争、规则博弈与中国选择》，《管理世界》2023 年第 9 期。

② 江小涓：《数字全球化成为引领全球经济复苏新动能》，《中国发展观察》2022 年第 9 期。

③ 刘洪愧：《数字贸易发展的经济效应与推进方略》，《改革》2020 年第 3 期。

配置、促进经济增长等方面更加密切合作，成为应对逆全球化的有效途径。

马克思社会再生产理论突出强调生产在整个经济发展中的首要地位和决定性作用。生产包括物质资料的生产和劳动力的生产，是劳动过程和价值增值过程的统一。信息技术革命带来生产方式的革新体现在数字劳动的诞生。全球化在不同时代往往呈现出不同形式，在农耕文明时代表现为人口的全球流动，在工业文明时代表现为商品的跨国贸易，伴随着金融业和数字经济的发展，全球化更多表现为资本和数据的跨境流动。[①] 数据是无差别人类劳动凝结的产物，生产数据的劳动即数字劳动。首先数据的特征决定了它能够重复多次使用，避免了在生产中的损耗浪费及重复成本，有助于推动数据共享，实现机器间协同生产，大幅降低生产成本；其次数据的创新性特征能够推动技术不断更新，优化生产方式以提高效率。此外，通过互联网实时传输数据，有利于实时监测生产来保障安全，还有助于针对性了解消费者偏好，精准有效地促进生产，从而优化供给结构。

《全球数字经济白皮书（2023 年）》显示，2022 年，美、中、德、日、韩 5 个国家数字经济占 GDP 比重达到 58%，规模同比增长 7.6%，高于 GDP 增速 5.4 个百分点；产业数字化持续带动 5 个

[①] 郎昆、郭美新、龙少波：《数字经济与新型全球化：全球化生命周期理论的分析框架》，《上海经济研究》2023 年第 7 期。

国家数字经济发展，占数字经济比重达到 86.4%。全球各国加快推动数字经济重点领域发展，在数字技术与产业、产业数字化、数据要素等领域积极抢抓发展机遇。政府的市场干预是数字经济发展前期的主要表现，通过大量的政府财政投入及引导，不同于新自由主义模式下政府的"无为"表现。美国的相关举措最早可追溯至克林顿政府时期的"信息高速公路"计划；英国出台《数字经济战略（2015—2018）》，对推动数字化转型、打造具有竞争力的数字经济进行统筹规划；德国出台"数字战略2025"，旨在加强数字社会建设，持续推动制造转型与数字经济转型。在第三次工业革命发展的新浪潮下，数字经济具有无限的创新发展潜力，各国政府均在数字领域推动全球要素资源的重新组合。[①]

进一步来看，新冠疫情只是加剧逆全球化的短期波动，但以数字化和信息化为代表的数字经济则是对抗逆全球化的长期动力。数字技术在防疫工作中的突出表现，以及数字经济在稳定社会生产生活中的重要作用，不仅能够成为抗衡贸易保护主义的主要力量，还将通过生产方式的变革成为多边主义、国际合作和自由贸易的稳定根基，从而对未来经济全球化当中的投资贸易结构、国际经济秩序、全球治理体系乃至于整个人类历史发展进程都产生更加深远的影响。

[①] 周文、叶蕾：《数字经济与中国式现代化：理论逻辑和实践路径》，《消费经济》2023 年第 5 期。

3. 大国大党形象彰显引领全球化的担当

中国共产党不仅是我国党和国家事业不断发展的"定海神针"，更能成为坚定全球化正确发展方向、担当构筑美好世界重任的"中流砥柱"。马克思历史唯物主义理论的科学性，已然为自新航路开辟以来的经济全球化历史所印证。随着国际社会生产力的稳步发展，世界各国已经形成了深度融合、相互渗透的经济发展格局，全球化带来的商品服务丰裕性与多样性，总体上使得各国人民都从经济合作中受益。尽管如今国际形势风云变幻、云谲波诡、深刻动荡，但浩浩荡荡的全球化大势不会逆转，后疫情时代的国际经济复苏更需要全人类美美与共、和合共生。

面对世界百年未有之大变局的动荡与重构，习近平总书记在中国共产党与世界政党领导人峰会上，发出了世纪之声："今天，人类社会再次面临何去何从的历史当口……选择就在我们手中，责任就在我们肩上。"[1] 纵观百年历史，中国共产党领导中国人民逐步实现了从救国、兴国、富国到强国的伟大飞跃，纵览改革开放 40 多年来中国取得的经济发展奇迹，与世界各国构建起水乳交融的密切联系，都是世界市场共商共建共享发展的代表性成果，也顺应了世界人民普遍追求美好生活的强烈诉求。

---

[1]　习近平：《加强政党合作　共谋人民幸福——在中国共产党与世界政党领导人峰会上的主旨讲话》，《人民日报》2021 年 7 月 7 日。

　　中国共产党坚持贯彻落实历史唯物主义的方法论，稳步推进全球联系范围的扩大化、经济联系的密切化和世界历史的整体化。①尽管当前全球化看似面临种种困境，但从更为深层的视角来看，全球价值链与供应链已愈发将各个国家联结成为一个经济统一体。在这个意义上，超级全球化仍然是世界市场的最终归宿。基础设施逐步实现互联互通与发展红利更多为发展中国家共享，则是中国共产党在未来一段时间内关于经济全球化问题的基本倡导。

　　长期来看，经济全球化作为历史大势和时代潮流的经济规律依然闪耀着真理性的光辉。迄今为止的世界市场发展史，都始终与各种反对全球化的声音相伴生，或是关于利益分配不均的愤懑，或是出于对田园诗式生活的怀念，抑或是对后发国家实现赶超的嫉妒。然而，如若任由逆全球化思潮泛滥、以邻为壑政策盛行，所招致的恶果也并不鲜见。最具代表性的就是，1929 年经济大萧条后以国际性贸易保护主义为导火索的第二次世界大战的人间悲剧。历史也同样证明，隔绝的铁幕终将被打破，世界市场的发展进程亦会向着更为开放、更加稳定与更高维度逐步演进。

　　在中国共产党第十八次全国代表大会上，共建人类命运共同体的价值理念与发展倡议，首次作为经济全球化的中国方案呈现给世人。它严格继承了马克思唯物史观的分析视角，是自由人联合体构

---

① 肖玉飞、周文：《逆全球化思潮的实质与人类命运共同体的政治经济学要义》，《经济社会体制比较》2021 年第 3 期。

想的原则性赓续与创造性发展。人类命运共同体构想的提出，立足于人类社会形态更替的长时段历史分析视域，辩证性考量了生产力与生产关系、经济基础与上层建筑的矛盾运动规律，既看到资本主义生产方式主导的经济全球化进程存在消亡与变革的客观必然性，又承认这一进程所客观具备的渐变性和恒久性。

共建人类命运共同体的倡议，以兼顾统一本国利益和世界利益、眼前利益和长远利益为手段，以构建开放、包容、普惠、平衡、共赢的新型经济全球化为核心，以追求世界持久和平与繁荣发展为目标，是深刻蕴含中国智慧、中国经验和中国风格的世界市场发展方案。其开放、包容和进步的鲜明特色，正逐步得到越来越多国家与其人民的认可，进而上升为世界共识、落实到实际行动，昭示着人类发展进步的光明未来。①

百年以来，中国共产党坚持中国人民和世界各国人民命运与共，在世界大局和时代潮流中把握中国发展前进方向、促进各国共同繁荣发展。历史唯物主义基本原理告诉我们，社会发展总趋势是前进、上升的，而发展过程是曲折的。当今世界，一些国家秉持所谓"本国优先"的对外政策，片面将零和博弈思维和市场丛林法则贯彻到世界市场交往当中，违背国际社会生产力的进步方向，将本国部分资本精英的利益同世界人民的利益对立起来，在经济全球化发展进

---

① 周文：《人类命运共同体的政治经济学意蕴》，《马克思主义研究》2021年第4期。

程当中倒行逆施，而世界人民对于和平发展、公平正义与共同繁荣的追求始终不渝。

各国政党和政治组织需要主动担当起构建人类命运共同体的重任，凝聚发展共识，顺应历史潮流，携手共进，坚定地站在历史正确的一边，同时将本国利益和世界人民的共同利益统一起来，将各国特殊价值的实践道路与全球共同价值的实现途径统一起来，不断解放与提高全球生产力水平，携手建设更加美好的世界，推动全人类共同进步发展。①

推进新型经济全球化进程，是世界各个国家与民族追求美好生活、共建人类命运共同体的必由之路。在中国共产党领导下的经济发展进程当中，始终将以人民为中心作为分析解决一切问题的出发点和落脚点，尊重人民群众作为历史创造者的根本地位，保障人民群众对于美好生活的夙愿，充分发挥人民群众创造物质与精神财富的无限创造潜力，共同为中华民族的伟大复兴和衷共济、众志成城，更在2020年实现了全面消除绝对贫困和全面建成小康社会的人间奇迹。

中国共产党在团结带领中国人民上下求索、锐意进取继往开来的同时，还将本国人民与世界人民囊括于共建人类命运共同体的伟大构想之中。中国特色社会主义进入新时代后，中国不仅致力于解

---

① 周文、李超：《中国共产党推进新型经济全球化的宏大视野、使命担当和核心理念》，《学术研究》2022年第2期。

决人民日益增长的美好生活需要和不平衡不充分的发展之间的矛盾，更愿同世界各个国家和地区互通有无、交流互鉴，为增进人类福祉作出新贡献。

六、小结

不断滋生的反全球化逆流，反映了经济全球化进程中的不足。西方主导的全球化和全球治理是由资本逻辑驱动的，对资本利润的无止境攫取使得旧有的全球化模式面临多重困境，已经难以适应全球生产力的提升发展。全球社会生产力的发展迫切需要破除原有的不公正不合理的世界政治经济秩序以及新自由主义政治经济学理念。

可以预测的是，短期内以美英为代表的逆全球化和以中国为代表的全球化还会处于拉锯战之中。新自由主义理论对于经济全球化政策建议，一直被以美国为首的西方发达国家牢牢控制，企图以"华盛顿共识"为指导，以贸易壁垒与"低端锁定"双重标准为主要手段，维护由其主宰的国际经济秩序，而不愿与后发国家一道分享经济发展的红利。在全球利益协调未果的可能性下，我们必须以坚决和端正的态度，反思新自由主义理论缺陷，坚定有为政府与有效市场相结合，捍卫与践行开放和包容的经济全球化未来。

新中国成立 70 多年尤其是改革开放 40 多年来，创造出经济持续快速发展和社会长期稳定两大奇迹。而伴随着中华民族伟大复兴进程的稳步推进，也向世界提交了全球治理的中国方案，尤其为广大发展中国家实现经济赶超提供了可供借鉴的理论基础和现实案例。其间，使市场在资源配置中起决定性作用和更好发挥政府作用是核心要旨，而与新自由主义为特征的全球化政策实践形成对比，强调国家治理能力与完善全球治理则是中国方案的鲜明特色。

第四章　全球化与中国崛起

在西方发达国家对经济全球化报以失望和消极态度之时，以中国为代表的发展中国家却在为更进一步推进经济全球化不断地做出积极努力。这种反差在 2017 年 1 月的达沃斯世界经济论坛期间表现得尤为明显。中国国家主席习近平在论坛开幕式上发表主旨演讲时指出："世界经济的大海，你要还是不要，都在那儿，是回避不了的。想人为切断各国经济的资金流、技术流、产品流、产业流、人员流，让世界经济的大海退回到一个一个孤立的小湖泊、小河流，是不可能的，也是不符合历史潮流的。"①

---

① 《习近平著作选读》第 1 卷，人民出版社 2023 年版，第 555 页。

一、全球化与中国转向：从被动到反哺

1. 更高质量促进生产力发展

无论是以蒸汽机为标志的第一次工业革命催生人类第一个全球化商品，以电气时代为标志的第二次工业革命催生第一次经济全球化浪潮，以信息技术革命为标志的第三次工业革命使人类生活在一个相互为邻的地球村，还是当前人工智能和大数据等新一轮科技革命推动经济全球化深入发展，都无可辩驳地表明经济全球化并不依附于人们的主观意愿，科技进步和生产力发展才是推动经济全球化前行的重要动力。[①]

"历史地看，经济全球化是社会生产力发展的客观要求和科技进步的必然结果，不是哪些人、哪些国家人为造出来的。"[②] 大航海时代开启了经济全球化的历史，从殖民扩张和世界市场形成到两个平行世界市场再到经济全球化，其根本动力在于生产力的发展进步。反过来，经济全球化的发展又为生产力的提高提供了丰富的生产资

[①] 吴志成：《经济全球化演进的历史逻辑与中国的担当作为》，《世界经济与政治》2023 年第 6 期。

[②] 习近平：《共担时代责任 共促全球发展——在世界经济论坛 2017 年年会开幕式上的主旨演讲》，《人民日报》2017 年 1 月 18 日。

料。① 马克思对此早有预见："随着大工业的发展，现实财富的创造较少地取决于劳动时间和已耗费的劳动量，较多地取决于在劳动时间所运用的动因的力量，而这种动因自身——它们的巨大效率——又和生产它们所花费的直接劳动时间不成比例，相反地却取决于一般的科学水平和技术进步，或者说取决于科学在生产上的应用。"② 因此，恩格斯也指出："在马克思看来，科学是一种在历史上起推动作用的、革命的力量。"③

生产力构成托举人类社会的底座。回溯西方历史，正是由于生产力的不断发展，西方国家才走向了现代化，同理，中国式现代化同样需要构筑于强大的生产力之上。但是，中国式现代化不是照抄照搬、沿袭西方式现代化的翻印版，而是植根中国国情、结合中国实际的创新版。因此，中国式现代化需要的生产力必然区别于西方式现代化赖以实现的传统生产力，应是一种拥有新形态、指向高质量的先进生产力，无论是构成生产力的三要素还是现实化的生产力本身，均具有新的内涵、新的介质、新的本质、新的体质。

面对新一轮科技革命和产业变革、大国竞争加剧以及中国经济发展方式转型等重大挑战在当下形成的历史性交汇，习近平总书记在新时代推动东北全面振兴座谈会上强调："积极培育新能源、新

---

① 吴志成：《经济全球化演进的历史逻辑与中国的担当作为》，《世界经济与政治》2023 年第 6 期。

② 《马克思恩格斯全集》第 46 卷下册，人民出版社 1980 年版，第 217 页。

③ 《马克思恩格斯文集》第 3 卷，人民出版社 2009 年版，第 602 页。

材料、先进制造、电子信息等战略性新兴产业，积极培育未来产业，加快形成新质生产力，增强发展新动能。"① 随后在听取黑龙江省委和省政府工作汇报时，习近平总书记再次强调："整合科技创新资源，引领发展战略性新兴产业和未来产业，加快形成新质生产力。"②

可见，想要在激烈的国际竞争中立于不败之地，实现中国经济的高质量发展，必须以科技创新推动产业创新，以产业升级构筑竞争新优势，加快形成新质生产力。新质生产力的提出，带来的是发展命题，也是改革命题。生产力是生产关系形成的前提和基础。生产关系是适应生产力发展的要求建立起来的，是生产力的发展形式，它的性质必须适应生产力的状况。与形成新质生产力相适应，要加快围绕创新驱动的体制机制变革，通过不断调整生产关系来激发社会生产力发展活力。

新质生产力是一个内涵丰富、意蕴深厚的经济范畴，代表着生产力本质上的跃迁，是科技创新在其中发挥主导作用的生产力，尤其是关键性颠覆性技术实现突破的生产力，具备高效能，体现高质量，区别于依靠大量资源投入、高度消耗资源能源的生产力发展方式，是摆脱了传统增长路径、符合高质量发展要求的生产力，是数

---

① 《习近平主持召开新时代推动东北全面振兴座谈会强调　牢牢把握东北的重要使命　奋力谱写东北全面振兴新篇章》，《人民日报》2023 年 9 月 10 日。

② 《习近平在黑龙江考察时强调　牢牢把握在国家发展大局中的战略定位　奋力开创黑龙江高质量发展新局面》，《人民日报》2023 年 9 月 9 日。

字时代更具融合性、更体现新内涵的生产力。[①] 形成新质生产力需要壮大战略性新兴产业、积极发展未来产业。战略性新兴产业知识技术密集、物质资源消耗少、成长潜力大、综合效益好，是具有重大引领带动作用的产业，包括新一代信息技术、生物技术、新能源、新材料、高端装备、新能源汽车、绿色环保以及空天海洋产业等。

中国战略性新兴产业增加值占 GDP 比重从 2014 年的 7.6% 升至 2023 年的 13% 以上。代表高科技、高附加值、绿色经济的"新三样"产品累计出口额达到 1.06 万亿元，首次突破万亿元大关，增长近 30%。新能源汽车产销量连续 9 年保持全球第一，占全球比重超过 60%。截至 2023 年底，中国已培育 421 家国家级示范工厂、万余家省级数字化车间和智能工厂；国家两化融合公共服务平台服务工业企业 18.3 万家，这些企业的关键工序数控化率和数字化研发设计工具普及率分别达到 62.2% 和 79.6%；钢铁、建材等领域示范工厂本质安全水平大幅提升，碳排放减少约 12%。[②]

制造业是国民经济的主体，也是数字时代科技创新的主战场，更是世界大国综合经济实力和增强国际竞争力的重要体现。[③] 当前，

---

① 周文、许凌云：《论新质生产力：内涵特征与重要着力点》，《改革》2023 年第 10 期。

② 数据来自吴珂：《大力推进现代化产业体系建设 加快发展新质生产力》，《中国经济时报》2024 年 5 月 14 日。

③ ［法］埃里克·谢弗尔、［美］大卫·索维：《产品再造：数字时代的制造业转型与价值创造》，彭颖婕等译，上海交通大学出版社 2019 年版，第 172 页。

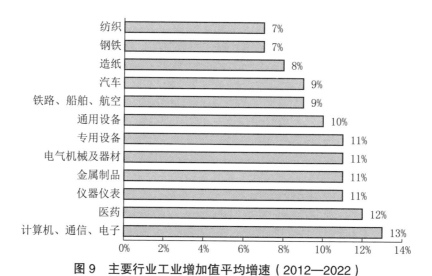

图 9　主要行业工业增加值平均增速（2012—2022）

资料来源：数据整理自中国工业统计年鉴。

很多传统产业领域面临着日益严格的资源环境约束，急需通过数字技术、数据要素赋能突破传统生产方式的瓶颈，进而重塑产业格局、重构商业生态，进入新的增长阶段。

数字经济与实体经济融合的本质是对现代化产业体系的重构。[①] 数字经济对中国传统产业的渗透作用还存在较大提升空间，"十四五"乃至今后较长一段时间内，数字经济和实体经济融合的深度是中国经济发展的主要内容。对于超大型经济体生产方式的转型而言，数实融合蕴含了巨大的"需求引致创新"空间，对统筹安全与发展、解决关键领域的"卡脖子"问题、提升价值链地位、改善

[①]　周文、叶蕾：《数字经济与中国式现代化：理论逻辑和实践路径》，《消费经济》2023 年第 5 期。

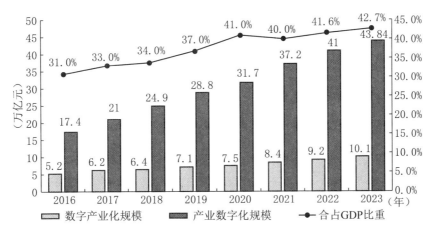

图10 2016—2023年数字产业化、产业数字化及二者合占GDP比重

资料来源：中国信通院发布的《中国数字经济发展研究报告2024》。

产业链供应链韧性与强度的意义不言而喻。当前，中国依托数字技术不断扩大产业数字化和数字产业化的发展规模（如图10所示）。

新质生产力的提出是马克思主义生产力理论的发展和创新。按照马克思主义政治经济学基本原理，生产力就是人类改造自然和征服自然的能力。生产力是推动社会进步的最活跃、最革命的要素，生产力发展是衡量社会发展的带有根本性的标准。但是，这种能力不是静态的，而是不断发展变化的，即马克思所说的"劳动生产力是随着科学和技术的不断进步而不断发展的"[①]。因此，马克思十分重视科学技术的发展及其在生产中的应用。他反复强调科学技术是生产力，"大工业则把科学作为一种独立的生产能力与劳动分离

① 《马克思恩格斯文集》第5卷，人民出版社2009年版，第698页。

开来"①。

但是，马克思并不认为科学技术就是构成生产力的一个独立要素，而是将其视为"社会发展的一般精神产品"②，即一种精神生产力。科学技术想要由精神生产力转变为物质生产力就必须与生产力的三要素，即劳动者、劳动资料和劳动对象相结合：一方面，通过与劳动资料、劳动对象相结合，改善其性状和功能；另一方面与劳动者相结合，增强劳动者认识自然和改造自然的能力。这种结合的程度、质量、水平的不同也就造就了生产力在结合前后的不同，即传统生产力与新质生产力的不同。

具体来看，就劳动者而言，与传统生产力相匹配的劳动者主要是普通工人和技术工人，与新质生产力相匹配的则是智力工人，即知识型、技能型、创新型劳动者。相较于前者，智力工人拥有更为先进的认识能力和实践能力。一方面，智力工人对自然界、人类自身及其生产活动有着更为深刻的认识，意识到要在人与自然和谐共生中利用和改造自然，兼顾生产的效益与质量；另一方面，智力工人具备更高的创新素养和劳动能力，能够熟练运用高端精密仪器和智能设备从事生产。科技创新极大地丰富和完善了人们从事知识学习、信息摄取、思维发展和技能训练等活动的渠道与模式，能够支撑劳动者进行文化素质和专业素质的提升，成为新质生产力的"第

---

① 《马克思恩格斯文集》第 5 卷，人民出版社 2009 年版，第 418 页。
② 《马克思恩格斯全集》第 48 卷，人民出版社 1985 年版，第 41 页。

一资源"。

就劳动资料而言，科技创新为劳动资料的改良与升级创造了有利条件，能够促进劳动资料在成分、结构、存在样态、运行方式等方面的优化与重塑，进而转变为具有绿色化、自动化、信息化、数字化、智能化等特性的新型劳动资料。与传统生产力相匹配的劳动资料主要是普通的机器设备和电子计算机，与新质生产力相匹配的劳动资料则是一系列"高级、精密、尖端"设备。"高精尖"设备能够进一步提升供给体系的效率和质量，解决供给体系存在的不匹配、不安全和质量不高等问题。

就劳动对象而言，与传统生产力相匹配的劳动对象主要是以物质形态存在的未经加工的自然物以及加工过的原材料，与新质生产力相匹配的劳动对象在前者基础上增加了伴随科技进步新发现的自然物、注入更多技术要素的原材料以及数据等非物质形态的对象。新的自然物和原材料在生产中的应用能够提增生产效益。数据成为劳动对象，促进了数字产业化和产业数字化的发展，使数字技术与实体经济深度融合，为传统产业的转型升级以及战略性新兴产业和未来产业的发展创造了有利条件。

可见，新质生产力从劳动者、劳动资料、劳动对象三个方面超越了传统生产力，是对马克思主义生产力理论的发展和创新。

中国坚持科学技术是第一生产力的理念，将创新作为引领发展的第一动力，将自主创新作为经济发展方式转变的中心环节。中国制造业从中低端逐步迈入中高端领域，将继续为全球提供更多高质量的工业产品服务。中国高铁技术、北斗导航系统、5G 通信技术等正在为全世界提供高质量的全球公共产品；中国更是积极推动数字经济的全球发展，积极举办世界互联网大会等国际会议，搭建中国与国际互联互通的国际平台和国际互联网共享共治的中国平台。

同时中国政府积极发布制造业国家战略、新一代人工智能国家战略、区块链国家战略，加速以人工智能为代表的第四次产业革命发展，加速促进全球科学技术与生产力更高发展。中国积极在量子科技、未来通信、人工智能、大数据技术、数字技术等方面引领世界发展。中国积极坚持以全球视野谋划与推动科技创新，全方位加强国际科技创新合作，积极主动融入全球科技创新网络。中国从全人类文明发展高度促进科学技术进步，推动生产力以更高质量发展。

中国积极参与全球治理体系变革，促进全球上层建筑的调整；积极构建更加公正合理的国际政治经济秩序，推动全球化向开放、包容、普惠、平衡、共赢方向发展，构建人类命运共同体。这都是为了构建新型全球生产关系，目的都是推动全球生产力更高发展。社会主义的根本任务就是解放生产力、发展生产力，生产力与生产关系的矛盾运动规律要求生产关系一定要适应生产力的发展。科学技术是第一生产力，是生产力中最活跃的因素；科学技术也是经济全球化进程的超级加速器，已经成为推动经济全球化的最重要力量之一。

2. 更快速度促进生产力发展

在马克思看来，经济全球化的发展形态建构于"中心"与"边缘"力量对比的时代变迁。国家之间关系"取决于每一个民族的生产力、分工和内部交往的发展程度"[①]。各国自然和社会条件的不同，并不是"一切地域"的工业化程度都是相同水平。但是"由于世界交往而被卷入普遍竞争的斗争中"，"大工业发达的国家也影响着那些或多或少是非工业性质的国家"。[②] 而在当今时代，知识、人力资本、信息这些再生性生产要素不是先天性资源，而是各国通过后天培养起来的。因此，一国经济地位不仅取决于最终产品，也取决于再生性生产要素优势。而以再生性生产要素为主导的国际分工模式，为发展中国家追赶发达国家，进而突破长期以来形成的带有剥削性质的分工模式创造了条件。

改革开放以后，中国开始了中国特色社会主义现代化建设的伟大实践，实现了翻天覆地的变化。2024 年中国经济总量（134.91 万亿元）是 1978 年（0.37 万亿元）的 364.62 倍，人均 GDP 从 385 元增长至 95797 万元，增长了 248.82 倍。2024 年全部工业增加值完成40.5 万亿元，制造业总体规模连续 15 年保持全球第一。全国规模以上工业增加值增长了 5.8%，显著高于 2023 年的 4.6%，其中新能源

---

① 《马克思恩格斯选集》第 1 卷，人民出版社 2012 年版，第 147 页。
② 《马克思恩格斯选集》第 1 卷，人民出版社 2012 年版，第 195 页。

汽车新车销量在汽车新车总销量中的占比达到 40.9%，连续 10 年位居全球第一。在产业体系方面，建成了涵盖基础材料、零部件、整车、制造装备等全链条、完备高效的产业体系，向全球供应了 70% 的电池材料、60% 的动力电池。使用便利性方面，以充电服务为例，中国已建成充电桩 1281.8 万个、换电站 4443 座，形成全球最大规模充电网络。2024 年，中国信息技术服务业增加值增长了 10.9%，已建成全球规模最大的移动通信和光纤宽带网络，千兆用户突破 2 亿，实现"县县通千兆，乡乡通 5G"。C919 累计交付 16 架，300 兆瓦级 F 级重型燃气轮机点火成功，第二艘国产大型邮轮"爱达·花城号"实现全船贯通；全球首台 25 兆瓦级风电主轴轴承和齿轮箱轴承、全球最大打桩船主油缸等成功下线，高铁、核电装备用高性能紧固件开发及产业化填补国内空白。①

从国际比较看，后发经济体追赶过程中会出现相当长一段时间的经济高速增长，这段时间一般持续 20 多年。第二次世界大战后，经济增长率超过 7%、持续增长 25 年以上的经济体中，除中国以外，还有博茨瓦纳、巴西、印度尼西亚、日本、韩国、马来西亚、马耳他、阿曼、新加坡和泰国等 10 余个国家和地区。其中，日本 1951—1971 年平均经济增速为 9.2%，韩国 1977—1997 年平均经济增速为 7.6%。从现在看，只有中国持续了 40 年如此高的经济增速，虽然我们无法确定这个伟大的经济增长奇迹是否会"后无来者"，但

---

① 数据来自国家统计局。

表 3　中国主要工业产品产量居世界位次

工业产品	2012 年		2015 年		2018 年		2021 年	
	产量	位次	产量	位次	产量	位次	产量	位次
粗　钢	72388	1	80383	1	92904	1	103524	1
原　煤	394513	1	374654	1	369774	1	412583	1
原　油	20748	4	21456	4	18932	6	19888	5
发电量①	49876	1	58146	1	71661	1	85343	1
水　泥	220984	1	235919	1	223610	1	237811	1
农用化肥	6832	1	7432	1	5404	1	5544	1
汽　车②	1928	1	2450	1	2783	1	2653	1
手　机③	11.8	1	18.1	1	18	1	16.6	1
微型计算机③	3.2	1	3.1	1	3.2	1	4.7	1

注：①亿千瓦小时；②万辆；③亿台。

资料来源：国家统计局。

可以确信这是"前无古人"的。

在世人瞩目的经济增速背后，是一个世界性的实体经济大国崛起，或者更为具体地说是工业大国的崛起。[1] 推动制造业高质量发展、加快建设制造强国是巩固壮大实体经济根基和提升产业链现代化水平的重要途径。中共二十大报告以及《中华人民共和国国民经济和社会发展第十四个五年规划和 2035 年远景目标纲要》均强调，现阶段中国要坚持把发展经济着力点放在实体经济上，增强制造业竞争优势，推动制造业高质量发展。

---

[1]　黄群慧：《改革开放 40 年中国的产业发展与工业化进程》，《中国工业经济》2018 年第 9 期。

工业化是生产力的重要内容，也是生产力的物质支撑。工业生产能力是衡量生产力发展水平的重要内容，高度发达的工业化是生产力发达的重要体现。蒸汽机使得人类文明进入工业时代，西方国家正是凭借以机器大生产为核心的工业化大生产所取得巨大生产优势和物质力量，推动生产力的跨越发展。以纺织业为例，不论是西方还是中国，都是工业生产的重要部门。在西方，随着工业革命的开展，机器的采用，生产率成十倍百倍地增长，而此时中国的纺织业却仍然是元明水平。棉纺为纱，纺车所架只一锭，抽绪只一条，每人日可五六两。①

2023 年，全国共投入研究与试验发展（R&D）经费 33357.1 亿元，比上年增加 2574.2 亿元，增长 8.4%；研究与试验发展（R&D）经费投入强度（与国内生产总值之比）为 2.65%，比上年提高 0.09 个百分点。分活动类型看，全国基础研究经费 2259.1 亿元，比上年增长 11.6%；应用研究经费 3661.5 亿元，增长 5.1%；试验发展经费 27436.5 亿元，增长 8.5%。基础研究经费所占比重为 6.77%，比上年提升 0.2 个百分点；应用研究和试验发展经费所占比重分别为 11.0% 和 82.2%。② 得益于研发投入的快速增长，高技术制造业和装备制造业保持良好发展势头，有力推动了中国产业结构的持续升级。

---

① 徐伟新、刘德福：《落日的辉煌：17、18 世纪全球变局中的"康乾盛世"》，人民出版社 2021 年版，第 170 页。

② 数据来自《2023 年全国科技经费投入统计公报》。

表4　2012—2022年中国7类制造业研发经费投入强度（%）

年份 行业	2012	2013	2014	2015	2016	2017	2018	2019	2020	2021	2022
制造业平均	0.85	0.88	0.91	0.97	1.01	1.14	1.38	1.45	1.54	1.46	1.55
交通运输设备制造业	2.18	2.41	2.40	2.30	2.38	2.53	3.38	3.81	3.13	3.35	4.64
通信设备、计算机及其他电子设备制造业	1.51	1.59	1.63	1.76	1.82	1.88	2.12	2.15	2.35	2.43	2.63
化学原料和化学制品制造业	0.82	0.86	0.90	0.95	0.96	1.11	1.25	1.40	1.25	1.03	1.06
专用设备制造业	1.48	1.57	1.55	1.58	1.54	1.78	2.43	2.64	2.85	2.77	2.96
通用设备制造业	1.24	1.26	1.32	1.35	1.38	1.53	1.92	2.15	2.38	2.27	2.46
医药制造业	1.63	1.69	1.67	1.72	1.73	1.97	2.39	2.55	3.13	3.19	3.57
电气机械和器材制造业	1.29	1.32	1.38	1.46	1.50	1.73	2.04	2.15	2.26	2.10	2.02

资料来源：历年全国科技经费投入统计公报。

中共十八大以来，随着科研实力的大幅提升，中国重大产品、重大技术装备的自主开发能力和系统成套水平明显提高，有力支撑了南水北调、港珠澳大桥、川藏铁路等重大工程建设，科技创新还为公共安全、应急救灾、污染防治等重要任务提供了有力支撑。80多万名科技特派员长期活跃在农村科技扶贫一线；聚焦种业振兴和粮食安全，加强科研育种技术攻关和农作物新品种示范推广，2012年以来年均授权农业植物新品种超1500件；服务节能降耗和"双碳"目标，中国煤炭消费比重由 2012 年的 68.5% 下降到 2023 年的 55.3%，非化石能源消费比重由 9.7% 提高至 17.9%。与 2012 年相比，中国 2023 年单位 GDP 能耗、水耗、碳排放强度分别下降超过 26%、46%、35%，主要资源产出率提高约 60%；实施"科技冬奥行动计划"，围绕场馆建设、冰雪制造等有 200 多项科技成果得到应用，为北京冬奥会成功举办贡献科技力量和科技要素。

现代基础设施建设已经成为一国资源开发、经济社会发展的基础和前提，一个国家经济的起飞离不开基础设施建设的助推。"一带一路"沿线国家人口众多，多数国家基础设施建设落后，对于改善基础设施有着旺盛的需求。中国推动"一带一路"建设，成立亚投行与丝路基金提供金融支持，以基础设施互联互通为着力点与突破口，提高"一带一路"沿线国家与世界其他国家的基础设施建设水平；逐步建设连接亚洲内部以及亚欧之间的立体基础设施网络，促进沿线国家和世界各国之间的贸易往来、人员流动。

随着新一轮科技革命与产业变革的深入推进，以 5G 网络、大数据、人工智能等为代表的新一代信息技术与各产业的深度融合正成为助力产业优化升级的新引擎，由此催生了对新型基础设施建设与应用的广阔需求。2018 年 12 月中央经济工作会议首次提出，要加快 5G 商用步伐，加强人工智能、工业互联网、物联网等新型基础设施建设。之后，中共十九届五中全会、2021 年国务院政府工作报告等均密集强调，要系统布局新型基础设施，加快第五代移动通信、工业互联网、大数据中心等建设进度。新型基础设施是以信息网络为基础，提供数字转型、智能升级、融合创新等服务的基础设施体系。①

二、全球化与中国叙事

1. 西方中心主义的内涵及其根源

长期以来，全球化叙事存在一个西方中心论的理论预设。所谓"西方中心论"，主要是指关于全球化的叙事往往与现代世界的形成关联在一起，而后者又以西方的兴起为背景，加之后人总结的诸多欧洲文化的历史优越性要素，如古希腊罗马的民主基础、新教的工作伦理以及西方的理性主义等，欧洲由此获得了向世界全球扩散"现代性"的道义和权力。西方中心论强调西方文化的优越性，把欧洲视为世界历史的唯一创造者，基于这样的认知方式，欧洲及其分支（如美国）相较于其他国家在政治、经济和军事等诸多方面的优势地位是必然且持久的。从本质来看，西方中心论是"一个神话、一种意识形态、一种理论或者一种主导叙事"。②

① 钞小静、廉园梅、罗鎏锴：《新型数字基础设施对制造业高质量发展的影响》，《财贸研究》2021 年第 10 期。

② ［美］马立博：《现代世界的起源：全球的、环境的述说，15—21 世纪》（第三版），夏继果译，商务印书馆 2017 年版，第 12 页。

话语霸权的奥秘从来不在于话语本身，而在于权力与话语的"合谋"。强势话语与强大权力的强强联合，天生具有排斥和阻止异质话语生成、传播的本能，这是国际话语权演化变迁的重要逻辑。"强大话语往往背靠强大国家。古往今来，中心国家的话语在每一时代都是世界上占主导地位的话语，综合国力强大的国家在每一时代都是占据世界舞台中心的国家。"①

近代以来，一些西方学者进一步对"西方中心论"进行了精巧论证，旨在构建以西方为中心的世界体系，并将这一体系冠以毋庸置疑且绝对标准的人类范式。工业革命后，在工业制造业与军事实力的加持下，西方国家以舆论渗透、价值观同化、暴力征服等手段在全球范围开启了泯灭人性的殖民扩张，确立了欧洲—大西洋的世界权力中心和地缘政治中心地位，形成了一个全球依附于英国的世界殖民体系。伴随着"一切民族……都卷到文明中来"，个体与个体不平等上升至文明体之间的不平等，创造出全球范围内不平等的文化体系，制造出"西方优越"的假象，也让其内部自我优越感达到顶峰。马兹利什提出："欧洲是世界上最先进的文明……是出自上帝旨意的事实。"② 韦伯宣称只有西方文明才是具有普遍意义和普遍价值的理性主义。③ 由此可见，在"西方中心主义"的价值范式中，

---

① 陈曙光：《"世界之问"与中国方案》，人民出版社 2022 年版，第 89 页。

② ［美］马兹利什：《文明及其内涵》，汪辉译，商务印书馆 2017 年版，第 62 页。

③ ［德］马克斯·韦伯：《新教伦理与资本主义精神》，简惠美、康乐译，广西师范大学出版社 2010 年版，第 4 页。

任何文明和民族都是西方文明多元文化的装饰品，无法摆脱依附于西方文明的宿命。

国际话语权是世界强大国家的核心权力。纵观世界历史我们发现这样一个规律：国际话语格局的演变与世界强大国家的更替是一致的。哪个民族上升为强大国家，哪个民族也必然处于国际话语权的顶端。比如，古代历史上，中国曾经长期雄踞世界之巅的位置，时间长达 1000 多年。从汉唐盛世直至康乾盛世，中国的农耕文明历经千年进化，达到辉煌的极致。16 世纪，葡萄牙、西班牙开创了世界历史，共同主宰世界。17 世纪，荷兰取而代之，独领风骚 100 年。18 世纪中叶到 19 世纪，英国成为"日不落帝国"，这一时期的国际话语权主要由英国掌控。19 世纪末到 20 世纪上半叶，美国强劲崛起，经济硬实力和综合国力赶超英国，这一时期世界上的经济学家、政治学家等社会科学家，特别是诺贝尔奖得主大都是美国人，美国人掌控着几乎各个领域优势话语权。所以话语权力的转变与经济硬实力是同向变化的。

"西方中心主义"其实是一种历史认识上的"幻觉"，即把欧洲社会的现代化发展情况，"从具体经验提升为人类历史的总体属性和一种看待人类事务的方法，把欧洲视为人类整个历史中注定、唯一且一贯处于主导地位的存在"。① "西方中心主义"把欧洲的现代化

---

① 谢进东：《民国学界的"欧洲中心主义"历史观》，《史学理论研究》2023 年第 5 期。

历程和现代性观念普遍化、绝对化和意识形态化，使之成为一种知识或理论霸权。这种霸权伴随着资本主义生产方式的全球扩展以及欧洲对非欧地区的殖民扩张与征服而传播至非欧社会。

正是基于西方中心论的逻辑，许多发展中国家在全球化进程中总是对标西方，误以为西方化就是全球化、现代化的本质，结果给本国经济社会造成巨大伤害。这种"伤害"至少表现在两个方面：一是发展中国家对发达国家形成包括经济在内的多重依附关系，在全球化进程中固化了以资本逻辑为主导的"中心—外围"世界体系。"中心—外围"的世界体系在繁荣的表象下暗藏着非均衡状态，从侧面反映出西方主导的全球化的不稳定性和不公平性。萨米尔·阿明将中心国家的这种非理性行为归结为五种垄断力："技术垄断""对世界金融市场的金融控制""对全球自然资源开发的垄断""媒体和通讯垄断"以及"对大规模杀伤性武器的垄断"。①

通过史学大师艾瑞克·霍布斯鲍姆的一系列著作写作倾向的变化，我们可以知道霍布斯鲍姆的早期著作带有强烈的欧洲中心主义情结，比如说他的19世纪三部曲。然而，他后期的思想转向了全球，并开始关注中国问题。在《革命的年代：1789—1848》一书中，霍布斯鲍姆认为："在西方的商人、蒸汽机和坚船利炮面前，以及在西方的思想面前，世界上的古老文明和帝国都投降了、崩溃

---

① ［埃及］萨米尔·阿明：《全球化时代的资本主义：对当代社会的管理》，丁开杰等译，中国人民大学出版社2013年版，第3—4页。

了。印度沦为英国殖民总督统治的一个省，伊斯兰国家危机重重、摇摇欲坠，非洲遭到赤裸裸的征服，甚至庞大的中华帝国，也被迫于 1839—1842 年间向西方殖民者开放门户。及至 1848 年，凡在西方政府和商人认为对他们有用而需要占领的土地上，已不再有任何障碍。"①

霍布斯鲍姆在后期著作中提倡史学研究要跳出欧洲、跳出西方，将视线投射到所有的地区和所有的年代，尝试采用更加广阔的世界观来考察世界历史。他认为在对待人类文明与世界历史东西方发展进程的问题上，确实需要建立超越单一民族和某个中心地区的狭隘界限的真正全球视域的世界历史体系，只有这样，才能正确分析世界历史格局中的各种力量因素，从而准确地诠释人类以及世界历史的发展过程。②

俯瞰整个世界格局，发达国家和发展中国家的世界分布与 20 世纪末几乎没有发生大的改变，在西方经济学理论指导下的发展中国家依然处于落后地位。国际化变成了西方话语的单向输入，现代化也变成了单向的西方化，于是整个世界经济的发展被西方经济学的话语一手掌控和控制。通过所谓"普世价值"的话语渗透，以美国为首的西方资本主义国家对世界其他发展中国家的经济和政治进行干涉，扰乱这些国家本身的发展轨迹，隐藏在其背后的根本政治经

---

① ［英］艾瑞克·霍布斯鲍姆：《革命的年代：1789—1848》，王章辉译，中信出版社 2014 年版，第 5 页。

② 乔瑞金等：《英国的新马克思主义（上）》，人民出版社 2020 年版，第 124 页。

济意图是扩大本国政治经济利益，巩固本国的世界垄断地位，以便让自己在国际上始终占据主导地位和话语权。①

反思全球化进程中富国更富、穷国更穷的现实困境，首先要破除全球化认知中的西方化倾向，从这个角度讲，全球化非但不是西方化，更应回归多元化和世界性。所谓"多元化"，就是指全球化应当是多元、多中心的而非一元主导。基于欧洲中心论的全球化叙事存在"自我夸大"的根本缺陷，以彭慕兰为代表的加州学派通过经济史考证得出这样一个更让人信服的结论：在1800年以前"我们有的是一个多中心同时没有占统治地位的中心的世界"，"只是在19世纪工业化充分发展之后，一个单一的、占支配地位的欧洲中心才有意义"。②

自19世纪以来，中国和印度的人均收入与欧美的人均收入差距拉大。1820年，中国和印度占全球GDP的45%左右。由于殖民主义、不公平的贸易协定以及许多其他因素，这一比例下降到10%以下。正是在这个软弱的时刻，西方国家开始书写游戏规则，规范基于规则的国际秩序。毫不奇怪，这些规则通常是从它们的角度出发以促进它们的利益。③然而，随着新兴市场国家的崛起和殖民主义

---

① 周文、何雨晴：《西方经济学话语特征与中国经济学话语体系建设》，《山东大学学报（哲学社会科学版）》2022年第1期。

② ［美］彭慕兰：《大分流：欧洲、中国及现代世界经济的发展》，史建云译，江苏人民出版社2003年版，第3页。

③ ［美］约瑟夫·斯蒂格利茨：《全球化逆潮》，李杨等译，机械工业出版社2019年版，第48页。

的终结，今天的中国日益走近世界舞台中央，逐渐成为全球经济治理的重要参与者，部分新兴产业与发达国家处于同一起跑线上甚至领先于世界，更加需要我国以较高发展水平作为新起点，实行高水平对外开放：对内，坚持实施更大范围、更宽领域、更深层次对外开放；对外，推进双多边合作，推动高质量共建"一带一路"，积极参与全球经济治理体系改革。

自工业革命以来，西方一直秉持"西方中心论"的世界观，引导着世界的发展潮流。随着中国及一大批新兴国家的崛起，意味着西方主导世界的时代即将落幕，其心理上的失落与沮丧可以理解，同时西方也应该以正确和积极的心态理解中国与更多新兴国家的崛起。欧洲对"西方中心世界"的消逝有强烈的抗拒心理，美国更是对"唯一超强"地位有强烈的恋栈心态。换句话来说，美国国家利益中最核心的利益是维护其全球霸权地位，维护美国主导的国际秩序并从中获益，不允许任何可能凌驾于自己之上的挑战者出现。[①]

今天的中国不是要挑战现存的国际规则与秩序，而是现存的西方主导的国际规则与秩序并没有充分考虑到更多的非西方国家的发展，也没有兼顾发展中国家的利益与需要，才会导致各种矛盾和摩擦。因此，现在是西方国家正在进入到一个西方无法主导和多元治理的世界，西方不再是唯一现代化发展的样本，更不是先进的"坐标"，传统的西方熟悉的一元化发展格局正在消失，多元化发展格局

---

① 朱云汉：《全球化的裂解与再融合》，中信出版社 2021 年版，第 219 页。

正在形成。在这种多元化发展格局里，世界各国将日益谋求自身的独立与发展，谋求平等共处。

归根到底，那种认为西方文化具有历史优越性的观点以及以西方为中心的假说只是一系列生产方式和交换方式变革的产物，并不具有永恒性。在当今世界多极化的发展趋势下，包括中国在内的新兴经济体的崛起势必推动全球化重新回归多元化；至于"世界性"，则是指全球化应当走向世界历史而非西方一元论的历史。"马克思有关世界历史的本质、特征、发展规律等一般性的理解和说明，实际上就是关于全球化的基本阐释。"① 全球化拉开了世界历史的序幕，"各民族的原始封闭状态由于日益完善的生产方式、交往以及因交往而自然形成的不同民族之间的分工消灭得越是彻底，历史也就越是成为世界历史"。② 然而，关于世界历史、"自由人的联合体"的美好愿景正与当前全球两极分化的现实形成鲜明对比，因此，驱散西方化的迷雾，更需要从理论和实践上彻底批判西方主导的全球化谬误。

漫长的人类历史诞生了丰富多彩的人类文明，世界不同文明之间相互碰撞融合，绽放着人类文明智慧的光彩。工业革命以来，西方资本主义文明率先引领了现代化潮流，但必须深刻认识到，西方现代化道路并不是人类社会的必经之路，西方文化价值也不是自诩

---

① 丰子义、杨学功、仰海峰：《全球化的理论与实践：一种马克思主义的视角》，江苏人民出版社 2017 年版，第 3 页。

② 《马克思恩格斯选集》第 1 卷，人民出版社 2012 年版，第 168 页。

代表人类优越文明和文明精华的"普世价值"，西方文明更不是人类文明的普遍和唯一理想形式。中国式现代化是近代以来非资本主义国家成功探索出的独立自主和平发展的现代化道路，破除了西方现代化的自我优越论"神话"，打破了西方资本主义文明对人类文明多样性的排斥与宰制。中国式现代化创造出超越资本主义现代文明和传统社会主义模式的文明形态，科学回答了中国之问、世界之问、人民之问、时代之问，为人类社会探索更好社会制度和更高文明形态贡献了中国智慧和中国方案。

2. 西方之乱与中国之治的制度根源

"逆全球化"下的西方之乱与积极融入全球化的"中国之治"形成了鲜明的对比。习近平总书记指出：中国特色社会主义制度之所以具有许多优越之处，"很重要的一点就在于我们党在长期实践探索中，坚持把马克思主义基本原理同中国具体实际相结合，把开拓正确道路、发展科学理论、建设有效制度有机统一起来，用中国化的马克思主义、发展着的马克思主义指导国家制度和国家治理体系建设，不断深化对共产党执政规律、社会主义建设规律、人类社会发展规律的认识，及时把成功的实践经验转化为制度成果，使我国国家制度和国家治理体系既体现了科学社会主义基本原则，又具有鲜明的中国特色、民族特色、时代特色"。[1] 正因中国共产党自觉地将

---

① 《习近平著作选读》第2卷，人民出版社2023年版，第282—283页。

马克思主义的思想理论，科学地运用于中国大地，才取得了当今中国经济快速发展奇迹和社会长期稳定奇迹，确立了"中国之治"的大好景观。

从中国治理实践来看，改革开放 40 多年来，中国的开放和建设对人类文明的发展作出了重要的贡献，积极为全球治理体系变革贡献中国经验和中国智慧，提出了一系列有重要影响的中国方案，深刻融入世界发展潮流，成为全球治理体系变革的重要力量。同时中国不断深化改革，不断解放和发展生产力，积极调整不相适应的生产关系，使得生产关系和上层建筑更加适应生产力的发展，经济增长迅速。新中国成立 75 年来，经济实力、科技实力、综合国力显著增强，国际影响力大幅提升。据统计，1979—2023 年中国经济平均年增长率为 8.9%，远高于同期世界经济 3% 的平均增速，对世界经济增长的年均贡献率超过 24.8%，位居世界第一位。经济总量实现跨越式发展的同时，科技实力、创新能力也有了明显提升。改革开放后，随着知识产权制度体系从无到有并逐步完善，中国知识产出快速增长。1985 年中国发明专利申请受理量为 8558 件，2011 年攀升至 52.6 万件，跃居世界首位。截至 2023 年底，中国有效发明专利总计 499.1 万件，稳居世界首位。对外经贸方面，1950 年，中国货物贸易进出口总额仅 11 亿美元，占世界比重 0.9%。改革开放后，中国对外货物贸易进入加速发展时期。1999 年，中国货物贸易进出口总额达 3606 亿美元，跃居世界第 9 位；2009 年货物进出口总额达到 22075 亿美元，跃居世界第二位。中共十八大以来，中国货物贸易进出口总额及居世界位次进一步提升，2013 年，中国成为全球货物贸易第一大国。2023 年，中国货物贸易进出口总额达 41.75 万亿元，占世界比重升至 12.4%，连续 7 年稳居世界第 1 位。[①]

从开创人类减贫历史的全面建成小康社会这一过程来看，"纵览古今、环顾全球，没有哪一个国家能在这么短的时间内实现几亿人脱贫，这个成绩属于中国，也属于世界，为推动构建人类命运共同体贡献了中国力量！"[②] "农村贫困发生率由 1978 年的 97.5% 下降至 2018 年的 1.7%。党的十八大以来，农村贫困人口年均减少 1040 万人，累计脱贫 5203 万人。40 多年来，中国的减贫人口相当于整个非洲或欧洲人口的总数。中国成为世界上减贫人口最多的国家，对全球减贫贡献率超过 70%，贫困问题在中国得到了根本性的解决。"[③]

贫困地区发展条件差，贫困人口自我发展能力弱，消除贫困仅仅依靠个体、区域、民间等力量远远不够。同时减贫政策涉及众多党政部门，面向规模庞大的贫困人口，既需要跨部门协同，也需要面对面接触贫困户，对于责任主体构成了巨大挑战。中国共产党始终把消除贫困作为定国安邦的重要任务，制定实施一个时期党的路

---

① 数据整理自国家统计局发布的《新中国 75 年经济社会发展成就系列报告》以及中华人民共和国 2023 年国民经济和社会发展统计公报。

② 习近平：《在全国脱贫攻坚总结表彰大会上的讲话》，《人民日报》2021 年 2 月 26 日。

③ 周文、何雨晴：《国家治理现代化的政治经济学逻辑》，《财经问题研究》2020 年第 4 期。

线方针政策、提出国家中长期发展规划建议，都把减贫作为重要内容，从国家层面部署，运用国家力量推进。几代中国共产党人，锚定一个目标，一茬接着一茬干。通过党的组织体系把政府治理职能向下延伸至村庄，向外拓展到企事业单位和社会组织，同时借由党的一元化领导打破僵化的部门壁垒、推动跨部门协同与联动。①

十八大以来，中国共产党把脱贫攻坚摆在治国理政的突出位置，加强党的集中统一领导，统筹谋划、强力推进。加强顶层设计和战略规划，不断发挥社会主义制度集中力量办大事的优势，广泛动员各方力量积极参与。制定印发《关于打赢脱贫攻坚战的决定》《关于打赢脱贫攻坚战三年行动的指导意见》等政策文件，明确目标、路径和具体措施并一以贯之抓下去。各级财政不断加大投入力度，为减贫事业发展提供资金保障。建立脱贫攻坚责任体系、政策体系、组织体系、投入体系、动员体系、监督体系、考核评估体系等制度体系，为脱贫攻坚顺利推进提供了有力支撑。在中国特色贫困治理实践中，始终坚持党的领导，结合时代特征和具体国情，发挥制度优势，通过构建贫困治理体系和提升治理能力，重点解决制度性贫困、生产力贫困和个体贫困等多层次问题，形成了"国家—市场—社会"协同治理的中国特色贫困治理模式。②

---

① 吕普生：《制度优势转化为减贫效能——中国解决绝对贫困问题的制度逻辑》，《政治学研究》2021 年第 3 期。

② 韩文龙、周文：《马克思的贫困治理理论及其中国化的历程与基本经验》，《政治经济学评论》2022 年第 1 期。

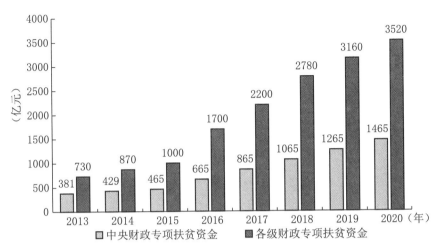

图 11　脱贫攻坚以来财政专项扶贫资金投入力度不断上升

资料来源：国务院新闻办公室：《人类减贫的中国实践》白皮书，2021 年 4 月
　　　　　6 日。

3. 更好发挥政府作用

　　古往今来，大多数的社会动荡、政权更迭，究其根源，皆因没有形成有效的国家治理体系与治理能力，造成社会矛盾积重难返、人民怨声载道，最终引发严重的政治后果。同样，在当今世界，是什么拉大了国家与国家间的差距？不是地理自然优势，不是既有经济基础，而是国家治理水平——国家间的发展差异就是国家治理水平的差距。[①] 西方国家治理陷入系统性困境，是资本主义的固有逻辑在新环境中走向失衡乃至失控的结果，其要害在于国家权威受到

――――――――

　　① 周文、司婧雯：《新时代中国国家治理现代化：内涵、特征与进路》，《新疆师范大学学报（哲学社会科学版）》2020 年第 4 期。

的侵蚀。中国经济奇迹的实质是中国国家治理体系与治理能力对于西方的超越，西方之乱与中国之治形成鲜明的对比。虽然在中国近代史上，西方倚仗工业化的坚船利炮，打开了中国的大门，但是从深层原因——国家建构角度考察和剖析，近代史上中国的失败不是中国作为农业国对工业国在物质生产能力上的失败，而是近代以来中国国家治理能力的失败。

尽管市场化改革一定程度上适应开放经济的要求，推动经济社会发展，但全球化不是完全市场化。早在 1791 年，美国开国元勋之一、第一任财政部部长亚历山大·汉密尔顿就认为，工业无需政府支持就能自然而然发展起来的观点是错误的。"与制造业繁荣休戚相关的不仅仅是一个国家的财富，甚至还有这个国家的独立。每一个为实现其伟大目标的国家，都应拥有满足本国需求的所有基本市场要素。"[①]市场作用的发挥同样仰赖于国家的自主性，也就是有效的"国家建构"。在那些经济转型取得出色成绩的东亚国家中，始终离不开政府的身影。

依据马克思主义政治经济学基本原理，政府和市场关系的实质是国家和市场的关系，国家性质、所有制性质决定了政府和市场关系的本质特征。[②]资本主义制度及其基本矛盾决定了它不可能实现

---

① ［加］瓦克拉夫·斯米尔：《美国制造：国家繁荣为什么离不开制造业》，李凤梅、刘寅龙译，机械工业出版社 2017 年版，第 1 页。

② 刘凤义：《论社会主义市场经济中政府和市场的关系》，《马克思主义研究》2020 年第 2 期。

两者的有机统一，无法完成各方面利益的统筹协调。中国语境中对于国家的理解一直遵循着整体主义方法论，这使得中国的政府与市场能够相互嵌入、彼此影响。国家是"天下之公器"，是代表整体的利益共同体。政府不仅仅是社会秩序的维持者，同时也是社会经济发展的组织者和推动者。①

如何正确处理政府与市场关系是一个世界性难题。无论是发展中国家，还是发达国家都面临着如何根据所处的生产力阶段和文化传统，选择合适的制度安排，以促进生产力发展这一至关重要的课题。②新中国 70 余年我国经济建设取得的伟大成就和走过的一些弯路表明，其核心就在于是否能正确处理政府与市场关系。习近平总书记在中共十八届三中全会上，深刻指出了自 1992 年确立社会主义市场经济体制以来，客观上"市场化程度大幅度提高"，主观上"我们对市场规律的认识和驾驭能力不断提高，宏观调控体系更为健全"。③但同时，实践中仍存在束缚市场活力、妨碍市场和价值规律的问题，包括市场秩序不规范、生产要素市场发展滞后、市场规则不统一、市场竞争不充分等。④

立足不断开辟社会主义市场经济新境界的实践逻辑。从市场在

---

① 周文：《赶超：产业政策与强国之路》，天津人民出版社 2023 年版，第 149 页。

② 郭冠清：《从经济学的价值属性看中国特色社会主义政治经济学的国家主体性》，《经济纵横》2019 年第 7 期。

③ 习近平：《论把握新发展阶段、贯彻新发展理念、构建新发展格局》，中央文献出版社 2021 年版，第 25 页。

④ 《十八大以来重要文献选编》（上），中央文献出版社 2014 年版，第 498 页。

资源配置中发挥"基础性作用"到"决定性作用"，再到将社会主义市场经济体制上升为基本经济制度，不断开拓社会主义市场经济新境界。

首先，更加清晰科学地界定和阐释了社会主义市场经济体制下市场和政府的作用，提出"使市场在资源配置中起决定性作用和更好发挥政府作用"，[1]并强调不能盲目绝对地迷信市场的作用，"市场起决定性作用，是从总体上讲的"，[2]决定性作用"并不是起全部作用"。[3]"更好发挥政府作用"强调的是切实转变政府职能，减少政府对资源的直接配置和对微观经济活动的直接干预，克服政府职能错位、越位、缺位现象。"要在尊重市场规律的基础上，用改革激发市场活力，用政策引导市场预期，用规划明确投资方向，用法治规范市场行为。"[4]因此，"有效市场"与"有为政府"之间的关系不是割裂、对立的，而是"相辅相成、相互促进、互为补充"。[5]

其次，更加全面深刻地提出了完善社会主义市场经济体制的实践路径。社会主义市场经济是在坚持中国共产党领导和社会主义制

---

① 《十八大以来重要文献选编》（上），中央文献出版社2014年版，第513页。

② 《习近平关于社会主义经济建设论述摘编》，中央文献出版社2017年版，第57页。

③ 《习近平关于社会主义经济建设论述摘编》，中央文献出版社2017年版，第53页。

④ 《习近平关于社会主义经济建设论述摘编》，中央文献出版社2017年版，第69—70页。

⑤ 《习近平关于社会主义经济建设论述摘编》，中央文献出版社2017年版，第69页。

度的大前提下发展市场经济，从而超越和克服了资本主义市场经济弊端、发挥了社会主义制度优越性，"是我们党的一个伟大创举"。①因此，必须坚持党的领导，"发挥党总揽全局、协调各方的领导核心作用"，②以政治优势引领和推进社会主义市场经济体制的发展完善。我国基本经济制度是中国特色社会主义制度的重要支柱，也是社会主义市场经济体制的根基。因此，当公有制为主体、多种所有制经济共同发展的基本经济制度作为社会主义经济关系的"普照的光"改变了市场经济体制的一般性质时，就赋予其以新的制度性规定。③

中国特色社会主义市场经济既不是对标西方市场经济，也不是社会主义与市场经济的简单相加，而是机制体制的重构和再造，是对西方市场经济和传统社会主义经济的超越，是高水平现代化市场经济体制。一方面，中国的市场经济模式是对西方原始市场经济的超越，是高水平的现代化市场经济。市场经济作为一种交换关系或市场组织制度在人类历史的长河中存在于不同的社会形态之中，中国的市场经济模式是中国改革开放探索走出来的市场经济成功新路，治理和校正了原始市场经济的乱象，同时又超越西方现代化市场经

---

① 《习近平关于社会主义经济建设论述摘编》，中央文献出版社 2017 年版，第 64 页。

② 《习近平关于社会主义经济建设论述摘编》，中央文献出版社 2017 年版，第 61 页。

③ 顾海良：《社会主义市场经济体制是如何上升为基本制度的?》，《红旗文稿》2020 年第 2 期。

济模式。另一方面，中国特色社会主义市场经济是对传统社会主义经济的超越，是富有中国特色的社会主义经济新模式。在社会主义制度下发展市场经济，既没有前人理论引导，也没有既有经验指导，创造性地打破了对市场经济的意识形态禁锢，也打破了对单一计划经济的教条，将市场机制引入社会主义制度，实现政府与市场之间的有效互动和有机结合。社会主义市场经济是中国独特的理论和实践创新，实现了社会主义经济体制的自我完善和自我超越。

高水平社会主义市场经济体制中的政府与市场在中国共产党的领导下相互统一，共同服务于经济建设发展目标。① 中国共产党的领导是中国特色社会主义最本质的特征，也是中国特色社会主义制度的最大优势，坚持党对经济工作的全面领导是中国社会中的经济制度与其他社会的经济制度的最为本质的不同。事实上，政府和市场之间存在着非常紧密复杂的联系。从经济周期角度看，市场对经济短期变化具有较强的适应性，而政府则能基于长期经济趋势变化克服短视性。两种力量具有极强的互补性，而在中国共产党领导下则能够实现扬长避短，进而在更高的战略层面充分解放和发展生产力，从而服务于中国现阶段建设社会主义现代化强国的经济总目标。②

---

① 韩文龙、晏宇翔：《构建高水平社会主义市场经济体制的重大理论与实践问题研究》，《政治经济学评论》2022 年第 2 期。

② 刘凤义：《从四重维度看加强党对经济工作的全面领导的内在必然性》，《马克思主义研究》2021 年第 10 期。

三、全球化与中国故事

"今天的中国是历史的中国的一个发展。"[①] 习近平主席在亚太经合组织第二十九次领导人非正式会议上深刻阐释道："21 世纪是亚太世纪。亚太地区占世界人口三分之一，占世界经济总量逾六成、贸易总量近一半，是全球经济最具活力的增长带。"[②] 一个更加开放的中国，正在世界经济中扮演越来越重要的角色。

1. 世界潮流，浩浩荡荡，顺之则昌

唯物史观是马克思的两个伟大发现之一，正是在实证性考察人类历史演化进步之后，马克思才最终形成历史唯物主义。[③] 历史唯物主义"深刻揭示了客观世界特别是人类社会发展一般规律，被历史和实践证明是科学的理论，在当今时代依然有着强大生命力"。[④] 中国共产党始终坚持马克思主义基本原理和贯穿其中的立场、观点、

[①] 《毛泽东选集》第 2 卷，人民出版社 1991 年版，第 534 页。

[②] 习近平：《坚守初心　共促发展　开启亚太合作新篇章——在亚太经合组织工商领导人峰会上的书面演讲》，《人民日报》2022 年 11 月 18 日。

[③] 张奎良：《关于唯物史观与历史唯物主义的概念辨析》，《哲学研究》2011 年第 2 期。

[④] 习近平：《坚持历史唯物主义不断开辟当代中国马克思主义发展新境界》，《求是》2020 年第 2 期。

方法，融通各种资源，不断推进知识创新、理论创新、方法创新，用马克思主义的理论武器来推动人类命运共同体的构建。

历史唯物主义作为揭示人类社会发展一般规律的理论，是中国共产党分析全球化问题的首要立足点，即认为实现世界经济互利共赢，必须以生产力的发展为最基本的物质基础，而生产力的发展又需要以全球分工的扩大与强化、世界市场的延伸与深化为前提。[①]"单是大工业建立了世界市场这一点，就把全球各国人民，尤其是各文明国家的人民，彼此紧紧地联系起来，以致每一国家的人民都受到另一国家发生的事情的影响。"[②]

"美洲的发现、绕过非洲的航行，给新兴的资产阶级开辟了新天地。东印度和中国的市场、美洲的殖民化、对殖民地的贸易、交换手段和一般商品的增加，使商业、航海业和工业空前高涨。"[③]正是随着新航路的开辟，原本由封建国家所主导的区域性市场，逐渐被新兴的资产阶级按照大工业发展需求的意图，进一步发展为世界市场。尽管整个过程充满血腥，"带着天生的血斑……滴着血和肮脏的东西"[④]，用血与火的文字记录着"封建生产方式向资本主义生产方式的转化过程，缩短过渡时间"。[⑤]新兴资产阶级为了开拓世界市场

---

① 周文、李超：《中国共产党推进新型经济全球化的宏大视野、使命担当和核心理念》，《学术研究》2022年第2期。

② 《共产党宣言》，人民出版社2018年版，第87页。

③ 《共产党宣言》，人民出版社2018年版，第28页。

④ 《资本论》第1卷，人民出版社2004年版，第871页。

⑤ 《资本论》第1卷，人民出版社2004年版，第861页。

"所能奴役的一切民族所采取的野蛮和残酷的暴行，是世界历史上任何时期，任何野蛮愚昧和残暴无耻的人种都无法比拟的"。①

也正因为如此，在新兴资产阶级眼中，世界市场来之不易，资产阶级要"挖掉了工业脚下的民族基础。古老的民族工业被消灭了，并且每天都还在被消灭。它们被新的工业排挤掉了，新的工业的建立已经成为一切文明民族的生命攸关的问题；这些工业所加工的，已经不是本地的原料，而是来自极其遥远的地区的原料；它们的产品不仅供本国消费，而且同时供世界各地消费。旧的、靠本国产品来满足的需要，被新的、要靠极其遥远的国家和地带的产品来满足的需要所代替了"。② 这种世界市场的形成是靠牺牲被卷入国的发展为成本代价推进，从一开始就带着天生的弊端和缺陷。

可以预见，不改革世界市场的封闭式和自我循环发展，必然存在着不断被经济发展滋生的新危机阴影所笼罩。对于今天的全球经济发展，不能回避经济发展中的问题和经济危机的可能性，而在于必须审慎思考危机可能性的应对方案。更不能用"以邻为壑"转嫁危机的办法解决危机，而是世界各国一起携手共同直面可能的危机，通过"共商共建共享"实现世界市场中危机的规避。"一带一路"倡议更好让各国共同参与，共同应对发展中的问题，实现共同发展繁荣。这条路不是某一方的私家小路，而是大家携手前进的阳光大道。

---

① 《资本论》第 1 卷，人民出版社 2004 年版，第 861 页。
② 《共产党宣言》，人民出版社 2018 年版，第 31 页。

"一带一路"倡议聚焦互联互通，深化务实合作，携手应对人类面临的各种风险挑战，实现互利共赢、共同发展，体现了共同应对世界危机的中国智慧，是对马克思经济危机理论的发展和开创性贡献。

以世界市场为载体的经济全球化是生产力发展的必然结果，并为构建人类命运共同体和解放全人类奠定基础。马克思在《不列颠在印度统治的未来结果》中典范性地使用辩证唯物主义和历史唯物主义阐明世界市场在人类经济发展中的双重使命："资产阶级历史时期负有为新世界创造物质基础的使命：一方面要造成以全人类互相依赖为基础的普遍交往，以及进行这种交往的工具；另一方面要发展人的生产力，把物质生产变成对自然力的科学支配。"① 简而言之，凭借资本逻辑的统治，资产阶级通过在世界市场中打破闭关锁国状态、废除垄断性关税等方式，将社会经济从前资本主义社会的桎梏中解脱出来，而在这一过程中也客观揭示出资本主义制度产生、发展、消亡的历史规律。②

以世界市场为载体的经济全球化搭建出后发国家参与国际分工的平台，并使全球经济发展水平趋同成为可能。马克思曾具体讨论了在上述"资本主义生产所统治的世界市场"中落后国家建立社会主义的可能性，就当时的俄国而言，正是"和控制着世界市场的西方生产同时存在，使俄国可以不通过资本主义制度的卡夫丁峡谷，

①《马克思恩格斯选集》第 1 卷，人民出版社 2012 年版，第 862 页。

② 王广：《重审劳资交换的正义论争：马克思反对艾伦·伍德》，《哲学研究》2020 年第 2 期。

而把资本主义制度的一切肯定的成就用到公社中来"。① 事实上，诸多发展经济学家在有关世界市场对于后发国家经济发展的重要性方面基本达成共识。例如，刘易斯认为发展对外贸易和参与世界市场，常常是一个停滞不前的国家走上经济发展道路的起点。赫希曼提出后发国家需要首先坚持主权发展权益，弱化极化效应并积极发挥淋下效应，在此基础上参与世界市场才能缩小与先发国家的差距。而罗斯托的观点则是，参与世界市场的经济活动是后发国家成为实现现代经济增长的前提条件，并需要国家恰当扶持某些支柱产业来带动经济起飞。

国际分工的深化和扩大恰恰与中国的改革开放历史性相遇，广袤的中国疆域和庞大的中国人口进入新的国际分工体系，极大拓展了国际分工的能量，扩大了全球贸易投资的规模，成为这个时期经济全球化的最大加速器，也成为贸易投资自由化的最大推动因素，同时也使中国成为经济全球化的重要受益者。②

1978 年至 2024 年，中国出口总额由 97.5 亿美元增长到 35772 亿美元；进口总额由 108.9 亿美元增长到 25851 亿美元。2024 年，中国贸易顺差 9922 亿美元，创历史新高。人民币 2016 年被正式纳入国际货币基金组织特别提款权（SDR）的货币篮子，在全球贸易中的支付比重不断提升。中国债券被先后纳入彭博巴克莱、摩根大

---

① 《马克思恩格斯全集》第 19 卷，人民出版社 1963 年版，第 435—436 页。
② 裴长洪：《"一带一路"倡议——马克思主义政治经济学中国化时代化的解读》，《南开经济研究》2023 年第 9 期。

通和富时罗素等全球指数。

中国持续优化的经济结构成为外资加码投资的重要原因，金融市场对外开放稳步推进，一系列制度安排为外资提供了多样化投资渠道。截至2024年9月末，已有1152家境外机构主体入市，其中585家通过直接投资渠道入市，830家通过债券通渠道入市，263家同时通过两个渠道入市。

自贸试验区始终肩负的使命是对接国际规则，进行制度创新，探索形成可复制可推广的试点经验。2013年9月29日，中国（上海）自由贸易试验区的设立，揭开了中国新一轮对外开放的序幕，是中共十八大提出的"必须实行更加积极主动的开放战略"的标志性事件。中共十九大以前，已设立的11个自贸试验区在市场开放、行政改革、金融创新等方面取得了不少成果，但也存在改革自主权不足、部分政策措施匹配性差等问题。如何赋予自贸试验区更大的

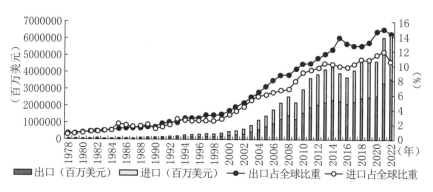

图12　1978—2022年中国进出口贸易总额与全球占比

注：进口与出口额单位为现价的美元。

资料来源：UNCTAD 数据库。

改革自主权、支持其灵活开展制度和政策创新试验，成为急需解决的问题。2017 年 10 月，中共十九大对推动形成全面开放新格局作出部署，提出"赋予自由贸易试验区更大改革自主权，探索建设自由贸易港"。① 自由贸易港是设在一个国家（地区）境内关外、货物资金人员进出自由、绝大多数商品免征关税的特定区域，是当今世界开放水平最高的特殊经济功能区。②2018 年 4 月 13 日，习近平总书记在庆祝海南建省办经济特区 30 周年大会上宣布，党中央决定支持海南全岛建设海南自贸试验区，支持海南逐步探索、稳步推进中国特色自由贸易港建设，分步骤、分阶段建立自由贸易港政策和制度体系。2024 年 12 月，习近平总书记在听取海南省委和省政府工作汇报时强调，要紧紧围绕建设"三区一中心"的战略定位，"科学谋划封关前后的改革开放和高质量发展工作"，"着力构建具有海南特色和优势的现代化产业体系"，"加紧推进海南自由贸易港核心政策落地"，"努力把海南自由贸易港打造成为引领我国新时代对外开放的重要门户"。③ 这是在海南自贸港 2025 年底前实现封关运作的

---

① 习近平：《决胜全面建成小康社会　夺取新时代中国特色社会主义伟大胜利——在中国共产党第十九次全国代表大会上的报告》，人民出版社 2017 年版，第 35 页。

② 肖鹏、袁金辉：《新时代自由贸易试验区、自由贸易港建设历程及启示》，《中共党史研究》2024 年第 5 期。

③ 《习近平在听取海南省委和省政府工作汇报时强调　紧紧围绕建设"三区一中心"的战略定位　奋力谱写中国式现代化海南篇章》，《人民日报》2024 年 12 月 18 日。

关键节点作出的新部署，体现了党中央一以贯之的改革韧劲和谋划长远的战略考量。

从区域分布上，在实现东部沿海地区全覆盖基础上，进一步实现了京津冀、长三角全覆盖，形成了东西南北中协调、陆海统筹的开放新态势。2013年以来，我国先后出台29份自贸试验区建设方案及一批含金量较高的政策文件，累计部署3500多项改革试点任务[①]，涉及贸易自由化便利化、投资自由化便利化、金融服务实体经济、政府职能转变等方面，探索了以制度创新为核心的开放模式，复制推广了一大批高水平制度创新成果，有效发挥了新时代改革开放新标杆的作用。

中共二十届三中全会强调，"扩大面向全球的高标准自由贸易区网络，建立同国际通行规则衔接的合规机制，优化开放合作环境"。[②] 根据商务部的数据，截至目前，中国已与30个国家和地区累计签署了23个自贸协定，自贸伙伴遍及五大洲，自贸区网络不断扩展深化。自贸协定的内容和质量也在不断丰富提升，服务贸易和投资负面清单，以及标准合作、数字经济等新内容已成为中国新签署自贸协定的"标配"。同时，中国和自贸伙伴的贸易额占到中国全部贸易额的比重由17%增长到2023年的约三分之一，力争到2030

---

① 任平：《为中国式现代化拓展发展空间——从自贸试验区、自由贸易港看高水平对外开放》，《人民日报》2024年9月18日。

② 《中共中央关于进一步全面深化改革 推进中国式现代化的决定》，人民出版社2024年版，第25页。

年将这一比例提高到 40% 左右。2022 年《区域全面经济伙伴关系协定》（RCEP）正式生效实施，这意味着全球人口最多、经贸规模最大的自贸区正式落地。中国还将积极推进加入《全面与进步跨太平洋伙伴关系协定》（CPTPP）和《数字经济伙伴关系协定》（DEPA），这表明中国只有积极主动对接，才能更好地参与高标准自贸区网络建设，进而在构建国际经贸新规则乃至全球经济治理中发挥更大作用。

2. 不为资本"迷醉眼"，全方位实现国际包容性发展

经济全球化是大势所趋，必将浩荡前行，但其从属性特征也不容忽视。在《共产党宣言》发表之时，马克思异常明确地提出，资产阶级建立起世界市场的过程客观上创造出更多的生产力，但这个过程也具有非常明显的从属性特征，使落后国家从属于发达国家、使东方从属于西方。换言之，经济全球化的发展是辩证的一体两面。一方面，世界市场在时间和空间的维度上急速扩张，为财富的创造与积累提供了前所未有的动力，并使得利益获得者产生对自律性市场信仰的无比热忱；另一方面，世界市场也彻底摧毁了过去田园诗式的生活，把共同体分解为在经济法则支配下浮沉的原子式个人，由此引起利益受损者对于经济全球化规律的激烈反抗。故而，资本主义生产方式下的全球化趋势与反全球化的抵触总是相伴而生，必须对既有国际经济秩序进行根本性反思和持续性改进。

当今世界市场的包容性缺失的特征，正是马克思所处时代的从属性的延续。而这种前后一致的延续性，本质上共同指向了资本主义生产方式下生产社会化与资本主义生产资料私有制之间的矛盾，具体则表现在比较优势理论导致的"低端锁定"陷阱与增长动能缺失问题。[1] 经济全球化过程中确实存在机会与受益不均、传统产业和就业受到冲击等包容性不足的问题，但不能简单地、片面地把问题都归咎于经济全球化本身，而应该努力改变不合理的国际经济秩序。与马克思的辩证科学理论相比，当今的贸易保护思想可以说仅仅处于简单的、未经反思的状态。在当前日益严重的逆全球化浪潮和民粹主义抬头背景下，各国政党都需要直面世界市场中的包容性不足问题，携手打造平衡、普惠的发展模式。

马克思在《资本论》中明确强调资本主义对利润的追逐和对资本积累的需求是"资本主义生产方式的'永恒的自然规律'"。[2] 并且，为了实现资本增殖目的，资本家将机器引入生产过程企图实现"资本生资本"。[3] 到了数字资本主义时代，资本家不断发明创造新的技术手段来最大限度地实现其资本增殖目的。数字技术革命催生了主宰全球经济格局的数字化技术平台（以下简称数字平台），数字技术的创新发展及数字平台的普及应用，推动了全球经济活动和贸

---

[1] 周文、冯文韬：《经济全球化新趋势与传统国际贸易理论的局限性——基于比较优势到竞争优势的政治经济学分析》，《经济学动态》2021年第4期。

[2] 《马克思恩格斯文集》第5卷，人民出版社2009年版，第870页。

[3] 《马克思恩格斯选集》第2卷，人民出版社2012年版，第263页。

易交往向数字平台的不断转移和集中。世界市场围绕以数字平台为核心技术载体，以数据资源为重要生产要素，逐渐形成了以"数据"争夺为核心的数字经济全球化发展态势。

资本是推动社会主义市场经济的重要生产要素，但倘若不给资本设置"红绿灯"，不给资本制定行动的边界，以金融资本为代表的各类资本就会无序扩张、野蛮生长，为现代化经济建设带来种种负面影响。马克思认为，随着资本主义大工业发展，世界市场也不断拓展，资本主义经济危机表明"资产阶级的关系已经太狭窄了，再容纳不了它本身所造成的财富了"。[①]2021 年中央经济工作会议明确提出需要正确认识和把握的五个方面重大理论和实践问题，其中一个重要方面就是"要正确认识和把握资本的特性和行为规律"[②]。习近平总书记指出："搞社会主义市场经济是我们党的一个伟大创造。既然是社会主义市场经济，就必然会产生各种形态的资本。资本主义社会的资本和社会主义社会的资本固然有很多不同，但资本都是要追逐利润的。'合天下之众者财，理天下之财者法。'我们要探索如何在社会主义市场经济条件下发挥资本的积极作用，同时有效控制资本的消极作用。"[③]

资本作为一种生产关系，如果任由其无序扩张，首先将影响国

---

① 《马克思恩格斯选集》第 1 卷，人民出版社 2012 年，第 406 页。

② 《习近平经济思想学习纲要》，人民出版社、学习出版社 2022 年版，第 8 页。

③ 习近平：《正确认识和把握我国发展重大理论和实践问题》，《求是》2022 年第 10 期。

民经济活动和物质利益关系。同时，由于资本权力是一种"总体性权力"，当资本运行不受约束，其影响将进一步扩散到国家政治、社会治理、生态环境和意识形态领域。① 雅各布斯和马祖卡托尖锐指出："新自由主义下不受监管的金融资本越来越投机，越来越偏离生产投资。直到股票市场的虚拟经济脱离商品与服务的'实体经济'，远远偏离它们所代表的公司的业绩。"② 资本的积累性、扩张性与盲目性，叠加资本的证券化、虚拟化和金融化趋势，在经济上表现为寡头垄断与垄断竞争，同时不断向教育、医疗、养老等公益性领域扩张。数字经济平台化趋势是世界经济资本扩张在全球产业链基础上，进一步整合生产、交换、分配和消费环节的社会化扩大再生产新发展形势。部分平台垄断企业通过实施虚假促销、捆绑交易、大数据杀熟、价格歧视等行为，严重损害消费者权益。其规模效应不断降低平均成本，使边际成本逐渐趋于零，实现规模报酬递增，从而形成"赢家通吃"的行业格局。③

在数字资本主义生产方式下，全球化分工体系和社会化大生产体系形成的根本性驱动因素是资本，资本逻辑是驱动平台经济全球化的主导力量。平台经济全球化修复了资本循环的时空链条，正在

---

① 周绍东：《遏制资本无序扩张：一个政治经济学的解读》，《社会科学辑刊》2023 年第 3 期。

② ［英］迈克尔·雅各布斯、玛丽安娜·马祖卡托：《重思资本主义：实现持续性、包容性增长的经济与政策》，李磊等译，中信出版社 2017 年版，第 271 页。

③ 周文、韩文龙：《平台经济发展再审视：垄断与数字税新挑战》，《中国社会科学》2021 年第 3 期。

重塑生产资料与劳动结合的方式，影响着生产关系的局部变革。①由于互联网的联通作用，平台经济中存在典型的头部效应和长尾效应。在一定细分领域，通过供需两侧的规模效应，一个或几个头部平台企业能聚集更多优质资源，占据该领域核心地位，阻碍其他小型平台企业自由竞争。例如在出行领域，优步等占据了欧美国家的大部分市场份额；在搜索引擎领域，谷歌等占据了全世界超过一半的市场份额。

开放视角的包容性增长涵盖了国际和国内包容性两层内涵，不仅使相对贫困群体从一国经济增长中获益更多，还使经济全球化成果惠及所有国家或地区，尤其是推动发展中国家的自主可持续发展。贸易投资一体化和产品内分工使各国利益日益呈依存性和互补性特征，如果严重的利益分配不均得不到有效治理，那么不仅会缩小经济全球化整体收益，还会使经济全球化战略难以持续。②面对全球价值链低端锁定困境和国内创新能力滞后的现实约束，利用内需规模优势吸引高质量外资集聚，助推本土企业自主创新能力提升，进而构建国家价值链，既是打破由发达国家跨国公司控制的价值链体系格局的关键所在，也是全面构建新型全球价值链的基础性条件。为此，中央出台了一系列旨在扩大外资市场准入并增强营商环境对

---

① 韩文龙：《平台经济全球化的资本逻辑及其批判与超越》，《马克思主义研究》2021 年第 6 期。

② 沈春苗、郑江淮：《内需型经济全球化与开放视角的包容性增长》，《世界经济》2020 年第 5 期。

投资者吸引力的重要举措，以实现高水平外资的引进。在中央对外释放积极信号和外资企业更加重视中国市场发展战略的前提下，为及时抓住中国市场需求，真正有效研发出适用于中国市场的新产品和新技术，考虑在中国设立研发中心并见诸行动的跨国公司也开始日益增多。

包容性增长理念着重强调"过程参与"和"成果共享"两个方面，只有在所有的社会成员能够"参与"和"共享"时，经济增长才具有积极意义。马克思的世界市场理论说明，人为地在世界市场中"另辟蹊径"的倒行与"因噎废食"的逆施，诸如回到过去的贸易保护主义或是追求简单的空想平均主义，都是反历史的。[1]中国共产党继承发扬了马克思主义聚焦现实问题、透过现象看本质的"高次元思维"。[2]习近平总书记指出："面对经济全球化大势，像鸵鸟一样把头埋在沙里假装视而不见，或像堂吉诃德一样挥舞长矛加以抵制，都违背了历史规律。"[3]中国共产党坚定顺应世界市场中的经济全球化趋势，同时坚持与各国政党共同努力，正视并处理国际经济秩序当中的包容性不足问题，帮助解决世界市场环境在自由贸易和贸易保护之间无谓摇摆的对外难题。经济全球化确实带来了新

① 曲韵畅、余达淮：《马克思世界市场理论及其当代价值》，《南京社会科学》2019 年第 7 期。

② 朱富强：《历史唯物论用于现实经济分析的局限：以生产力和生产关系之互动为例》，《理论与改革》2018 年第 2 期。

③ 《习近平经济思想学习纲要》，人民出版社、学习出版社 2022 年版，第 135 页。

问题，但不能就此把经济全球化一棍子打死，而是要适应和引导好经济全球化，消解经济全球化的负面影响，让它更好惠及每个国家、每个民族。

3. 更好发挥国家治理职能，携手引领人类前行之路

全球化"产生了跨大陆或者区域间的流动以及活动、交往以及权力实施的网络"[①]，使国家"由现代的边界内主权转变为世界网络的一个运作枢纽"，并"成为世界主权的一个股东"[②]。这不禁使人们担忧全球化使"民族国家及其政府失去行动力量和塑造力量"。然而，事实却是全球化并"没有削弱国家本身"[③]，国家仍然是"全球流动的重要管理机构"和世界舞台上的核心行为体。[④] 事实上，在马克思计划的六册鸿篇巨制设想之中，国家册是国内经济要素资本、劳动力和土地论述与研究的总结，同时又是开展对外贸易、建构世界市场的逻辑分析起点，具有承上启下的重要作用。

习近平主席 2017 年在瑞士达沃斯举行的世界经济论坛年会开幕

[①] ［英］戴维·赫尔德等：《全球大变革：全球化时代的政治、经济与文化》，杨雪冬等译，社会科学文献出版社 2001 年版，第 22 页。

[②] 王耀辉、苗绿：《全球化向何处去：大变局与中国策》，中国社会科学出版社 2019 年版，第 7 页。

[③] ［德］乌·贝克、哈贝马斯等：《全球化与政治》，王学东、柴方国等译，中央编译出版社 2000 年版，第 25 页。

[④] ［英］简·阿特·斯图尔特：《解析全球化》，王艳莉译，吉林人民出版社 2003 年版，第 158 页。

式上的主旨演讲中指出："要让经济全球化进程更有活力、更加包容、更可持续。我们要主动作为、适度管理，让经济全球化的正面效应更多释放出来，实现经济全球化进程再平衡：我们要顺应大势、结合国情，正确选择融入经济全球化的路径和节奏；我们要讲求效率、注重公平，让不同国家、不同阶层、不同人群共享经济全球化的好处。这是我们这个时代的领导者应有的担当，更是各国人民对我们的期待。"[1] 在 2022 年世界经济论坛视频会议上，习近平主席再次强调："推动世界经济走出危机、实现复苏，必须加强宏观政策协调。主要经济体要树立共同体意识，强化系统观念，加强政策信息透明和共享，协调好财政、货币政策目标、力度、节奏，防止世界经济再次探底。"[2]

纵观当代全球化进程，国家尤其是大国所扮演的角色不但深刻影响了全球化的发展走向，而且一定程度上决定了国家在国际舞台上的地位。同时，全球化也深刻改变了国家的生存环境，并对国家的职能和权力运行提出了新要求，从而不断塑造国家的新角色。因此，全球化作为打破地域藩篱的力量与维护地域性存在的国家之间并不是截然对立的，而是相互影响、相互塑造。西欧与我国的现代化经验表明，国家主体性指向了一种发展立场，即牢牢把握本国实际而非某些抽象的世界主义教条，在我国的发展问题上强调国家主

---

① 《习近平著作选读》第 1 卷，人民出版社 2023 年版，第 555 页。

② 习近平：《坚定信心　勇毅前行　共创后疫情时代美好世界——在 2022 年世界经济论坛视频会议的演讲》，《人民日报》2022 年 1 月 18 日。

体性有其必然性和现实性。我国的社会主义现代化与西方现代化相比，具有不同的任务、目标和路径，因此，现代化经济体系建设必须切中我国发展实际，必须是中国的"李斯特型工具箱"。

一方面，中国共产党始终坚持探索合理发挥国家政府职能的现实途径。马克思的国家理论深刻批判了康德和黑格尔幼稚而虚幻的共同体构想。在《论犹太人问题》中，马克思认为，市民社会充分发展所带来的必然结果是对国家共同体理念的全面腐蚀，进而取代共同体成为国家中实际存在的意识形态。在这个意义上，马克思在《共产党宣言》中作出论断，"现代的国家政权只不过是管理整个资产阶级共同事务的委员会"。然而，单纯依靠建立在道德约束和理性秩序基础上的自律性市场，不能也不可能带领世界人民走向人类命运共同体。事实上，马克思随后又在《法兰西内战》中总结巴黎公社的历史经验，提出建立一个廉洁高效低耗的政府是伴随建设社会主义过程中的必然现象。在新自由主义消极国家观招致恶果的现实背景下，中国共产党创新性继承了马克思的国家理论，致力于构建有为政府与有效市场有机结合的现代化经济体系，将政府和市场的关系作为我国经济体制改革的重点与核心问题，市场经济体制与社会主义制度深度融合，马克思主义经典理论与共产主义运动形式有机统一，以充分合理发挥国家政府职能。

另一方面，中国共产党始终坚持融合全球治理与普遍利益的共同价值。马克思的国家理论具有两个重要意义：一是经济全球化背景下必须以"真正的共同体"为本质诉求；二是国家发展遵循理性国家、现代资产阶级国家和无产阶级政权这一"肯定—否定—否定之否定"的演进过程。[①] 在这个意义上，不能从以自由经济学为理论内核、以自由市场为外在表现的市民社会中，直接孕育出未来经济全球化的美好愿景和人类共同价值。现代资产阶级国家中的政府纵然有维护自身特殊利益的向度，但建立起具有优越治理效能的国家治理体系，是进行国际协商合作与在更高层次上实践经济全球化和构建人类命运共同体的前导与基石。中国共产党积极倡导在此基础上的全球共同治理，努力为解决逆全球化争端提供切实可行的中国方案。也唯有如此，才能最大程度消弭意识形态、社会制度与发展水平的隔阂，最大限度实现和平、发展、公平、正义、民主、自由的全人类共同价值。

尽管国际形势风云变幻，但和平与发展仍是时代主题，开放发展的历史大势不会改变。在国内层面，构建以国内大循环为主体、国内国际双循环相互促进的新发展格局，充分利用"两个市场""两种资源"打造国际经济合作与竞争新优势。在国际层面，通过"一带一路"、中国—东盟命运共同体等合作倡议，整合全球范围内的经济要素和发展资源，推动形成互利共赢、多元平衡、安全高效的开放型经济体系。"一带一路"倡议同联合国2030年可持续发展议程有效对接，形成了促进全球共同发展的政策合力。在区域层面，"一

[①] 吴海江、刘超：《走向人的解放：马克思国家理论的价值旨归与当代意义》，《社会主义研究》2020年第5期。

带一路"倡议与《东盟互联互通总体规划》、非盟《2063 年议程》、欧盟"欧亚互联互通战略"等区域发展规划或合作倡议有效对接，达成促进互联互通、支持区域经济一体化进程的共识。

四、小结

自新航路开辟之后，世界市场经历了循序渐进的发展过程，走过了波澜起伏的曲折道路。站在历史的十字路口，是坚定推进经济全球化还是放任逆全球化泛起、是更加开放合作还是走向封闭对抗、是坚持互利共赢还是固守零和博弈？这一历史选择关乎世界各国人民共同利益和全人类前途命运。面对经济全球化遭遇的曲折困难，把困扰世界的问题简单归咎于经济全球化，既不符合事实，也无助于问题解决。对此，习近平强调："我们要从各种乱象中看清实质，从历史的维度中把握规律。"[1]中共十八大以来，以习近平同志为核心的党中央科学把握全球经济发展大逻辑大趋势，坚持对外开放的基本国策，坚定奉行互利共赢的开放战略，推动经济全球化朝着更加开放、包容、普惠、平衡、共赢的方向发展，引领中国成为经济全球化砥砺前行的中流砥柱。

---

[1] 《习近平会见联合国秘书长古特雷斯》，《人民日报》2019 年 4 月 27 日。

第五章　全球化的中国方案

　　时代呼唤大国崛起的全球化新样本，以习近平同志为核心的党中央顺应历史的政治经济发展大势，跳出了西方国家资本逻辑主导的全球治理模式和西方狭隘的国家利益的视角，以人类为关怀建立全球治理的新机制，提出了人类命运共同体的全球发展新理念，符合人类的共同普遍利益，习近平总书记指出："让和平的薪火代代相传，让发展的动力源源不断，让文明的光芒熠熠生辉，是各国人民的期待，也是我们这一代政治家应有的担当。中国方案是：构建人类命运共同体，实现共赢共享。"① 历史反复证明，开放包容、合作共赢才是人间正道。推进高水平对外开放有利于增强国内大循环内生动力和可靠性，提升国内国际两个市场两种资源联动效应。新时代以来，中国实行更加积极主动的开放战略，为世界提供的具有中国特色的国际公共产品与国际经济合作平台，正在不断以开放合作、互利共赢理念做大

---

　　① 《习近平谈治国理政》第 2 卷，外文出版社 2017 年版，第 539 页。

全球经济蛋糕，做实全球成果共享，筑牢全球普惠平衡。

一、"一带一路"倡议"点亮"全球化新方向

2013 年 9 月和 10 月，中国国家主席习近平先后在哈萨克斯坦纳扎尔巴耶夫大学和印度尼西亚国会，提出共同建设丝绸之路经济带和 21 世纪海上丝绸之路的倡议。彼时的欧洲，正在因债务危机和金融危机后的二次衰退烦恼；亚洲主要发达国家日本，焦虑于通货紧缩和增长停滞；世界头号经济体美国，在后金融危机和阿富汗战争的泥淖里挣扎。全球总需求萎缩，经济学家萨默斯悲观预言"大停滞"，同时呼吁发达国家"再发展"。

而广大发展中国家，尽管在二战后接受发达国家的发展援助多达数万亿美元，但只有寥寥无几的国家成为发达国家。大量发展中国家仍然面临贫困的考验，在发展的困境中寻路。在这样的国际国内形势下，共建"一带一路"既是中国经济发展的内生需要，也契合了国际合作的现实需求。作为最大新兴经济体，中国一端连着最广袤的大陆，一端朝向最广阔的大洋；"世界工厂"依然稳健，"世界市场"冉冉而升。这样一个不断发展的超大规模经济体，处于全球发展合作的特殊时空交汇点。①

---

① 新华社研究院：《"一带一路"发展学——全球共同发展的实践和理论探索》，新华社国家高端智库 2023 年 10 月 18 日。

连接中国与西亚地区的丝绸之路，不但为双方的物产互通有无创造了条件，而且为两地之间的文化交往开辟了重要途径。沿着丝绸之路行色匆匆的不仅有漫长的驼队和商人，还有诗人、学者、僧人、官员、工匠、医生、艺术家和旅行家，各国物产和人员的交流把不同民族的文化带往遥远的异域，从而推动了亚欧大陆的文化传播。古丝绸之路绵亘万里，延续千年，积淀了以和平合作、开放包容、互学互鉴、互利共赢为核心的丝路精神，这是人类文明的宝贵遗产。"一带一路"倡议的初心，就是"借鉴古丝绸之路，以互联互通为主线，同各国加强政策沟通、设施联通、贸易畅通、资金融通、民心相通，为世界经济增长注入新动能，为全球发展开辟新空间，为国际经济合作打造新平台"。①

1. "一带一路"倡议推动实现全球经济合作共赢

中国提出"一带一路"倡议，就是聚焦发展这个根本性问题，借此充分释放各国发展潜力，推动实现经济大融合、发展大联动、成果大共享。②在顺应经济全球化大趋势的同时，"一带一路"建设尊重各国发展道路选择的多样性，鼓励各国探索适宜自身国情的发展道路，因此可以更好地实现各国发展战略对接，可以更好地寻找到各国的利益契合点，有利于共同打造和实现政治互信、经济融合、

---

① 习近平：《建设开放包容、互联互通、共同发展的世界——在第三届"一带一路"国际合作高峰论坛开幕式上的主旨演讲》，《人民日报》2023 年 10 月 19 日。

② 《习近平著作选读》第 1 卷，人民出版社 2023 年版，第 593 页。

文化包容的利益共同体、命运共同体和责任共同体。"一带一路"建设以政策沟通、设施联通、贸易畅通、资金融通、民心相通为主要内容，有利于充分发挥各国比较优势，扩大利益汇合点，培育发展新动能，促进各国经济要素有序自由流动、资源高效配置和市场深度融合，增强全球经济增长活力。

"一带一路"倡议已经成为当今世界深受欢迎的国际公共产品和国际合作平台。中国"一带一路"倡议和实践的本质是抵抗、限制和约束超额剩余价值在全球各国之间不平等的转移，是逆不平等性过程。[①]事实上，传统全球化经济中的诸多问题都可以归结到参与主体的不平等性，因为西方主导的世界经济体现的是资本的"霸权"，以致帝国主义与霸权主义成为全球经济的"通行证"。因此，资本主义殖民体系实际上是在一种不平等基础上的世界经济。而"一带一路"倡议宗旨体现"多样、交流、互鉴、发展"，最核心的是参与主体的平等性，"互联互通、文明交流互鉴"是"一带一路"倡议得到认同的根本原因。因此"一带一路"倡议是一种包容型的全球化建设新方案，可以更好地促进各国共同打造开放、包容、均衡、普惠的平等性区域合作架构。

在合作机制的扎实推进下，双向投资及合作总体保持稳定增长。截至 2023 年末，中国已与 152 个国家、34 个国际组织签署 200

---

① 马艳、李俊、王琳：《论"一带一路"的逆不平等性：驳中国"新殖民主义"质疑》，《世界经济》2020 年第 1 期。

余份共建"一带一路"合作文件，覆盖了与中国建交的 83% 的国家或地区，涵盖投资、贸易、金融、科技、社会、人文、民生等领域。2013 年到 2023 年，中国与"一带一路"沿线国家货物贸易额从 1.04 万亿美元升至 2.03 万亿美元。"一带一路"贸易在中国对外贸易中的占比继续提升，在对外贸易总规模中，"一带一路"贸易占比达到 34.2%，较 2022 年提升 1.4 个百分点。尤其是对"一带一路"沿线国家出口占中国对外出口总量的 35.2%，成为外需疲软、外贸环境恶化背景下稳定中国出口的重要力量。"一带一路"沿线国家已成为中国企业对外投资的首选地；中国与沿线国家双向投资累计超 2700 亿美元，形成 3000 多个合作项目，为沿线国家创造 42 万个工作岗位，让近 4000 万人摆脱贫困。①

对外承包工程方面，2023 年中国企业在"一带一路"沿线国家新签对外承包工程项目合同 5514 份，新签合同额 8718.4 亿元人民币，增长 0.8%，占同期中国对外承包工程新签合同额的 51.2%；完成营业额 5713.1 亿元人民币，占同期总额的 54.8%。同时，在共商共建共享原则下，中国着力打造共商国际化平台与载体，"一带一路"国际合作高峰论坛成为"一带一路"框架下最高规格的国际合作平台。2017 年、2019 年与 2023 年，中国先后成功主办三届"一带一路"国际合作高峰论坛，成立了 20 多个专业领域多边合作平台。

---

① 数据整理自海关总署。

自"一带一路"倡议提出以来，由中国主导发起设立的亚洲基础设施投资银行、丝路基金，已成为支持"一带一路"建设和双多边互联互通的重要力量，累计批准遍及 36 个国家的 236 个项目，涉及能源、交通、水务、通信、教育、公共卫生等领域。截至 2024 年底，亚洲基础设施投资银行成员数量从成立时的 57 个增加到 110 个，覆盖全球 81% 的人口和 65% 的 GDP。中国同"一带一路"倡议建设参与国和组织开展了多种形式的金融合作，为新兴经济体和发展中国家经济增长"输血"。亚洲基础设施投资银行、丝路基金、中国开发性和政策性银行及商业金融机构，与世界银行、欧洲复兴开发银行、亚洲开发银行等多边开发机构以及国际和本地金融机构积极合作，形成透明、高效、互利的共建"一带一路"投融资朋友圈，从而弥补了"一带一路"沿线国家国际融资能力的不足，可以更好地满足基础设施建设的资金需求，实现各国之间的优势互补。

"从亚欧大陆到非洲、美洲、大洋洲，共建'一带一路'为世界经济增长开辟了新空间，为国际贸易和投资搭建了新平台，为完善全球经济治理拓展了新实践，为增进各国民生福祉作出了新贡献，成为共同的机遇之路、繁荣之路。"[①]

六大经济走廊是"一带一路"的战略支柱和区域经济合作网络

①　习近平：《齐心开创共建"一带一路"美好未来——在第二届"一带一路"国际合作高峰论坛开幕式上的主旨演讲》，《人民日报》2019 年 4 月 27 日。

的重要框架，包括中蒙俄、新亚欧大陆桥、中国—中亚—西亚、中国—中南半岛、中巴和孟中印缅经济走廊。自建立以来，六大经济走廊建设亮点纷呈，为建立和加强各国互联互通伙伴关系、畅通亚欧大市场发挥了重要作用。新亚欧大陆桥、中蒙俄、中国—中亚—西亚经济走廊经过亚欧大陆中东部地区，不仅将充满经济活力的东亚经济圈与发达的欧洲经济圈联系在一起，更畅通了连接波斯湾、地中海和波罗的海的合作通道。

2013 年，中巴经济走廊被正式提出，并将其定位为一条包括公路、铁路、油气管道和光缆覆盖的"四位一体"通道和贸易走廊；2015 年，形成以走廊建设为中心，以瓜达尔港、能源、基础设施、产业合作为重点的"1+4"合作布局，并初步制定了中巴经济走廊的远景规划；2017 年 12 月，《中巴经济走廊远景规划（2017—2030 年）》正式发布，把中国"一带一路"倡议和巴基斯坦"愿景2025"进行对接，重点向着互联互通、能源、经贸及产业园区等领域发展。中巴经济走廊是共建"一带一路"的旗舰项目，建设起步早进展快，第一阶段的 22 个优先项目已基本完成。根据巴基斯坦计划委员会不完全统计，中巴经济走廊第一阶段早期收获项目已创造约 3.8 万个工作岗位，75% 以上为当地就业，其中能源项目吸纳 1.6 万名巴方工人和工程师就业，交通基础设施建设创造约 1.3 万个工作岗位，同时帮助巴基斯坦新增 510 公里高速公路、8000 兆瓦电力和 886 公里国家核心输电网。自 2021 年起，中巴经济走廊顺利进入第二阶段的建设，双方合作的项目寻求多领域、多方向布局。巴基斯坦总理夏巴兹 2025 年 2 月 3 日说，"中巴经济走廊是巴经济发展和区域互联互通的重要基石"。中国援建的瓜达尔新国际机场已正式投入运营，这标志着俾路支省在加强区域互联互通上迈出了重要一步。与此同时，瓜达尔港具有广阔发展前景，有助于加强巴基斯坦与中亚、东南亚等地的交流。

"要想富先修路，道路通百业兴。"朴素的中国经验在共建"一带一路"实践中得到进一步验证。世界银行报告预测，至 2030 年，共建"一带一路"交通设施建设将使沿线经济体的贸易增加 2.8%—9.7%，外国直接投资总额流入增加 4.97%，国内生产总值增加1.2%—3.4%；并将使世界贸易增加 1.7%—6.2%，国内生产总值增加0.7%—2.9%。[1] 聚焦"六廊六路多国多港"主要架构，一批标志性项目取得实质性进展。铁路方面，中老铁路全线开通运营，雅万高铁、中泰铁路建造稳步推进。公路方面，中巴经济走廊"两大"公路顺利完工并移交通车，中俄黑河大桥建设竣工。航空方面，国际民航运输航线网络不断拓展，截至 2023 年底，中国已与 131 个国家或地区签订了双边政府间航空运输协定，与其中 64 个国家保持定期客货运通航，与东盟、欧盟签订区域性航空运输协定。[2]

作为中国与"一带一路"沿线国家互通互惠互联的有效载体，中欧班列连通中欧物流的作用进一步凸显。中欧班列 12—15 天直达

---

① 世界银行：《"一带一路"经济学：交通走廊的机遇与风险》中文版，第 52—57 页，2019 年 6 月 18 日。

② 数据整理自中国民用航空局发布的《2023 年民航行业发展统计公报》。

欧洲，比海运快 3 倍，成本仅为空运五分之一。2024 年中欧班列全年开行量达 1.9 万列，发送货物 207 万标箱，同比分别增长 10% 和 9%。截至 2024 年 11 月 15 日，中欧班列累计开行突破 10 万列，发送货物超 1100 万标箱、货值超 4200 亿美元。中欧班列通达欧洲 25 个国家 227 个城市，服务网络基本覆盖亚欧大陆全境，为推动"一带一路"高质量发展作出了积极贡献。① 尤其是 2016 年以来，通过陆续实施霍尔果斯、阿拉山口、二连浩特、满洲里等口岸站扩能改造工程，启动郑州、重庆、成都、西安、乌鲁木齐等 5 个城市枢纽节点的中欧班列集结中心示范工程建设，中欧班列的口岸和通道运输能力得到有效提升。中欧班列的开通极大地促进了沿线国家和地区的贸易合作，提高了双方的经济竞争力。例如，德国杜伊斯堡市通过班列的开行，实现了仓储企业货量的快速扩张，铁路运输成为当地社区的新活力。此外，班列的高时效性和成本效益使其成为企业优化成本和时效的重要选择，推动了沿线国家的产业升级和经济增长。

2."一带一路"倡议推动实现要素资源全球分工

过去 500 年来西方主导下的全球化，让更多发展中国家被动卷入世界市场，形成"中心与外围"的资本主义现代体系，发展中国

---

① 数据整理自中欧班列网。

家成为发达国家的原材料供应和资本输出的基地，固化甚至扩大了发展中国家与发达国家的发展"鸿沟"。"在旧的分工中，不发达国家供应原材料，发达国家提供制成品"①，"不平等交换的条件——即不发达的再生产就这样逐渐形成。前资本主义农业关系的畸形以及手工业的破产造成了没有工业化的城市。一端是劳动力报酬的低下，另一端是资本的集中，促使外国资本在外围国家建立用于出口的现代生产部门"②。由此，"贫者越贫，富者越富"这个现象在经济全球化的驱使下没有丝毫改善的痕迹。

当前，国际分工已从"以产业和产品为界限的国际分工发展为以生产要素为界限的国际分工，由最终产品交换领域发展到产品生产过程、生产环节，由产品分工发展到要素分工"③。伴随着世界经济的发展，生产需要投入的要素越来越多。商品价值是劳动创造的，当劳动的内涵延伸到知识、技术、管理、研发等领域时，这些再生性要素便成为主导。知识、人力资本、信息这些再生性生产要素不是先天性资源，而是各国通过后天培养起来的。因此，一国经济地位不仅取决于最终产品，也取决于再生性生产要素优势。而以再生

---

① ［埃及］萨米尔·阿明：《不平等的发展》，高铦译，商务印书馆2000年版，第178页。

② ［埃及］萨米尔·阿明：《不平等的发展》，高铦译，商务印书馆2000年版，第173页。

③ 张二震、马野青：《当代国际分工新特点与马克思国际价值理论新发展》，《经济纵横》2008年第3期。

性生产要素为主导的国际分工模式，为发展中国家追赶发达国家，进而突破长期以来形成的带有剥削性质的分工模式创造了条件。

作为一种崭新的、富于创新的发展路径，"一带一路"倡议充分考量了参与国的生产资源互补性，创造条件、改善环境，突破传统分工形成的"贫困陷阱"，带动各国经济蓬勃发展。"一带一路"沿线国家多是发展中国家或新兴经济体，大都处在经济发展的上升期，参与国际分工的意愿高。虽然这些国家经济起步晚，但其介入以生产要素为主导的国际分工时机并不晚。中国可以通过培训人才，技术输出和劳务输出等方式，向各国提供更多的人才、技术和设备，也可将中国改革开放以来的发展经验作为各国的借鉴，携手各国共同应对金融风险。

在共建"一带一路"区域贸易结构中，中间品贸易占比高达61%左右。这反映了生产网络和国际分工的新变化：广大发展中国家逐渐有机会走出依靠单一资源出口或锁定于低端产业的困境，通过建立自身工业基础，获得制造能力和产业水平的提升。"一带一路"倡议营造良好的经贸环境，促进各国融入新型公平的全球分工模式。"一带一路"倡议包括中蒙俄经济带、新亚欧陆桥经济带、中（国）南（亚）西亚经济带和海上战略堡垒四条路线。随着公路、铁路、海路以及网络通信设施不断建设，古丝绸之路上的现代商队正在形成和壮大。"一带一路"在突破内陆沿边地区贸易投资局限性的同时，推动本地贸易、离岸贸易、电子商务等多种贸易模式，营造出良好的贸易环境。吸引国内及全球最优秀的采购网络、分销网络、结算体系，与沿线国家企业和个人一道，共同扩大双向贸易和投资规模。①

"一带一路"倡议以增进区域互联互通，为各国参与分工创造条件。目前，"一带一路"沿线国家之间的交通基础设施互联互通性能差。特别是处在极端主义势力范围的西亚地区，基础设施建设十分落后。通路、通航成为"一带一路"倡议的突破口。中国需要发挥其在基础设施领域具备世界竞争力的施工建设能力，以拉动新兴市场国家和欠发达国家的基础设施建设带动全球增长，为各国参与国际分工创造必要的条件。

现代交通与通信的进步能够突破隔离，正如其他技术进步能减轻甚至消除某些对经济与社会发展构成障碍的地理因素。②冲破空间的地理限制，才能真正地连接不同发展模式的经济社会，形成互动活动，让地球成为地球村，地理上面的点连成线进而形成"唯一的世界性的网"。③19 世纪是"欧洲及世界其他地区最兴盛的铁路建设时代"④，铁路技术的改变和铁路里程的升级变长，已经完全改

---

① 张燕生：《"一带一路"建设有利于世界和谐发展》，《中国经济周刊》2014 年第 2 期。

② ［美］托马斯·索维尔：《财富、贫穷与政治》，孙志杰译，浙江教育出版社 2021 年版，第 19 页。

③ ［美］约翰·R. 麦克尼尔、威廉·H. 麦克尼尔：《人类之网：鸟瞰世界历史》，王晋新译，北京大学出版社 2011 年版，第 18 页。

④ ［美］龙多·卡梅伦、拉里·尼尔：《世界经济简史：从旧石器时代到 20 世纪末》，潘宁等译，上海译文出版社 2009 年版，第 209 页。

变了地区经济发展的区位条件，促进了国际分工的调整，为市场经济的世界性发展奠定了物质基础条件。铁路的出现不仅让全球的生产和销售更紧密联结在了一起，同时有效地促进了工业生产的几大支柱产业，如铁、煤、木材、砖和机器行业。"一带一路"倡议"致力于构建以经济走廊为引领，以大通道和信息高速公路为骨架，以铁路、公路、机场、港口、管网为依托，涵盖陆、海、天、网的全球互联互通网络，有效促进了各国商品、资金、技术、人员的大流通，推动绵亘千年的古丝绸之路在新时代焕发新活力"。[①] 作为共建"一带一路"旗舰项目和标志性品牌，中欧班列开创了亚欧国际运输新格局，搭建了经贸合作新平台，有力保障了国际产业链供应链稳定，为世界经济发展注入新动力。[②]

3. "一带一路"倡议促进完善全球治理结构

20世纪90年代至今，世界发展呈现"经济全球化"和"区域集团化"的趋势。以信息技术为基础的新技术革命带动全球经济大发展。1995年世界贸易组织开始运转，欧洲联盟、北美自由贸易区和亚太经合组织等经济集团出现。中国超越日本成为世界第二大经

---

① 习近平：《建设开放包容、互联互通、共同发展的世界——在第三届"一带一路"国际合作高峰论坛开幕式上的主旨演讲》，《人民日报》2023年10月19日。

② 周学仁、张越：《国际运输通道与中国进出口增长——来自中欧班列的证据》，《管理世界》2021年第4期。

济体，以及金砖国家的崛起引发世界经济格局重新洗牌。"在后西方国际体系中，国际政治权力正在东移，以金砖国家为代表的新兴大国的群体性崛起，标志着东方正在回归国际体系的中心。世界正在走向一个没有霸权、力量相对均衡的国际秩序。"①

现在全球公共领域很多问题正成为全球发展的最大难题，国际的气候变化、环境污染、资源减少等公共问题更是难以共商共议。"一带一路"倡议在实施过程中，中国不仅致力于在资源、经济领域实现合作突破，也致力于在公共领域实现合作突破，体现出全球发展的大国担当和大国责任。英国社会学家马丁·阿尔布劳认为，共建"一带一路"最大的特点是坚持不懈地将各种相关的理论创意与解决人类面临的实际问题密切结合。全球治理应该符合变化了的世界政治经济格局，顺应和平发展合作共赢的历史趋势，满足应对全球性挑战的现实需要。正如习近平主席在博鳌亚洲论坛 2021 年年会开幕式上的视频主旨演讲中指出："共建'一带一路'追求的是发展，崇尚的是共赢，传递的是希望。"②

中国与共建国家、国际组织积极构建多层次政策沟通交流机制，在发展战略规划、技术经济政策、管理规则和标准等方面发挥政策

---

① 张建新:《后西方国际体系与东方的兴起》,《世界经济与政治》2012 年第5 期。

② 习近平:《同舟共济克时艰，命运与共创未来——在博鳌亚洲论坛 2021 年年会开幕式上的视频主旨演讲》,《人民日报》2021 年 4 月 20 日。

协同效应，共同制订推进区域合作的规划和措施，为深化务实合作注入了"润滑剂"和"催化剂"，共建"一带一路"日益成为各国交流合作的重要框架。[①]

在全球层面，2016年11月，在第71届联合国大会上，193个会员国一致赞同将"一带一路"倡议写入联大决议；2017年3月，联合国安理会通过第2344号决议，呼吁通过"一带一路"建设等加强区域经济合作；联合国开发计划署、世界卫生组织等先后与中国签署"一带一路"合作协议。在世界贸易组织，中国推动完成《投资便利化协定》文本谈判，将在超过110个国家和地区建立协调统一的投资管理体系，促进"一带一路"投资合作。

在区域和多边层面，共建"一带一路"同联合国2030年可持续发展议程、《东盟互联互通总体规划2025》、东盟印太展望、非盟《2063年议程》、欧盟欧亚互联互通战略等有效对接，支持区域一体化进程和全球发展事业。在双边层面，共建"一带一路"与俄罗斯欧亚经济联盟建设、哈萨克斯坦"光明之路"新经济政策、土库曼斯坦"复兴丝绸之路"战略、蒙古国"草原之路"倡议、印度尼西亚"全球海洋支点"构想、菲律宾"多建好建"规划、越南"两廊一圈"、南非"经济重建和复苏计划"、埃及苏伊士运河走廊开发计划、沙特"2030愿景"等多国战略实现对接。

---

① 国务院新闻办公室：《共建"一带一路"：构建人类命运共同体的重大实践》白皮书，2023年10月10日。

　　"一带一路"倡议是在世界经济低迷不振的时代，作为世界经济增长火车头的中国，将自身的产能优势、技术与资金优势、经验与模式优势转化为市场与合作优势，实行全方位开放的重大战略举措。中国通过"一带一路"建设让非洲和全世界共同分享中国改革发展红利、中国发展的经验和教训，体现了中国在促进世界发展进程中的责任和担当。中国提出"一带一路"倡议，可以更好地推动沿线国家间实现合作与对话，建立更加平等均衡的新型全球发展伙伴关系，夯实世界经济长期稳定发展的基础。共建"一带一路"倡议有利于加速沿线经济一体化进程，具体表现为：促进资源在更宽泛、更合理的地域内配置；在"一带一路"倡议的统一大市场基础上，产生多边经济组织（如亚洲基础设施投资银行），实现区域经济的互联互通；通过促进金融、生产、贸易服务、技术、人才和劳务等各种生产要素在沿线流动，强化经济主体的联系；促进各国经济主权的无形削蚀和有形让渡；带动市场经济体制和市场规则的普遍适行，表现为各国经济组织主体对宏观的多边制度安排和微观的国际惯例的普遍认同和接受；"一带一路"倡议带动中亚、西亚、南亚、东南亚共同发展，辐射非洲地区，强化欧洲经济圈和东亚经济圈联系。

　　"数字丝绸之路"倡议作为中国在数字经济时代提出的推动全球共同发展的重要举措，是数字基础设施、数字技术等与"一带一路"倡议的有机结合。"数字丝绸之路"建设坚持创新驱动发展，旨在加强沿线各国在数字经济、人工智能、纳米技术、量子计算机等前沿领域的合作，切实推动大数据、云计算、智慧城市等相关项目的建设，赋予了"一带一路"倡议新的时代内涵。数字丝绸之路在世界不断延展，为广大发展中国家创造了推进工业化和信息化协同发展的新机遇。中菲 4G/5G 通信基站项目使菲律宾成为东南亚首个开通 5G 网络的国家；中非合作建设的无线站点及高速移动宽带网络帮助非洲 600 万家庭实现宽带上网。从巴基斯坦的港口运营到缅甸的土地规划再到文莱的智慧旅游，北斗卫星系统为共建"一带一路"国家产业赋能。

中共十八大以来，中国积极牵头搭建多边合作平台，推动世界同步发展，加快全球减贫进程，更加有效地促进广大发展中国

表 5 "一带一路"沿线地区优化数字发展环境的具体措施

涉及地区	具体措施
亚洲	中国与老挝共同成立了"一带一路"数字产业学院；吉尔吉斯斯坦实施了"数字游牧民族"试点项目；中国与泰国共同举办了"泰国人才转型研讨会"；新加坡颁布了《数字化就绪蓝图》；中国提出了《全球数据安全倡议》；中国与阿拉伯国家联盟签署并发表了《中阿数据安全合作倡议》；中国丝路集团、联合国贸发会议共同发起了"丝路之舟"项目（DODR）
非洲	非盟出台了《非洲数字化转型战略（2020—2030）》；加强数字技能培训；印度与非洲合作共建泛非电子网络计划；肯尼亚探索建设非洲数字中心
欧洲	中国与匈牙利签订了《关于加强数字经济领域投资合作的谅解备忘录》；意大利推出新型数字银行；欧盟设立了网络安全技能学院

资料来源：王业斌、高慧彧、郭磊：《"数字丝绸之路"的发展历程、成就与经验》，《国际贸易》2023 年第 10 期。

家交流分享中国的减贫经验。中国先后提出共建丝绸之路经济带和 21 世纪海上丝绸之路，倡议筹建亚洲基础设施投资银行，设立丝路基金。这些举措就是支持更多发展中国家开展基础设施互联互通建设，帮助更多发展中国家增强自身发展能力，更好融入全球供应链、产业链、价值链，为国际减贫事业注入新活力。10 多年来，科技创新推动"一带一路"成为合作共赢之路，共建项目取得丰硕成果、惠及亿万民众。在中国和埃及共建的国际联合节水灌溉实验室项目中，来自中国的先进节水灌溉系统，为埃及农业发展面临的高温干旱、水资源短缺问题提供了有效解决方案。中国和印尼合作建设的雅万高铁项目，不仅运用了大量来自中国的先进技术，还为印尼培养了数千名相关技术人员，形成了印尼未来铁路发展的重要人才支撑。实践证明了科技创新在"一带一路"建设中的引领和支撑作用，也吸引了越来越多合作伙伴加入"创新丝绸之路"。

　　"一带一路"倡议是中国为全球经济治理提供的公共产品，为全球经济治理体系贡献了新模式，体现了全球经济治理中的中国智慧和中国贡献，更体现了新型全球经济治理的包容性和普惠性。通过搭建起一个开放、包容、共享的合作平台，"一带一路"建设为经济全球化带来了发展新理念，打造出了世界经济的发展新机制，可以更好地汇聚各方面力量，合力共同应对全球化进程中的各种挑战，有助于推动经济全球化健康发展，让各国人民共享发展成果。在捷克前总理伊日·帕鲁贝克看来，一个全新的全球经济和政治秩序正在形成，"一带一路"将是促成这种秩序的因素之一。①

"一带一路"建设跨越不同地域、不同文化、不同发展阶段，坚持共商、共建、共享原则，推动优势互补和协同发展，填补了全球化中的"洼地"和"鸿沟"，既可以更好地解决各国发展不平衡、国际合作碎片化的问题，又可以强化多边合作机制，加强相关国家的沟通，并带动更多国家和地区参与共建，体现了主动性、平等性、参与性和共享性，这也是"一带一路"倡议获得广泛共识的深层原因。

二、全球化的新理念与新模式：人类命运共同体

当前新自由主义所主导的全球生产关系已经严重阻碍全球生产力的发展，突出表现为全球生产社会化与生产资料为国际垄断资本集团所垄断的矛盾；国际垄断资本所主导的全球社会上层建筑也严重阻碍全球生产关系的调整变革，西方发达国家集团继续维持主导不公正不合理的国际政治经济秩序。新自由主义全球化已经深陷困境而无法自拔，资本主义全球化进程也正在迎来自我的否定与终结。新自由主义全球化正在缓缓落幕，人类命运共同体应运

---

① 《互学互鉴的沃土合作对接的桥梁互利共赢的纽带——来自"一带一路"国际智库合作委员会的报告》，新华社 2019 年 4 月 29 日。

而生。

推动构建人类命运共同体是对过去 500 年来西方全球化的历史经验和教训的深刻反思和全面总结，是推进经济全球治理和世界经济合作的新理念、新模式。"推动构建人类命运共同体"概念的提出产生了两个重要的贡献：一方面揭示了当前全球化过程中以新自由主义作为指导思想所产生的一些负面问题，诸如南南问题、发展两极化问题不但没有缩小，而且正在变得日益严重；另一方面，"推动构建人类命运共同体"所展示出的新型全球经济治理观，可以更好改变原有全球化发展趋势，引导新型全球化走向更公平、更和谐的发展道路。

1. 人类命运共同体是全球化发展新理念

2013 年 3 月，习近平在当选中国国家主席后首次出访俄罗斯时指出："这个世界，各国相互联系、相互依存的程度空前加深，人类生活在同一个地球村里，生活在历史和现实交汇的同一个时空里，越来越成为你中有我、我中有你的命运共同体。"[①] 这是构建人类命运共同体倡议的首次提出。2015 年在以"亚洲新未来：迈向命运共同体"为主题的博鳌亚洲论坛上，习近平主席在演讲中主张"共同营造对亚洲、对世界都更为有利的地区秩序，通过迈向亚洲命

---

① 习近平：《顺应时代前进潮流　促进世界和平发展——在莫斯科国际关系学院的演讲》，《人民日报》2013 年 3 月 24 日。

运共同体，推动建设人类命运共同体"。①2015 年 9 月，在第七十届联合国大会一般性辩论时，习近平主席再次强调："我们要继承和弘扬联合国宪章的宗旨和原则，构建以合作共赢为核心的新型国际关系，打造人类命运共同体。"②

当前以美国为首的国际垄断资本在全球范围内对市场权力的无限追逐成为制约世界各国真正走向和平发展道路的根本障碍，世界和平与发展面临前所未有的挑战。在此背景下，作为负责任的发展中大国，中国从人类共同命运和整体利益出发，提出构建人类命运共同体，建设一个持久和平、普遍安全、共同繁荣、开放包容、清洁美丽的世界，为人类未来勾画了新的美好愿景。中共二十大报告进一步指出："构建人类命运共同体是世界各国人民前途所在。万物并育而不相害，道并行而不相悖。"③

囿于一域的国家建构和政治制度设计并非国家治理全部内容，超越民族、超越国家的"天下为公、四海一家"的人类命运共同体打造亦是其题中之义。人类命运共同体作为中国极力倡导之理念，发轫于中国古代"天下大同"的世界情怀和共治目标；发生于全球

---

① 习近平：《迈向命运共同体 开创亚洲新未来——在博鳌亚洲论坛 2015 年年会上的主旨演讲》，《人民日报》2015 年 3 月 29 日。

② 习近平：《携手构建合作共赢新伙伴 同心打造人类命运共同体——在第七十届联合国大会一般性辩论时的讲话》，《人民日报》2015 年 9 月 29 日。

③ 习近平：《高举中国特色社会主义伟大旗帜 为全面建设社会主义现代化国家而团结奋斗——在中国共产党第二十次全国代表大会上的报告》，人民出版社 2022 年版，第 62 页。

非常态化危机处置和科技革命发展问题应对的合作践诺。古代先贤已有"达则兼济天下"的共享理念；"先天下之忧而忧，后天下之乐而乐"的济世忧怀意识；"幼吾幼以及人之幼，老吾老以及人之老"的互助情怀；"各美其美，美人之美，美美与共，天下大同"的世界人文关切。正是中华优秀传统文化的浇铸，命运共同体意识才得以从民族命运共同体、国家命运共同体、区域命运共同体到人类命运共同体的嬗进转变。[①]

推动构建人类使命共同体区别于当前以新自由主义经济理论支撑的传统全球化，并且在理论和实践层面上实现了超越，更有利于世界经济平衡发展，更有利于发展中国家更好发展，从而超越了新自由主义全球化发展的思想和理论范式，有助于解决当下经济全球化发展进程中存在的诸多问题。人类命运共同体理念与新自由主义思想下的全球化发展观相比，表现出三个方面的区别和特点，即讲究正确的义利观，强调共同现代化，以正和博弈作为发展合作的前提。

第一，推动构建人类命运共同体，强调正确的义利观。推动构建人类使命共同体，其本质含义在于摆脱西方经济学"以资本自我增殖为核心"的发展目标，让资本在关键时刻摆脱自我增殖的本能，而围绕实现其他更重要的发展目标而运转，做到有所取舍，这个

---

① 马忠才：《中华文明的和平性：人类命运共同体理念的文化底色》，《中央民族大学学报（哲学社会科学版）》2023 年第 4 期。

"更重要"的发展目标，就是更好体现全体人民的整体利益，而在国际上就体现为"道义"。习近平主席在第七十届联合国大会上的讲话中表示："大国与小国相处，要平等相待，践行正确义利观，义利相兼，义重于利。"① 中国的正确义利观是人类命运共同体理念超越新自由主义丛林法则式竞争思想，引领开展新型全球化和全球治理的重要理念。

第二，推动构建人类命运共同体，本质上是全球共同的现代化。一方面，在新型全球化过程中，各国根据自身实际选择符合国情的现代化道路。各国实践发展证明，现代化不是西方化，现代化更没有标准答案，任何模仿和复制现代化道路都不会成功。同时，中国也会通过自身的发展，为各国探索现代化提供更多发展经验借鉴。中国不是独善其身的"专车"，而是世界发展的"顺风车"，更是人类进步的"快车"。中国好，世界会好；世界好，中国会更好。中国发展成功的愿景就是让各国现代化能够实现协同发展、共同进步；另一方面，现代化是全球化视角的现代化，现代化的理论也应该包括将世界视为一个整体，实现共同现代化的道路。这相比于各国各地区单独实现现代化而言，有了更高的要求，需要以更为包容的理念推进现代化进程。中国现代化是符合自身特点的现代化，可以为更多发展中国家提供发展借鉴，更有利于推进全球整体现代化。

第三，推动构建人类命运共同体，就是破除各国家发展和竞争

---

① 《习近平谈治国理政》第 2 卷，外文出版社 2017 年版，第 523 页。

的零和博弈，形成国家间发展竞合的正和博弈，全球化进程中的发展问题应该通过发展来解决。构建人类命运共同体既是"新发展理念"在世界经济发展中的延伸，更是"发展是解决一切问题的基础和关键"理念在国际上的运用，是对世界经济发展贡献的中国智慧。它不同于当前全球化竞争中所表现出来"赢者通吃"的旧理念，而是吸收了新发展理念中的五大发展思路，强调国际合作中创造新增长点，做大蛋糕；提出要构建公正、合理、透明的国际经贸投资规则体系，协调好各方利益；发展过程中不要过度透支生态环境，维护全人类的共同家园；与各国携手创造开放发展的国际环境，反对逆全球化与保护主义措施抬头；共享发展成果，在"分蛋糕"的过程中注意平衡资本利益和劳动利益、发达国家利益和发展中国家利益、跨国资本收益和本土发展收益。

近年来，中国提出"一带一路"倡议，也是对人类命运共同体理念最好的体现，"中国坚持对外开放的基本国策，坚持打开国门搞建设，积极促进'一带一路'国际合作，努力实现政策沟通、设施联通、贸易畅通、资金融通、民心相通，打造国际合作新平台，增添共同发展新动力。加大对发展中国家特别是最不发达国家援助力度，促进缩小南北发展差距。中国支持多边贸易体制，促进自由贸易区建设，推动建设开放型世界经济。"[1] "一带一路"倡议和人类命

---

① 习近平：《决胜全面建成小康社会　夺取新时代中国特色社会主义伟大胜利——在中国共产党第十九次全国代表大会上的报告》，人民出版社 2017 年版，第60 页。

运共同体共同秉承"创新、协调、绿色、开放、共享"的发展观念，所弘扬共商共建共享和合作共赢的全球治理理念也是对西方"国强必霸"和"弱肉强食"法则的全面超越，使得新时期的全球治理不再是由少数大国的角逐场和利益分赃场，而是多数国家都能够平等的参与全球治理，是中国古代"天下大同"和"和而不同，求同存异"思想的写照，也是为解决世界问题贡献了中国智慧。

人类命运共同体是破解资本主义全球化的难题与困境，建设更加公正合理的国际政治经济秩序，调整全球社会上层建筑的中国机遇。人类命运共同体是变革原有资本主义全球化模式，构建开放、包容、普惠、平衡、共赢的全球化，构建新型全球生产关系的中国方案。人类命运共同体是促使生产关系与生产力协调一致，推动全球生产力更快更高发展的中国理念。自 2013 年习近平总书记首次提出人类命运共同体倡议以来，人类命运共同体理念从中国倡议上升为世界共识，由美好理念落实为现实行动，以"一带一路"建设为实践平台的人类命运共同体理念，正在世界落地生根。一带一路从谋篇布局的"大写意"到精谨细腻的"工笔画"，越来越多的发展机会和成果正在惠及整个世界。①

新自由主义资本主义已然失败，资本主义制度正日渐式微。当前世界正处于新一轮科技革命和产业变革的前奏，正经历新一轮的大发展大变革大调整，人类正面临百年未有之大变局。人类命运共

---

① 钟声：《共同绘制精谨细腻的"工笔画"》，《人民日报》2019 年 4 月 18 日。

同体理念站在世界历史发展进程的高度，着眼全人类的共同利益福祉，汇聚人类共同价值最大公约数；贡献破解全球难题的中国方案、解答世纪之问"人类向何处去"的中国理念与构建世界持久和平与繁荣发展的中国智慧。人类命运共同体理念正在昭示人类发展进步的光明未来。

2. 人类命运共同体凸显"共商共建共享"

2015 年习近平主席在纪念联合国成立 70 周年大会上发表题为《携手构建合作共赢新伙伴 同心打造人类命运共同体》的讲话；2017 年 2 月"构建人类命运共同体"被联合国社会发展委员会写入联合国决议；2017 年 10 月人类命运共同体被写入《中国共产党章程》；2017 年 12 月中国共产党与世界政党高层对话会上，习近平总书记对人类命运共同体做出了进一步的解读："人类命运共同体，顾名思义，就是每个民族、每个国家的前途命运都紧紧联系在一起，应该风雨同舟，荣辱与共，努力把我们生于斯、长于斯的这个星球建成一个和睦的大家庭，把世界各国人民对美好生活的向往变成现实。"① 由此人类命运共同体成为我国处理外交和全球治理理论实践的压舱石，表明中国的全球治理观已经逐步形成，为深化全解互利共赢合作和沟通解决全球治理难题提供了中国智慧。

---

① 习近平：《携手建设更加美好的世界——在中国共产党与世界政党高层对话会上的主旨讲话》，《人民日报》2017 年 12 月 2 日。

以共商共建共享方式推进新型全球化，可以更好地解决当前面临的全球治理困境，促进全球经济繁荣发展。要实现更好的全球治理，稳定全球化的大局，关键在于能否让大多数国家实现更好的发展，消除经济发展成果在国际合作中分配过程中普遍存在不公平的状况。从全球化经济发展的角度而言，共商、共建、共享各有其意义所在。

首先，以共商的原则，推动新型全球化下的国际经贸合作，有利于达成合作共识。构建人类命运共同体的全球化发展目标，要求在国际经济发展合作过程中做到包容可持续。而各国各地区甚至各文明之间，经济情况和文化、制度背景复杂多样，同时在西方发达国家领导的全球化进程中，不同制度环境和文化背景的国家之间差距也还在不断扩大，分歧也呈现扩大的趋势。在这种情况下开展国际合作，十分有必要通过多方共商，以消除文化之间的冲突与分歧，减轻国家与地区之间信息的不对称，从而降低合作开展的交易成本，并在最终形成共识，找到共同利益，应对共同挑战。

其次，坚持共建的原则开展国际合作。习近平总书记指出："全球经济治理应该以平等为基础，更好反映世界经济格局新现实，增加新兴市场国家和发展中国家代表性和发言权，确保各国在国际经济合作中权利平等、机会平等、规则平等。"[1] 这意味着在共建原则

---

[1] 《习近平关于社会主义经济建设论述摘编》，中央文献出版社 2017 年版，第 303 页。

下，合作双方在经济关系中是平等的，一些发展中国家尤其是欠发达国家，可以借此机会，在合作中发掘或构建出自身新的比较优势或要素禀赋，实现更为全面的国内产业格局和更独立自主的经济发展模式。

坚持各方共同参与，深度对接有关国家和区域发展战略，充分发掘和发挥各方发展潜力和比较优势，共同开创发展新机遇、谋求发展新动力、拓展发展新空间，实现各施所长、各尽所能，优势互补、联动发展。[①] 通过双边合作、第三方市场合作、多边合作等多种形式，鼓励更多国家和企业深入参与，形成发展合力。遵循市场规律，通过市场化运作实现参与各方的利益诉求，企业是主体，政府主要发挥构建平台、创立机制、政策引导的作用。中国发挥经济体量和市场规模巨大，基础设施建设经验丰富，装备制造能力强、质量好、性价比高以及产业、资金、技术、人才、管理等方面的综合优势，在共建"一带一路"中发挥了引领作用。

最后，坚持共享原则，是保障新型全球化进程中世界经济长期和谐稳定的重要内容。换言之，就是社会中所有生产者的消费总和，小于由他生产出来产品的总和，因为一部分剩余价值为生产资料所有者所占有，所以社会上的总工资永远买不起全部的产品。这种供给与消费之间的不对称，是一个经济体内爆发经济危机的根本原因

[①] 国务院新闻办公室：《共建"一带一路"：构建人类命运共同体的重大实践》白皮书，2023 年 10 月 10 日。

所在，虽然可以通过金融手段跨期配置资源来进行短暂的平衡，但是只能治标而无法治本。

传统的全球化以形成于资本主义市场经济的新自由主义思想作为指导，更放大了经济危机在全球层面发生的可能性和破坏力。具体体现在国家层面上，发达国家以跨国资本为桥梁、以利润为中心、以输出自由主义思想和经济政策为手段，在一些发展中经济体内部攻城略地，尽最大可能地提取剩余价值，造成很多发展中国家持续"失血"，使得这些发展中国家在本国内部资本难以积累的同时，在世界市场上的购买力也始终不足。这种情况与资本主义经济体内部经济危机产生的原因是极为类似的，最终的结果也必然是导致世界市场上的购买力不足而生产过剩，爆发世界级经济危机，伤害到世界经济的和谐与稳定。

而"共享"作为一种更为公平的发展成果分配理念，则给解决这一问题创造了希望。因为坚持共享原则，要求各国在发展成果的分配上要有"义利观"，以更为公平的方式，按照合作双方贡献的多少进行合作成果的分配。这样有助于大多数弱势经济体在国际发展过程中增强自身的造血能力，也在总体上增强了对世界市场上产品的消费能力，降低了经济运行产生危机的可能性，最终有利于世界上所有参与新型全球化的国家获得一个良好的外部发展环境。

资本主义全球化构筑的是不平等的、霸权主义的国际秩序，无法解决人类命运问题。习近平主席指出："推动构建人类命运共同体，不是以一种制度代替另一种制度，不是以一种文明代替另一文明，而是不同社会制度、不同意识形态、不同历史文化、不同发展水平的国家在国际事务中利益共生、权利共享、责任共担，形成共建美好世界的最大公约数。"① 以"共商共建共享"新理念推动构建人类命运共同体，可以突破西方主流经济学理论给全球化带来的诸多问题。事实上，传统西方主流经济学理论已经无法满足实现以人类命运共同体为目标的新型全球化需求。而"共商共建共享"发展新理念，在很大程度上超越了基于比较优势理论和要素禀赋理论的传统国际经济学。同时，坚持以"共商共建共享"的新理念推动新型全球化，将从根本上改变传统全球化发展的模式，并将逐渐改变原本传承自殖民时代分工习惯的全球化发展布局，为稳步实现人类命运共同体提供理念支撑，更好为全球经济平衡发展创造出良好的外部环境。

3. 人类命运共同体开拓当代中国马克思主义政治经济学新境界

马克思指出："一切社会变迁和政治变革的终极原因……不应当到有关时代的哲学中去寻找，而应当到有关时代的经济中去寻找。"② 习近平总书记强调："马克思主义政治经济学是马克思主义的

---

① 习近平：《在中华人民共和国恢复联合国合法席位 50 周年纪念会议上的讲话》，《人民日报》2021 年 10 月 26 日。

② 《马克思恩格斯选集》第 3 卷，人民出版社 2012 年版，第 797—798 页。

重要组成部分，也是我们坚持和发展马克思主义的必修课。"① 针对当前全世界范围内的各种经济学流行泛滥的情况，以及国内理论界关于中国经济学的各种议论，习近平总书记说："现在，各种经济学理论五花八门，但我们政治经济学的根本只能是马克思主义政治经济学，而不能是别的什么经济理论。"②

在《德意志意识形态》手稿中，马克思和恩格斯认为由于资本主义生产方式在世界范围的蔓延，世界性的殖民活动和商业贸易，已经打破传统的民族国家的界限，使得跨越民族和国家界限的世界性交往成为普遍现象。由此而"首次开创了世界历史，因为它使每个文明国家以及这些国家中的每一个人的需要的满足都依赖于整个世界，因为它消灭了各国以往自然形成的闭关自守的状态"；这时，"人们的世界历史性地而不是地域性的存在同时已经是经验的存在了"。③

面对 21 世纪世界历史新的进程，习近平对马克思世界历史理论作出新的探索。2018 年 5 月，在纪念马克思诞辰 200 周年大会上的讲话中，习近平总书记把人类命运共同体理念看作是马克思、恩格斯世界历史理论在当代的赓续。习近平总书记提出："马克思、恩格斯说：'各民族的原始封闭状态由于日益完善的生产方式、交往以及

---

① ② 习近平：《不断开拓当代中国马克思主义政治经济学新境界》，《求是》2020 年第 16 期。

③ 《马克思恩格斯文集》第 1 卷，人民出版社 2009 年版，第 538 页。

因交往而自然形成的不同民族之间的分工消灭得越是彻底，历史也就越是成为世界历史。'马克思、恩格斯当年的这个预言，现在已经成为现实，历史和现实日益证明这个预言的科学价值。今天，人类交往的世界性比过去任何时候都更深入、更广泛，各国相互联系和彼此依存比过去任何时候都更频繁、更紧密。"①

当今世界历史的"问题意识"的聚焦点就在于："我们要站在世界历史的高度审视当今世界发展趋势和面临的重大问题，坚持和平发展道路，坚持独立自主的和平外交政策，坚持互利共赢的开放战略，不断拓展同世界各国的合作，积极参与全球治理，在更多领域、更高层面上实现合作共赢、共同发展，不依附别人、更不掠夺别人，同各国人民一道努力构建人类命运共同体，把世界建设得更加美好。"②

习近平总书记在深刻分析经济全球化本质和科学揭示逆全球化根本原因的基础上，明确提出"推动经济全球化朝着更加开放、包容、普惠、平衡、共赢的方向发展"③。构建人类命运共同体和"一带一路"倡议回应了经济全球化向何处去的时代之问，以人类命运共同体理念引领全球经济发展模式和合作模式，为新型经济全球化

①　习近平：《在纪念马克思诞辰 200 周年大会上的讲话》，人民出版社 2018 年版，第 22 页。

②　习近平：《在纪念马克思诞辰 200 周年大会上的讲话》，人民出版社 2018 年版，第 22—23 页。

③　《习近平谈治国理政》第 3 卷，外文出版社 2020 年版，第 46 页。

的发展方案奠定了物质基础和民意认同。[①]

马克思主义的"共同体"思想本质上是关于人如何实现解放和自由发展的学说，认为"只有在共同体中，个人才能获得全面发展其才能的手段，也就是说，只有在共同体中才可能有个人自由"。[②]马克思根据人类社会发展的不同阶段概括了"共同体"的发展形态，包括自然形成的共同体——抽象共同体和虚幻共同体——真正共同体，认为"代替那存在着阶级和阶级对立的资产阶级旧社会的，将是这样一个联合体，在那里，每个人的自由发展是一切人的自由发展的条件"。[③]因此，人类命运共同体理念与马克思主义"共同体"思想均超越民族国家和意识形态的限制，反映了全人类共同价值追求，具有高度的契合性。

习近平总书记在庆祝中国共产党成立100周年大会上的讲话中提出："坚持把马克思主义基本原理同中国具体实际相结合、同中华优秀传统文化相结合。"[④]中华优秀传统文化的资源"是中国特色哲学社会科学发展十分宝贵、不可多得的资源"[⑤]，中国特色社会主

---

① 周文、施炫伶：《论习近平经济思想的丰富内涵与世界意义》，《理论月刊》2023年第10期。

② 《马克思恩格斯选集》第1卷，人民出版社2012年版，第199页。

③ 《马克思恩格斯选集》第1卷，人民出版社2012年版，第422页。

④ 习近平：《在庆祝中国共产党成立100周年大会上的讲话》，人民出版社2021年版，第13页。

⑤ 《习近平关于社会主义文化建设论述摘编》，中央文献出版社2017年版，第82页。

义政治经济学也不例外。要更加注重挖掘和提炼中华优秀传统文化的精华，并进行"创造性转化、创新性发展"。① 人类命运共同体理念继承和发展了马克思主义的共同体思想，也融合了儒家"天人一体"的宇宙情怀、"天下一家"的人类情怀和"中和之道"的协调智慧。② "合作发展"理念建立在"共商"和"共建"的基础之上，强调通过保障发展过程中的平等参与、水平合作来实现发展成果的共享。威斯特伐利亚体系形成以来，国际关系由西方国家主导，以强权为国际政治准则，以殖民和掠夺为工具，以社会达尔文主义为理念，形成了中心与边缘的体系结构。与西方中心主义不同，人类命运共同体理念强调以合作共赢为核心，在政治上倡议平等和尊重、在经济上主张互惠互利、在文化上倡导和而不同。

人类命运共同体理念的形成，是以当今世界正在经历的新一轮科学技术和经济政治格局的大发展大变革大调整、人类面临的众多不稳定不确定经济政治社会因素为背景的。2013 年 3 月，在俄罗斯国际关系学院发表的题为《顺应时代前进潮流，促进世界和平发展》的演讲中，习近平主席作出了"我们所处的是一个风云变幻的时代，面对的是一个日新月异的世界"的重要论断，阐释了人类命运共同

---

① 习近平：《在纪念孔子诞辰 2565 周年国际学术研讨会暨国际儒学联合会第五届会员大会开幕会上的讲话》，《人民日报》2014 年 9 月 25 日。

② 邵发军：《习近平"人类命运共同体"思想及其当代价值研究》，《社会主义研究》2017 年第 4 期。

体政治经济学"问题意识"缘由所在。[①] 人类命运共同体将马克思的世界历史理论运用于认识当代世界现实，而且把蕴含其中的价值观落实到当代世界的国际交往实践中[②]，探索出一条不同文明、不同发展模式的并存发展之道，书写了马克思世界历史理论的新篇章。

从"一带一路"倡议到人类命运共同体构建，其逻辑主线是从适应外部发展环境的深刻变化到积极参与和引领全球经济治理体系变革。

推动构建人类命运共同体，是革新强权独霸、零和博弈的全球治理新主张，是对"中国威胁论""中国崩溃论""中美无法避免修昔底德陷阱"等误解误判的正面回应，是向世界宣告中国致力于"建设持久和平、普遍安全、共同繁荣、开放包容、清洁美丽的世界"的责任担当。[③] 因此，推动构建人类命运共同体是为全球治理体系朝着更加公正合理的方向发展贡献中国方案和中国智慧。正如习近平主席 2015 年在巴基斯坦议会上演讲时指出："中国将坚持合作共赢的理念，坚定不移发展同世界各国的友好合作，坚持按照亲诚惠容的理念，深化同周边国家的互利合作，努力使自身发展更好惠及周边国家，永远做发展中国家的可靠朋友和真诚伙伴。中国将坚定不移奉行互利共赢的开放战略，全面推进对外开放，发展开

---

① 习近平：《论坚持推动构建人类命运共同体》，中央文献出版社 2018 年版，第 5 页。

② 顾海良：《人类命运共同体政治经济学初探》，《教学与研究》2022 年第 4 期。

③ 《十九大以来重要文献选编》(上)，中央文献出版社 2019 年版，第 41 页。

放型经济体系，努力为亚洲和世界发展带来新的机遇和空间。"①

推动构建人类命运共同体，从理论和实践两个层面科学回答了在当今经济全球化条件下世界经济发展进程中所遭遇的一系列问题，为破解当前全球化经济发展面临的世界难题，消除世界范围内新的不平等不平衡的矛盾提供了中国方案，为发展马克思主义政治经济学作出了创造性的理论贡献。

三、更高水平对外开放新方略

在经济全球化加速推进、全球治理体系大变革大调整的时代，不同文明的交流碰撞达到前所未有的广度和深度，经济全球化和信息科技的革新拓展了不同地域、不同国家、不同民族之间的文明交流互鉴之路。习近平总书记指出，"文明因多样而交流，因交流而互鉴，因互鉴而发展"②，"不同文明要取长补短、共同进步，让文明交流互鉴成为推动人类社会进步的动力、维护世界和平的纽带"③。秉持包容精神，就能"以文明互鉴超越文明冲突"④。

---

① 习近平：《构建中巴命运共同体　开辟合作共赢新征程——在巴基斯坦议会的演讲》，《人民日报》2015 年 4 月 22 日。
② 《习近平谈治国理政》第 3 卷，外文出版社 2020 年版，第 468 页。
③ 《习近平谈治国理政》第 2 卷，外文出版社 2017 年版，第 544 页。
④ 《习近平谈治国理政》第 3 卷，外文出版社 2020 年版，第 441 页。

1. 以全球发展倡议为发展中国家现代化提供新可能

在世界百年未有之大变局与新冠肺炎疫情全球大流行相互交织的背景下，习近平主席在 2021 年 9 月出席第 76 届联合国大会一般性辩论时提出了全球发展倡议。之后，习近平主席在不同场合围绕全球发展倡议发表了一系列重要论述，使该倡议在全球范围内广泛传播，获得了国际社会的高度评价。在中共二十大报告中，习近平总书记强调中国愿同国际社会一道努力落实全球发展倡议，为全球发展倡议的进一步推进指明了前进的方向。

马克思指出，工业文明时代的世界历史已经摆脱了纯粹地域的状态而成为真正的历史，"每个文明国家以及这些国家中的每一个人的需要的满足都依赖于整个世界"[①]。全球发展倡议正是倡导各国坚持发展优先，坚持以人民为中心，坚持普惠包容，坚持创新驱动，坚持人与自然和谐共生，坚持行动导向，共创共享和平繁荣美好未来。[②] 全球发展倡议提出以来，得到联合国等国际组织和一百多个国家响应和支持，正在稳步推进落地落实。要塑造有利发展环境，提振发展伙伴关系推动经济全球化进程，推动科技同经济深度融合，维护全球产业链供应链稳定，实现世界经济复苏，促进全球平衡、

---

① 《马克思恩格斯文集》第 1 卷，人民出版社 2009 年版，第 566 页。
② 习近平：《坚定信心 共克时艰 共建更加美好的世界——在第七十六届联合国大会一般性辩论上的讲话》，《人民日报》2021 年 9 月 22 日。

协调、包容发展，让发展成果更好惠及各国人民。①

　　发展不平衡是当今世界最大的不平衡。马克思深刻地指出，资本主义在全世界的扩张开拓了世界市场，推动形成了一个相互依赖的世界体系，但这种体系带有鲜明的国际分裂和等级压迫特点，这种体系使未开化与半开化国家不得不从属于文明国家，使东方不得不从属于西方。②列宁同样指出，为了追求世界霸权，帝国主义国家对外进行资本输出以及疯狂地掠夺殖民地，使整个世界分成不平等的两极：一极是帝国主义宗主国，另一极是被剥削、掠夺以及压迫的殖民地和半殖民地。③依据世界银行的预测，在全球经济放缓的背景下，发达经济体仍然在高速增长。与之相较，新兴和发展中经济体增速的复苏前景则不容乐观，存在经济体硬着陆的风险。

　　面对全球发展信心不足的局面，习近平主席恰逢其时地在联合国大会上向各国提出了全球发展倡议。这一倡议向世界掷地有声地重申全球发展的重要价值，呼吁各国一方面要摒弃冷战思维与保护主义思维，不泛化安全概念，不搞霸权霸凌、不搞单边主义以及不打造"小院高墙"和"平行体系"，另一方面要坚定发展信心，在危机中同舟共济，以大格局与大胸怀加强沟通与协作，凝聚起破解全

　　①《习近平新时代中国特色社会主义思想学习纲要》，人民出版社 2023 年版，第275 页。

　　②《马克思恩格斯选集》第 1 卷，人民出版社 2012 年版，第 405 页。

　　③《列宁选集》第 2 卷，人民出版社 1995 年版，第 647 页。

球发展困境的强大力量。①

其一，坚持发展优先，是全球发展倡议的第一要义。发展是人类社会的永恒主题，是解决一切问题的关键。习近平总书记指出："发展是第一要务，适用于各国。"② 对于一国来说，"只有紧紧围绕发展这个第一要务来部署各方面改革，以解放和发展社会生产力为改革提供强大牵引，才能更好推动生产关系与生产力、上层建筑与经济基础相适应。"③ 中国始终把发展作为解决一切问题的总钥匙，凝聚发展合力。

中共十八大以来，经过全党全国各族人民持续奋斗，取得举世瞩目的发展成就，如期打赢了脱贫攻坚战，历史性地解决了绝对贫困问题，创造了经济快速发展奇迹和社会长期稳定奇迹。不仅创造了经济总量从 2012 年 53.9 万亿元上升到 2024 年 134.9 万亿元的经济奇迹，而且经济发展的平衡性、协调性、可持续性明显增强，迈上了更高质量、更有效率、更加公平、更可持续、更为安全的发展之路。中国发展的成功实践经验表明，发展中的问题只能通过发展来解决，而且只有不断发展，才能实现人民对生活安康、社会安宁的向往。

其二，坚持以人民为中心，是全球发展倡议的根本宗旨。以人

---

① 侯冠华：《习近平全球发展倡议的多维论析》，《理论探索》2023 年第 2 期。

② 《习近平谈治国理政》第 2 卷，外文出版社 2017 年版，第 542 页。

③ 习近平：《坚持历史唯物主义　不断开辟当代中国马克思主义发展新境界》，《求是》2020 年第 2 期。

民为中心的发展思想贯穿中国共产党领导经济发展实践始终，不仅是中国共产党始终坚持的价值理念，也是开启社会主义现代化建设新征程、实现经济社会高质量发展的思想指引。以人民为中心的发展思想鲜明地引领着中国共产党的经济实践，中国共产党团结带领人民不断取得更大的经济发展成就、创造着一个又一个的发展奇迹。[1]马克思立足唯物史观，深刻揭示了人民是社会历史变革的主体，阐述了人民至上的核心理念。马克思不仅阐明了实现人的自由全面发展的价值目标和美好图景，还科学指明了实现人类自由解放的现实途径和实践主体。"无产阶级的运动是绝大多数人的，为绝大多数人谋利益的独立的运动。"[2]

"马克思主义博大精深，归根到底就是一句话，为人类求解放。"[3]习近平总书记强调：坚持以人民为中心的根本立场，始终把增进人民福祉、促进人的全面发展、朝着共同富裕方向稳步前进作为经济发展的出发点和落脚点。通过分配制度体系改革，使初次分配、再次分配、三次分配形成一个主次有序的制度体系，切实将高质量发展的累积财富转化为实实在在的人民福利。这是马克思主义政治经济学不同于西方政治经济学的本质区别。

---

① 周文、肖玉飞：《中国共产党为什么能的政治经济学密码》，《天府新论》2023年第1期。

② 《共产党宣言》，人民出版社2018年版，第39页。

③ 习近平：《在纪念马克思诞辰200周年大会上的讲话》，人民出版社2018年版，第8页。

　　其三，坚持普惠包容，是全球发展倡议的本质属性。在国内层面，缩小收入差距、城乡差距和区域差距，增强发展的平衡性、协调性和包容性，是发展中国家跨越中等收入陷阱的重要着力点。同时，协调发展的辩证法为解决贫富分化、南北发展鸿沟等全球发展失衡难题提供中国"良方"。习近平主席在 2022 年世界经济论坛视频会议时指出："把促进发展、保障民生置于全球宏观政策的突出位置……促进现有发展合作机制协同增效，促进全球均衡发展。"①

　　全球发展倡议着眼于解决贫富差距、发展鸿沟等全球发展中存在的现实问题，"关注发展中国家特殊需求，通过缓债、发展援助等方式支持发展中国家尤其是困难特别大的脆弱国家，着力解决国家间和各国内部发展不平衡、不充分问题"。② 反对霸权主义和阵营对抗，强调"在人类追求幸福的道路上，一个国家、一个民族都不能少"③，积极构建"团结、平等、均衡、普惠的全球发展伙伴关系"④。中国同各方携手推进重点领域合作，动员发展资源，深化全球减贫脱贫合作，提升粮食生产和供应能力，加强疫苗创新研发和联合生产，以一系列务实举措推动全球人民共享发展。

---

　　① 习近平：《坚定信心　勇毅前行　共创后疫情时代美好世界——在 2022 年世界经济论坛视频会议的演讲》，《人民日报》2022 年 1 月 18 日。

　　② 习近平：《坚定信心　共克时艰　共建更加美好的世界——在第七十六届联合国大会一般性辩论上的讲话》，《人民日报》2021 年 9 月 22 日。

　　③ 习近平：《加强政党合作　共谋人民幸福——在中国共产党与世界政党领导人峰会上的主旨讲话》，《人民日报》2021 年 7 月 7 日。

　　④ 《共同促进全球可持续发展》，《人民日报》2022 年 6 月 24 日。

其四，坚持创新驱动，是全球发展倡议的内在要求。回顾历史，英国激励创新的社会环境是工业革命起源于英国的重要原因，创新和技术发展必须适应本国的生产要素比例。① 因此，在新一轮工业革命浪潮中通过自主创新攻克关键核心领域的"卡脖子"技术，迈向全球中高端产业链、价值链才是新发展阶段由"世界工厂"转向"创新中心"的必由之路。② 驱动经济发展高水平自立自强，实现从"中国制造"到"中国创造"，从"中国商品"到"中国服务"的质量变革、效率变革和动力变革。电子商务、大数据、人工智能、区块链、智慧城市等新兴领域的合作产生了广泛且强大的辐射效应。

世界已经进入大科学时代，创新需要资金充足的公共研发机制以及强有力的产业政策，国家的制度保障和政策引导对基础研究产出的影响越来越大。许多重大项目正在以国际合作的形式协同开展，例如一些空间技术、生物工程、环境保护治理、疫病防治、海洋开发、气象预测、基因科学等都已形成国际研究课题，并且正在由许多国家联合进行研究，还有许多领域的科技开发正在订立联合协定。

其五，坚持人与自然和谐共生，是全球发展倡议的价值取向。全球发展倡议旨在推动发展的同时建设一个蓝天、碧水、净土的美丽世界。同样，中国式现代化把建设美丽中国摆在强国建设、民族

---

① ［英］罗伯特·C.艾伦：《全球经济史》，陆赟译，译林出版社 2015 年版，第143 页。

② 周文、施炫伶：《新发展阶段的政治经济学要义》，《教学与研究》2022 年第8 期。

复兴的突出位置，以高品质生态环境支撑高质量发展，推进人与自然和谐共生的现代化。建设美丽中国是全面建设社会主义现代化国家的重要目标，要锚定 2035 年美丽中国目标基本实现，持续深入推进污染防治攻坚，加快发展方式绿色转型，提升生态系统多样性、稳定性、持续性，守牢安全底线，健全保障体系，推动实现生态环境根本好转。①

"保护生态环境就是保护生产力，改善生态环境就是发展生产力。"② 摒弃以环境污染和生态退化为代价的粗放型发展方式，推动实现经济社会全面绿色转型，走绿色低碳发展道路。在国际层面，习近平主席指出："加快形成绿色发展方式，促进经济发展和环境保护双赢，构建经济与环境协同共进的地球家园。"③ 以建设全球最大规模的碳市场和清洁发电体系、支持《生物多样性公约》《联合国气候变化框架公约》等多边议程的绿色行动助力全球环境治理，推进清洁能源伙伴关系，促进陆地与海洋生态保护和可持续利用。

"发展理念是否对头，从根本上决定着发展成效乃至成败。"④ 全

---

① 《习近平主持召开中央全面深化改革委员会第三次会议强调　全面推进美丽中国建设　健全自然垄断环节监管体制机制》，《人民日报》2023 年 11 月 8 日。

② 习近平：《共同构建人与自然生命共同体——在"领导人气候峰会"上的讲话》，《人民日报》2021 年 4 月 23 日。

③ 习近平：《共同构建地球生命共同体——在〈生物多样性公约〉第十五次缔约方大会领导人峰会上的主旨讲话》，《人民日报》2021 年 10 月 13 日。

④ 习近平：《把握新发展阶段，贯彻新发展理念，构建新发展格局》，《求是》2021 年第 9 期。

球发展倡议为发展中国家突破西方经济学理论束缚、跳出发展陷阱提供的中国借鉴，是在国际层面推动世界经济繁荣发展、解决人类发展赤字的中国方案。中国提出的一系列务实举措，为跨越发展鸿沟、重振全球发展注入了信心和力量。全球发展倡议提出以来，支持倡议的国家和国际组织已经增加到 100 多个，在联合国平台成立的"全球发展倡议之友小组"发展到 60 多个成员，全球发展和南南合作基金、全球发展促进中心、全球发展知识网络等平台也相继搭建起来，一大批中国参与的合作项目落地生根。

例如，2022 年 3 月，由中国承建的塞尔维亚铁路正式通车，使塞尔维亚第一次有了高铁。2022 年 7 月，由中国承建的黑山南北高速公路优先段实现了通车，这是黑山历史上的首条高速公路。与此同时，中国建立了全球发展项目库，首批项目清单中便包含了 50 个涉及减贫、粮食安全等领域的合作项目，以及 1000 期旨在提升发展能力的培训项目。这些发展合作项目的展开与落实充分体现了中国的担当精神。

2. 以全球安全倡议维护世界市场运行的稳定秩序

2022 年 4 月 21 日，习近平主席在博鳌亚洲论坛 2022 年年会开幕式上发表题为《携手迎接挑战，合作开创未来》的主旨演讲，首次提出全球安全倡议，剖析了现阶段全球面临的安全挑战，强调人类是不可分割的安全共同体，更向世界发出共建人类安全共同体、推进人类命运共同体的中国倡议。习近平总书记强调"安全和发展是一体之两翼、驱动之双轮"①，必须统筹发展与安全。要坚持系统思维和底线思维，不能割裂看待发展与安全问题。一方面，维护国家安全是高质量发展的前提，忽视安全的发展是不稳定、不可持续的。另一方面，高质量发展是国家安全和社会稳定的物质基础，不谈发展的安全是缺乏意义、不能长久的。

当前，百年未有之大变局加速演进，世界处于大发展大变革大调整的时期，不确定、不稳定的安全风险因素逐渐增多，国家安全的整体复杂性和联动性更加突出。需特别注意的是，虽然和平与发展的时代主题未变，但它的内涵、外延和实现路径发生明显的变化。乌克兰危机、叙利亚战争等传统安全议题，以及新冠疫情、气候变化等非传统安全议题，都明显暴露了全球安全治理的不足与劣势；而美国为维护自身霸权，强推联盟安全，不断制造阵营对抗，致使全球安全处于碎片化与风险化边缘。现阶段，全球安全治理面临四大主要问题，即大国战略竞争加剧，传统安全与非传统安全问题相互交织，全球发展赤字加剧安全治理失衡以及全球安全架构松动导致安全风险加大。② 在全球安全治理亟需升级与变革的当下，中国参与全球安全治理的意愿与能力不断增强与提升，因此中国积极探索了更具代表性、包容性和有效性的全球安全治理方案，提出全球

---

① 习近平：《在第二届世界互联网大会开幕式上的讲话》，《人民日报》2015 年 12 月 17 日。

② 凌胜利、王秋怡：《全球安全倡议与全球安全治理的中国角色》，《外交评论》2023 年第 2 期。

安全倡议，以缓解全球安全治理困境。①

在全球经济互动中，发达国家获得了主要的利润和效益，而广大发展中国家则更多地承受了全球经济发展带来的代价。难民保护、跨国犯罪、地区冲突、粮食安全、能源危机、网络安全、恐怖主义、重大传染性疾病和气候变化等全球性问题持续蔓延但得不到有效治理，广大发展中国家深受其害。这与《联合国宪章》的核心价值"和平、发展和人权"严重不符，发达国家没有担负起其应该承担的全球治理责任。② 例如，美国出台的一系列供应链报告将战略重点设定于提升关键产业链供应链生产能力、与盟友合作水平方面。美国供应链报告基于本国利益至上的原则，通过更大程度上采用"基于相同价值观"的产业链政策，将全球供应链限定于"友好国家"网络内，以构建排除中国等新兴国家的平行产业链供应链体系。

美国通过与欧洲、日本等盟友合作，在关键产业供应链上达成共识，共同制定规则和标准，排斥中国等新兴经济体的参与。这种做法不仅有利于美国在经济上对其他国家进行控制，还能在政治上加强对盟友的影响力，在国际事务中形成统一阵营，巩固其全球霸权地位。美国政府重点对信息与通信技术、清洁能源、公共健康、

_____

① 王明国：《国际社会对全球安全倡议的多重认知与中国的推进策略》，《国际安全研究》2023 年第 3 期。

② 刘胜湘、唐探奇：《安全不可分割：理论内涵与实现路径——兼论全球安全倡议》，《国际安全研究》2023 年第 5 期。

国防、货运物流、农业等领域的供应链安全和韧性评估旨在与中国相关领域的重点产业关键环节"精准脱钩"，以此限制中国高技术产业发展。[1] 然而，美国表面上声称维护全球供应链稳定，却持续推动"脱钩断链"，包括滥用长臂管辖、强制产业回流、实施歧视性补贴。其政策导致全球产业链更加脆弱，甚至造成半导体等领域创新体系受损。但实际效果适得其反——美国对华直接进口虽减少，通过越南、墨西哥的间接供应链联系反而增强，政策成本最终转嫁到美国企业和消费者。[2]

此外，从全球气候治理的进程中看，"温室气体减排"是全球气候治理的核心问题，"减排分配责任"则是各国在气候谈判中争论的焦点问题。排放权本质上是发展权，因此"温室气候减排"既包含着经济利益，也包含着政治利益。《巴黎协定》提出的长期目标是，与工业革命之前相比，到2100年时将全球平均气温的上升幅度控制在2℃以内。但是，联合国政府间气候变化专门委员会（IPCC）特别报告书指出，即便守住了2℃这条红线，气候变化问题依然将产生毁灭性的社会和经济影响。这是因为，全球平均气温上升2℃，就足以引发海平面上升、干旱、水资源匮乏、生物多样性丧失、食物短缺等世界性规模的灾难。那么，如果希望在2050年之前将二氧

---

[1] 余典范、王佳希、张家才：《出口管制对中国企业创新的影响研究——以美国对华实体清单为例》，《经济学动态》2022年第2期。

[2] 孙成昊、张丁：《美国构建人工智能联盟的动因、路径与影响》，《当代美国评论》2024年第1期。

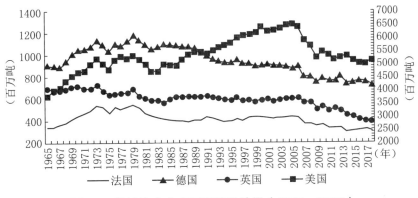

图 13　发达资本主义国家碳排放量（1965—2018）

资料来源：国际能源机构（IEA）、英国石油公司（BP）、美国能源信息署
（EIA）。

化碳的净排放量降为 0，发达国家就必须从现在起以每年 10% 的幅
度削减二氧化碳排放量。但是，在既有的经济体系中，发达国家显
然不可能达到这样的减排规模。[1]

　　各国利益的多元化与气候利益的共同性存在的矛盾在外部压力
的推动下愈演愈烈，成为影响当前全球气候治理的重要因素之一。
气候变化的复杂性导致了全球气候治理中利益博弈始终存在。国家
对于气候变化问题产生的原因和可能导致的影响存在认知上的分歧，
使得单一地、静态的气候治理机制难以解决可能出现的全部气候问
题，气候治理机制需要不断地动态调整以适应新的治理形势。[2]

---

　　① 斋藤幸平、谢宗睿、陈世华：《气候危机时代的资本主义与民主主义》，《南京
工业大学学报（社会科学版）》2021 年第 6 期。

　　② 翟大宇、许悦：《国际气候政治中的负外部性权力及其影响》，《北京科技大学
学报（社会科学版）》2020 年第 4 期。

面对百年未有之大变局和国际政治经济环境的不稳定性，国内处于各类矛盾和风险易发期，可预见和不可预见的风险因素显著增多。因此，在新发展阶段坚持总体国家安全观，在党的领导下进行前瞻性思考、全局性谋划和战略性布局，加强国家安全体系和能力建设，从而有效防范化解系统性风险、维护国家安全和社会稳定的重要性更加凸显。通过高质量发展解决科技自立自强问题，实现全球价值链地位的攀升，对增强中国在国际贸易中的风险控制能力至关重要；通过高质量发展解决城乡区域发展差距问题，实现更加平衡和充分的发展，才能防止出现大规模失业、公共卫生安全、群体性事件等社会安全稳定问题，从根本上保障人民生命财产安全。唯有坚持稳中求进的工作总基调，"把安全发展贯穿国家发展各领域和全过程"[1]，以安全保发展，以发展促安全，才能"实现高质量发展和高水平安全的良性互动"。

中国与世界的关系发生历史性变化。随着国家利益范围迅速拓展，海外中国公民的人身及财产安全，国家在境外的政治、经济及军事利益等成为维护国家安全的重要目标。作为一个负责任的大国，中国积极参与地区和全球安全治理，在解决气候变化、核扩散等地区与全球性问题过程中，发挥着不可替代的作用。[2]中国提出共同建设"一带一路"倡议，提升区域经济合作水平，积极倡导建立金

---

① 《十九大以来重要文献选编》(中)，中央文献出版社 2021 年版，第 812 页。

② 卫庶：《面对世界新秩序的呼唤》，人民出版社 2019 年版，第 50 页。

砖国家开发银行、建立亚洲基础设施投资银行，推动国际货币体系稳步改革。中国高举和平、发展、合作、共赢的旗帜，推动建立以合作共赢为核心的新型国际关系，在与世界互联互动空前紧密的前进潮流中赢得统筹发展与安全的战略主动。

2014年，习近平总书记在中央国家安全委员会第一次会议上创造性地提出总体国家安全观，指出当前国家安全面临的新挑战和新威胁，认为"当前我国国家安全内涵和外延比历史上任何时候都要丰富，时空领域比历史上任何时候都要宽广，内外因素比历史上任何时候都要复杂，必须坚持总体国家安全观，以人民安全为宗旨，以政治安全为根本，以经济安全为基础，以军事、文化、社会安全为保障，以促进国际安全为依托，走出一条中国特色国家安全道路"。① 此后，习近平总书记发表了一系列重要讲话并作出了一系列重要指示，推动总体国家安全观的思想内涵和理论体系不断发展完善，成为新时代指导国家安全工作的重要思想和行动指南。

中共二十大报告首次以单章《推进国家安全体系和能力现代化，坚决维护国家安全和社会稳定》来阐述国家安全，指出"国家安全是民族复兴的根基，社会稳定是国家强盛的前提"，"恃强凌弱、巧取豪夺、零和博弈等霸权霸道霸凌行径危害深重，和平赤字、发展

---

① 《习近平关于社会主义社会建设论述摘编》，中央文献出版社2017年版，第170页。

赤字、安全赤字、治理赤字加重，人类社会面临前所未有的挑战"，
"完善参与全球安全治理机制，建设更高水平的平安中国"。

从总体国家安全观、全球安全观再到全球安全倡议，中国在安全问题上的思考一以贯之，为世界贡献了一个又一个中国方案。当前，大国战略竞争加剧加快，地缘政治冲突频仍，在百年未有之大变局的当下，如何处理好安全与发展的关系，是人类所面临的共同课题。全球安全倡议关注"全球"这一广泛的区域，强调安全的具体领域，既提供了全球安全治理发展的上层建筑，又提供了全球安全治理升级的具体措施。在内容上，全球安全倡议奉行和坚持了中国独立自主的和平外交政策，践行了国际秩序的维护者与世界和平建设者的扎实行动。① 它不仅是对和平共处五项原则的重申，是对总体国家安全观的国际实践深化，也囊括了中国外交基本准则所适用的新环境与新活动。从《全球安全倡议概念文件》《关于政治解决乌克兰危机的中国立场》到《中华人民共和国、沙特阿拉伯王国、伊朗伊斯兰共和国三方联合声明》，全球安全倡议不仅有了全局性布局和系统全面的顶层设计，更成为落实全球安全倡议的"行动派"，不断积累着全球安全倡议的成功实践。②

---

① 王栋、高丹：《全球安全倡议的内涵与发展》，《现代国际关系》2023 年第 7 期。

② 王志民、岑英武：《全球安全倡议的核心要义与实践进路》，《中国高校社会科学》2023 年第 4 期。

3. 以全球文明倡议为人类文明繁荣注入新动力

在 2023 年 3 月 15 日举行的中国共产党与世界政党高层对话会上，中共中央总书记、中国国家主席习近平发表主旨讲话，并首次提出全球文明倡议。这是继全球发展倡议、全球安全倡议之后，中方发出的第三个重大全球倡议，从根本上回答了"我们究竟需要什么样的现代化？怎样才能实现现代化？"等一系列时代之问，成为中国向世界提供的又一重要公共产品。在全球文明倡议提出四个月后，习近平主席在致第三届文明交流互鉴对话会暨首届世界汉学家大会的贺信中又进一步指出了加强文明交流互鉴的重要意义，为各方携手落实全球文明倡议指明方向。

全球文明倡议以"四个倡导"为主要内容，即倡导"尊重世界文明多样性""弘扬全人类共同价值""重视文明传承和创新"以及"加强国际人文交流合作"。[①]"四个倡导"构成了一个逻辑严密的科学体系，既涵盖了不同文明包容共存、交流互鉴的基本理念和原则，也有实现的动力源泉和现实路径，是一个极具建设性、可操作性和可持续性的重大倡议。为促进世界文明繁荣进步，首先应当承认并尊重世界文明多样性。文明多样性是不同文明之间交流互鉴的前提，不同文明交流互鉴是世界文明保持强大生命力的关键所在，也是人

---

① 习近平：《携手同行现代化之路——在中国共产党与世界政党高层对话会的主旨讲话》，《人民日报》2023 年 3 月 17 日。

类社会发展的动力源泉。习近平总书记指出："人类文明多样性赋予这个世界姹紫嫣红的色彩，多样带来交流，交流孕育融合，融合产生进步。"① "不同国家、地区、民族，不同历史、宗教、习俗，彼此交相辉映、相因相生，共同擘画出这个精彩纷呈的世界。"②

新航路开辟以来，西方殖民者在进行残酷掠夺与血腥资本积累的同时，客观上也促进了文明间的交流与融合。伴随着世界市场的逐步形成，广大非西方国家被卷入西方资本主义文明体系，实现了一定程度的发展，开启了现代化进程。近代以来的殖民化、市场化与和平演变，再次印证了资本主义国家奉行"国强必霸"的原则。其高调宣扬的"普世价值"和"西方文明中心论"，强调西方文化对其他一切民族文化的优越感，强调西方资本主义国家的价值立场和话语体系，其实质不过是为了维护西方主导的国际秩序、国家利益和战略需要，掩盖资本的逐利性、剥削性和扩张性。③

当前，不同文明间互动的一个重要趋势是，作为百年变局下大国权力博弈以及西方国家宣扬"文明冲突论"的直接结果，西方文明与非西方文明间"二元格局"正深刻挑战由不同文明主体驱动的开放式互动格局。这一结果隐含着一个重要事实，即西方文明与非

---

① 习近平：《论坚持推动构建人类命运共同体》，中央文献出版社 2018 年版，第256 页。

② 习近平：《携手努力共谱合作新篇章——在金砖国家领导人巴西利亚会晤公开会议上的讲话》，《人民日报》2019 年 11 月 15 日。

③ 周文、白佶：《中国式现代化的共同特征与中国特色》，《教学与研究》2023 年第 9 期。

西方文明间日益显著的"二元格局"已成为世界文明交流与发展的巨大阻碍，这正是各国，特别是在国际社会中"失语"的发展中国家在全球文明互动中被"边缘化"的重要原因。① 而要重新推动文明交流，就必须回到尊重文明多样性的基本命题，并在实践中以更加积极的姿态恢复文明多样性，打破日益僵化的"二元格局"。

这一基于西方中心的文明等级观既无视文明多样性的客观现实，也不理解多元文明的价值意义，更无法为人类文明进步提供正确指引。在全球化深刻调整与百年大变局交织叠加的时代背景下，习近平总书记倡导坚持文明平等、互鉴、对话、包容，以文明交流超越文明隔阂、文明互鉴超越文明冲突、文明包容超越文明优越，为尊重多元文明发展的客观性，释放多元文明发展潜力，维护文明多样性提供了方向指引。无论是从多元文明存在发展的逻辑，还是全球化时代人类文明共存共生的趋势看，人类文明多元并存都将长期存在，正视与尊重文明差异性的客观现实也是维护世界文明多样性的前提与基础。"世界上没有两片完全相同的树叶，也没有完全相同的历史文化和社会制度……没有多样性，就没有人类文明。多样性是客观现实，将长期存在。"②

习近平总书记在学习贯彻党的二十大精神研讨班开班式上指出：

① 朱旭、贺钰晶：《全球文明倡议的内在逻辑、理论基础与时代价值》，《人文杂志》2023 年第 10 期。

② 习近平：《让多边主义的火炬照亮人类前行之路——在世界经济论坛"达沃斯议程"对话会上的特别致辞》，《人民日报》2021 年 1 月 26 日。

"中国式现代化，深深植根于中华优秀传统文化，体现科学社会主义的先进本质，借鉴吸收一切人类优秀文明成果，代表人类文明进步的发展方向，展现了不同于西方现代化模式的新图景，是一种全新的人类文明形态。"[①] 人类文明新形态之"新"就是基于人类社会形态总坐标而对社会主义新文明的最新表达，是相较于资本主义文明所呈现出来的新的世界观、价值观、历史观、文明观、民主观、生态观的集中概括。在当今世界，资本主义文明和社会主义文明代表两种不同的文明走势，这两种文明在人类社会历史发展的逻辑中具有完全不同的生命力。以中国式现代化为文明底本并以中国特色社会主义为文明图景所创造的人类文明新形态，是超越资本逻辑并指向未来的开创性文明，这种文明是唯物史观视域中世界文明普遍性与中国道路所展现的文明特殊性的历史生成与实践证成。[②]

在"不同"中寻求"共同"源于共同体这一人类生存的基本方式。在对社会共同体的探讨中，马克思将共同体划分为自然共同体、虚幻共同体和真正的共同体三种形态，认为虚幻共同体表面声称代表普遍利益，实则维护剥削阶级的特殊利益，是对真正的共同利益的伪装和窃取，在本质上是不同阶级间的真正斗争，"对于被统治的阶级来说，它不仅是完全虚幻的共同体，而且是新的桎梏"。"真正

[①] 习近平：《以中国式现代化全面推进强国建设、民族复兴伟业》，《求是》2025年第1期。

[②] 黄建军：《唯物史观视域中的人类文明新形态》，《中国社会科学》2023年第10期。

的共同体"坚持以全人类的根本利益为出发点，致力于实现自由人的联合体，以及所有社会成员能够自由全面发展的理想社会，只有"在真正的共同体的条件下，各个人在自己的联合中并通过这种联合获得自己的自由"。① 可以说，只有当个体的特殊利益与群体的共同利益完全一致时，共同体才能真正代表每个人的利益诉求。全球文明倡议坚持共性与个性相统一，既弘扬促进人类文明进步的共同价值观念，也尊重不同民族在文明延续发展路径上的"差异"。

中华民族历史悠久，中华文明源远流长，中华文化博大精深。中华文明属于根植在彼此内心深处共同的精神财富，也是血脉相连心灵契合的文化基因，可谓全世界华人的共同精神家园；它也是中国文化创新的宝藏，所谓因革损益，与时俱进，贵在于返本变通中赋予旧物新意，当前推进中华优秀传统文化创造性转化、创新性发展，聚焦于把悠久文明里跨越时空、超越国度、富有永恒魅力、具有当代价值的文化精神弘扬起来。2023 年 6 月 2 日，习近平总书记在文化传承发展座谈会上明确了"新的文化使命"的目标："在新的起点上继续推动文化繁荣、建设文化强国、建设中华民族现代文明，是我们在新时代新的文化使命。"②

从国际局势看，世界百年变局加速演进，国际环境发生深刻变化，迫切需要不断提升国家文化软实力和中华文化影响力。全球文

---

① 《马克思恩格斯文集》第 1 卷，人民出版社 2009 年版，第 571 页。
② 习近平：《在文化传承发展座谈会上的讲话》，《求是》2022 年第 17 期。

明倡议以中华优秀传统文化为历史底蕴、以马克思主义文明观为理论指导、以中国共产党文明交往思想为理论内核，拥有深厚的理论基础，是中国共产党关于推进人类文明进步的最新理论成果。中国在文明交流对话中逐渐形成了向往和平、讲求尊重、崇尚和合、追求大同的文明交往理念，成为全球文明倡议最深厚的历史底蕴。其中，向往和平是中国在文明交往中一以贯之的价值理念。正所谓"兵者，不祥之器，非君子之器，不得已而用之"，中国在与其他民族、国家以及文明的交往过程中以合作为首要追求，并要求以审慎态度看待武力征伐，以义为先，追求"不战而屈人之兵"。作为对武力征讨的替代，中原政权在文化上对周边民族给予极大包容。"诸侯用夷礼则夷之，进于中国则中国之"①，便是这一包容理念的最直接体现。

世界文明发展规律表明，文明永续发展，既需要薪火相传、代代守护，更需要顺时应势、推陈出新，不断吸纳时代精华。应该立足时代发展的新特点新要求，补充、拓展优秀传统文化新的时代内涵，创新其现代表达形式，激活其生命力和发展力，增强其影响力和感召力，在历史文化的深厚沃土上培植出新时代的文明之花。②全球文明倡议将与全球发展倡议和全球安全倡议一道，给这个变乱

---

① 卫绍生、杨波译注：《唐宋名家文集·韩愈集》，中州古籍出版社 2010 年版，第 179 页。

② 吴志成：《全球文明倡议的核心要义与推进路径》，《国际问题研究》2023 年第 4 期。

世界源源不断地注入稳定性，并带来新的希望。同时我们也相信，"中国式现代化作为人类文明新形态，与全球其他文明相互借鉴，必将极大丰富世界文明百花园"。

四、小结

现在世界经济已进入全球化的新阶段，经济全球化的核心要义是世界各国一道，互联互通，携手前进，为全球经济发展提供不竭的动能。而经济全球化新阶段就是以大数据、人工智能、区块链等为代表的新科技革命，正在以势不可挡的态势带动新的产业革命，并给经济全球化、企业国际化带来前所未有的机遇和挑战。进入新阶段，全球经济治理体系、国际经济秩序乃至世界经济格局正在发生巨大变化和重新调整，世界经济结构失衡、国际金融市场波动、需求不足等深层次的问题尚未解决，贸易保护主义、逆全球化思潮、单边主义开始抬头，不确定因素依旧存在，经济全球化的风险也在加剧。

"一带一路"倡议可以帮助更多发展中国家以更加对外开放的姿态参与到全球经济重构，推动全球生产关系新调整，以适应世界经济发展新潮流，并为世界经济发展注入新的活力。"一带一路"倡议正成为沿线国家政策互享、设施互通、经济互惠、同甘共苦、命运与共的互利纽带。中国通过"一带一路"建设让全世界共同分享中国改革红利、中国发展经验，体现了在促进世界发展进程中的中国责任；"一带一路"建设以开放为导向，解决经济增长和平衡问题，可以更好地推动沿线国家间实现合作与对话，为夯实世界经济长期稳定发展奠定坚实基础，体现了世界经济发展中的中国担当。

第六章　全球化的中国经验

2024年中国国内生产总值突破130万亿元大关，达到134.91万亿元人民币。1979—2023年中国经济对世界经济增长的年均贡献率为24.8%，居世界第一位。持续稳定发展的中国经济是全球经济发展的重要引擎。事实证明，在全球经济表现低迷、逆全球化不时涌动的后金融危机时代，中国经济的持续稳定发展成为经济全球化向前发展的"压舱石"和"稳定器"。超大规模市场增强了中国经济发展的韧性，筑牢了中国应对国际冲击的安全屏障。

一、全球化的曙光：中国引领全球化新趋势

1. 加快构建新发展格局

2020年4月10日，在中央财经委员会第七次会议上，习近

平总书记首次提出"构建以国内大循环为主体、国内国际双循环相互促进的新发展格局"①。在经济社会领域专家座谈会上，习近平总书记对新发展格局的理论进行了更深入的阐述，明确提出"以畅通国民经济循环为主构建新发展格局"②。中共十九届五中全会明确把"加快构建以国内大循环为主体、国内国际双循环相互促进的新发展格局"作为"十四五"时期经济社会发展的指导思想。中共十九届六中全会把加快构建新发展格局列入了习近平新时代中国特色社会主义思想的"十个明确"之一。中共二十大更是强调"坚持高水平对外开放，加快构建以国内大循环为主体、国内国际双循环相互促进的新发展格局"。③由此可见，加快构建新发展格局的重要性和紧迫性愈发凸显。

（1）新发展格局更加重视生产的作用

马克思充分论证了社会生产是一个整体，它是由生产、分配、交换和消费四个环节构成的，并提出"一定的生产决定一定的消费、分配、交换……当然，生产……也决定于其他要素"。④生产在国民

① 习近平：《国家中长期经济社会发展战略若干重大问题》，《求是》2020年第21期。

② 习近平：《在经济社会领域专家座谈会上的讲话》，人民出版社2020年版，第4页。

③ 习近平：《高举中国特色社会主义伟大旗帜　为全面建设社会主义现代化国家而团结奋斗——在中国共产党第二十次全国代表大会上的报告》，人民出版社2022年版，第28页。

④ 《马克思恩格斯选集》第2卷，人民出版社2012年版，第699页。

经济循环四个环节中起决定性作用，生产决定流通和消费，生产即供给在新发展格局中起决定性作用。其中，生产居于首要地位，是社会再生产的起点，消费是社会再生产的终点以及新一轮再生产的起点，交换与分配是社会再生产的桥梁，有效地连接起了生产和消费。新发展格局强调生产端及经济循环的重要性，有效贯通了生产、分配、交换和消费四个环节，促进了各环节在空间上并存、时间上继起，有利于国民经济循环畅通。

当前，中国供给体系存在大而不强、大而不优问题，有效供给不足和产能相对过剩并存，供给结构难以适应居民消费结构升级的变化，高端产品和高品质服务供给能力不足。中国经济生活中出现的生产过剩、需求不足等现象主要是生产结构不合理即供给和需求不匹配造成的，必须始终高度重视生产在经济循环中的决定性地位，始终把推动经济高质量发展作为最主要的工作，提高产品和服务的供给质量，从根本上解决供需不匹配问题。

国民经济循环的本质就是社会再生产过程，包括生产、分配、交换和消费四个环节，因此，新发展格局强调的是社会再生产各个环节的有机结合，各个环节之间的相互作用、有机衔接是构建"双循环"新发展格局的关键。国内大循环不仅强调通过释放内需来消费社会最终产品，也意味着社会再生产过程中的生产、分配、交换和消费主要在国内大市场中运行，在国内形成完整的闭环，只有顺利完成这四个环节，才能进行下一个生产循环。国际大循环则是随着全球化的发展，在世界范围内进行生产、分配、交换和消费这四个环节的循环，是比国内大循环范围更大、更为复杂的循环。新发展格局在继承马克思主义政治经济学理论的基础上，不仅重视生产，而且突出了分配、交换、消费的作用，使各个环节共同作用于经济的发展，进一步扩展了政治经济学的涵义，具有重大的理论创新意义。

第一，强调生产的创新驱动、高质量供给引领和创造新需求。一方面，中国存在有些核心生产环节和关键技术依赖国外、产业链受制于人等问题，应通过体制机制改革为技术创新营造良好的制度环境，深化要素市场化改革和产权制度改革，提高资源配置效率。另一方面，虽然中国整体经济结构比较完善，但高附加值产品比重不高，高层次高品质供给明显不足。应抓住新一轮科技革命和产业变革的机遇，大力发展关键核心技术，推动实现跨越式创新和更有效率的发展。

第二，坚持把发展经济的着力点放在实体经济上，促进制造业向智能化、数字化、网络化发展。当前，发达国家的再工业化浪潮使资本回流，加上中国国内劳动力成本上升、资源约束趋紧、自主创新不足，经济结构严重失衡。为振兴实体经济、做强制造业，必须深化供给侧结构性改革、统筹国内循环和对外开放的关系。一方面，依托国内规模巨大和广阔的市场空间，坚持以深化供给侧结构性改革为主线解决经济循环中的供需错配等发展难题；按照马克思的劳动价值论思想，在鼓励合理金融创新的基础上应加强对金融创新的监管、引导金融业更好地服务于实体经济。另一方面，提高核心和原创技术的自主创新能力，加强政府的顶层设计，持续增加研发投入，尤其是在高端制造业方面推动实体经济国际合作与发展，为更加主动地高水平对外开放奠定基础。

第三，坚持把创新放在中国现代化建设全局中的核心地位，把科技自立自强作为国家发展的战略支撑，提升产业链、供应链的完整性，促进产业基础高级化、产业链现代化，形成创新力更强、附加值更高、安全性更可靠的现代产业体系。当前，世界处于百年未有之大变局，特别是美国全面打压中国科技发展。因此，科技创新成为中国赢得主动和培育国家竞争新的比较优势的关键变量。[①]

习近平总书记指出："国际经济竞争甚至综合国力竞争，说到底就是创新能力的竞争。谁能在创新上下先手棋，谁就能掌握主动。"[②] 关键核心技术是要不来、买不来、讨不来的，必须坚定不移地走自主创新道路。一方面，坚持问题导向，把技术进步和创新列为思考的重点，战略性重构创新体系；瞄准人工智能、量子信息、数字技术等具有前瞻性、战略性的国家重大科技项目，着力培育以技术、品牌、质量、服务为核心竞争力的新优势。另一方面，把科技自立自强与开放创新统一起来。只有具有更强大的自主创新能力，掌握核心技术优势和产业优势，促进创新链与产业链深度融合，才

---

① 王一鸣：《坚持创新在我国现代化建设全局中的核心地位》，《马克思主义与现实》2020 年第 6 期。

② 《习近平关于社会主义经济建设论述摘编》，中央文献出版社 2017 年版，第125 页。

能在封锁打压中掌握主动权，为构建新发展格局提供坚实的市场基础和安全运行的可靠保障。同时，要加快推进开放创新，更加主动地融入全球创新网络，在全球科技开放合作中不断提升国家科技创新的新优势。

（2）新发展格局是统筹发展和安全的更高水平开放型国际大循环

国际经济大循环是统筹发展和安全的大循环，是实施更大范围、更宽领域、更深层次对外开放的大循环，有利于进一步完善对外开放格局、深化国际合作、打造竞争新优势。统筹发展和安全是新时代中国经济高质量发展的必由之路，是由我国所处的历史新方位以及国家安全所面临的形势决定的。中共十九届五中全会强调："把安全发展贯穿国家发展各领域和全过程，防范和化解影响我国现代化进程的各种风险，筑牢国家安全屏障。"突出了安全对中国经济建设和国家发展的极端重要性。在新的发展阶段，积极参与国际经济大循环，统筹发展与安全，要求既要看到危机、增强忧患意识，又要把握机遇、主动作为，准确识变、科学应变、主动求变，推动中国更好地参与国际经济的运行以及国际的分工与合作，促进国内经济稳定、持续、高质量发展，实现高质量发展和高水平安全之间的良性互动与动态平衡。

新发展格局构建为中国经济发展开辟空间，为世界经济复苏和增长增添动力。新发展格局以国内经济大循环为主体，从"以外促内"转为"以内促外"，积极带动国际市场复苏、繁荣。这正是中国参与世界经济的方式的重大转变，意味着中国通过海南自由贸易港建设、外商投资准入负面清单改革、中国国际进口博览会等平台积极主动扩大开放，更好地分享中国巨大的市场空间和发展机遇。

在投资方面，中国是世界第二大对外直接投资和外资流入国，更好地促进了世界经济良性循环。中国作为全球供应链的重要一环，对全球经济的复苏和社会的稳定具有重要作用。中国拥有的 14 亿人口的超大规模市场蕴含着巨大的消费和投资潜力，是仅次于美国的全球第二大消费品市场，不仅为本国内涵式增长提供根本动能来源，也为世界经济复苏和增长作出重大贡献。2020 年，在全球贸易大幅萎缩的背景下，中国进出口总额超过 32 万亿元人民币，成为全球唯一实现货物贸易正增长的主要经济体。海关总署公布的数据显示，2024 年中国进出口总值达 43.85 万亿元，同比增长 5%。规模再创历史新高，货物贸易第一大国的地位更加稳固。从增量看，中国 2024 年外贸增长规模达 2.1 万亿元，相当于一个中等国家一年的外贸总量。从质量看，进出口产品结构不断优化升级，高技术产品增势良好，自主品牌出口创历史新高，跨境电商等新型贸易业态蓬勃发展。构建新发展格局无疑将给全球经济带来更多市场机遇、创新机遇和开放机遇，创造更多发展红利。

中国共产党坚持将更加开放的国际循环作为新型经济全球化的推动器。①中国共产党始终坚持对马克思主义的守正创新，实现了

---

① 周文、李超：《中国共产党推进新型经济全球化的宏大视野、使命担当和核心理念》，《学术研究》2022 年第 2 期。

独立自主与对外开放的深刻统一。一方面，作为一个致力于实现民族伟大复兴的社会主义国家，中国在经济社会长期发展中所积累起来的宝贵经验是独立自主和自我为主；另一方面，中国共产党也一向遵循历史唯物主义所指明的经济全球化大势，反对和抵制国际社会中的各类隔离行为与孤岛现象。在当前的国际经济、技术、文化和政治发生深刻变革的新形势下，中国共产党积极重新定位，调整国内经济发展模式，主动与世界各国分享中国的超大市场规模优势，努力在全球价值链当中构建平等竞争、良性互动的世界市场格局。

（3）新发展格局是国内市场更加统一和畅通的经济大循环

过去在以对外开放促进国内市场化改革的过程中，经济发展的模式是通过创造局部优化的环境来吸引外资，如通过各种形式的经济开发区利用两个市场、两种资源，大进大出、出口导向，因而中国成为世界加工制造平台，成为世界车间或世界工厂，经济增长依靠的是西方国家的市场。[①] 这时中国自身的市场尤其是要素市场并没有得到充分的发育和发展。

首先，国内大循环要求必须坚持全国统一一盘棋，坚持要素自由流动，加快完善社会主义市场经济体制，深入推进要素市场化改革，打通制约生产、分配、交换、消费各个环节的卡点堵点，促进

---

① 刘志彪：《高水平社会主义市场经济体制：框架、挑战与对策》，《学术月刊》2023 年第 4 期。

商品要素资源在更大范围内的畅通流动。其次，统一高效的国内大循环是以满足国内需求为经济发展出发点和落脚点的大循环，要求深化供给侧结构性改革，将扩大内需与创新驱动发展战略相结合，把顺应消费升级的大趋势与培育国内创新型市场主体相结合，依托经济发展的超大规模性，通过内生技术进步提升供给体系对需求的适配性。[①] 最后，国内大循环不是与世隔绝、故步自封的大循环，而是面向世界的、开放的大循环，能通过增加全球先进要素的吸引力，培育中国参与国际竞争合作新优势，实现国内市场和国际市场更好地衔接、联通和互动。

构建新发展格局，是与时俱进提升中国经济发展水平的战略抉择，也是塑造中国国际经济合作和竞争新优势的战略抉择。[②] 从国际来看，新冠肺炎疫情的全球蔓延促使世界百年未有之大变局加速演变，逆全球化与地方主义加速发展，贸易保护主义、单边主义上升，产业链供应链遭受严重冲击，国际市场的不确定性与不稳定性加剧。在此背景下，传统的"两头在外、大进大出"的出口导向型发展战略已经不符合国家经济安全发展的现实需要。从国内来看，一方面，我国国民总体消费预期下降，国内市场有效需求不足，产业链供应链不完善，经济循环存在卡点堵点，关键核心技术竞争力

---

① 李震、昌忠泽、戴伟：《双循环相互促进：理论逻辑、战略重点与政策取向》，《上海经济研究》2021年第4期。

② 《中共中央关于制定国民经济和社会发展第十四个五年规划和二〇三五年远景目标的建议》，人民出版社2020年版，第52页。

较弱；另一方面，我国拥有全球最大的消费群体、最多的劳动人口、最完备的制造业体系以及超大规模市场，完全有条件并且有能力构建高质量全国统一大市场，释放内需潜力，激发市场主体活力和发展内生动力，促使生产、分配、流通、消费更多依托国内市场，提高产业链供应链的韧性和稳定性，保障国民经济平稳、健康、可持续发展。

从国际比较看，大国经济的特征都是内需为主导、内部可循环。一方面，中国超大规模市场下形成的完善的产业配套体系和产业链条是中国经济的内在稳定器。[①]我国作为世界上唯一一个拥有联合国产业分类中全部工业门类的国家，能够保证中国在国际形势发生变化、国际经济受到冲击的情况下，切实保障产业链、供应链的稳定性和安全性，实现产业链、供应链的自主可控。另一方面，超大规模市场所产生的巨大消费潜能是稳定经济增长的压舱石。我国拥有超 14 亿人口和超 4 亿中等收入群体，国内消费市场巨大。因而能够在国际贸易壁垒增加，出口大幅消减的情况下，实现消费市场"由外转内"，帮助出口型企业消化未出口产品，从而减少企业库存与资源浪费，降低企业损失，稳定国内经济。

与此同时，新发展格局揭示了经济相对落后的发展中国家向现代化经济体系转型的一般规律，为后发国家提供了一定借鉴和启

---

① 罗重谱、李晓华：《中国超大规模市场优势发挥与"双循环"新发展格局的构建》，《学习与探索》2021 年第 11 期。

示。[①] 新发展格局为我国未来经济发展指明新方向，其在揭示中国经济发展特殊规律性的同时，也具有一般性和普遍性，揭示了人类社会发展的一般规律。新发展格局构建的最终目的是人的全面发展，反映了人类共同的价值追求。新发展格局反映了社会主义的本质要求，强调充分利用国内国际两个循环，把解放生产力、发展生产力作为根本任务，致力消除贫困、消除两极分化、实现全体人民共同富裕，反映了人类追求的共同目标。新发展格局揭示了经济全球化条件下开放经济的一般规律，通过对经济全球化正负效应的深入分析，强调创新的驱动力和扩大消费的牵引作用，为深陷中等收入陷阱、难以摆脱传统增长模式"窠臼"的许多发展中国家探寻出新的发展道路。新发展格局为发展中国家崛起、推动构建人类命运共同体作出具有世界意义的贡献，为后发国家解决现实问题提供了新的思维方法，进一步彰显新时代马克思主义理论创新的中国方案和中国智慧。

总体来看，构建新发展格局是习近平总书记和党中央根据我国发展阶段、环境、条件变化而作出的重大战略抉择，是事关全局的系统性深层次变革，是马克思主义政治经济学的最新理论成果，也是习近平新时代中国特色社会主义思想的发展和深化。近年来，以中国为代表的发展中国家的崛起，打破了中心与外围的壁垒。我们

---

① 周文、刘少阳：《新发展格局的政治经济学要义：理论创新与世界意义》，《经济纵横》2021 年第 7 期。

在实践中探索出一条具有中国特色的经济发展道路，取得世所罕见的经济快速发展奇迹和社会长期稳定奇迹。同时，为发展中国家解决现实问题提供了实践路径，既要融入现代世界体系，又要做到开放不依附，做到国家竞争优势与比较优势统一。

2. 更高水平对外开放

在世纪疫情的冲击下，百年变局加速演进，外部环境的复杂性、严峻性和不确定性大幅度增加。这既使得我国在利用国际资源的过程中遇到了前所未有的挑战，同时也为我国培育竞争新优势，更加积极主动地参与全球经济治理和国际贸易规则的制定创造了新机遇。

开放是当代中国的鲜明标识，以开放促改革、促发展是我国现代化建设不断取得新成就的重要法宝。特别是中共十八大以来，中国实行更加积极主动的开放战略，构建面向全球的高标准自由贸易区网络，加快推进自由贸易试验区、海南自由贸易港建设，共建"一带一路"成为深受欢迎的国际公共产品和国际合作平台。我国成为 140 多个国家和地区的主要贸易伙伴，货物贸易总额居世界第一，吸引外资和对外投资居世界前列，形成更大范围、更宽领域、更深层次对外开放格局。

马克思指出："对外贸易一方面使不变资本的要素变得便宜，一方面使可变资本转变成的必要生活资料变得便宜，就这一点说，它具有提高利润率的作用，因为它使剩余价值率提高，使不变资本价值降低。"① 习近平总书记多次强调，中国对外开放的大门不会关上，只会越开越大。中国将实行更加积极主动的开放战略，推进更高水平开放，创造更全面、更深入、更多元的对外开放格局。中共二十大报告强调："推进高水平对外开放，稳步扩大规则、规制、管理、标准等制度型开放，加快建设贸易强国，推动共建'一带一路'高质量发展，维护多元稳定的国际经济格局和经贸关系。"②

所谓高水平对外开放，就是促进深层次改革的开放，推动高质量发展的开放，服务构建新发展格局的开放，满足人民美好生活需要的开放，与世界互利共赢的开放，统筹发展和安全的开放。推进高水平对外开放是全面建设社会主义现代化国家的重要内容，是构建新发展格局、实现高质量发展的强大动力和重要支撑。

"中国的发展惠及世界，中国的发展离不开世界。我们要扎实推进高水平对外开放，既用好全球市场和资源发展自己，又推动世界共同发展。"③ 作为世界第二大经济体和全球产业链的主要核心，中国更高水平对外开放的要义在于国内国际的制度互动，一方面适应全球的市场化要求，不断推进国内管理制度优化；另一方面以领先的经济治理理念与成功经验进行制度供给，引领全球化走向更高

---

① 《资本论》第 3 卷，人民出版社 2004 年版，第 264 页。

② 习近平：《高举中国特色社会主义伟大旗帜　为全面建设社会主义现代化国家而团结奋斗——在中国共产党第二十次全国代表大会上的报告》，人民出版社 2022 年版，第 32 页。

③ 习近平：《在第十四届全国人民代表大会第一次会议上的讲话》，人民出版社 2023 年版，第 5 页。

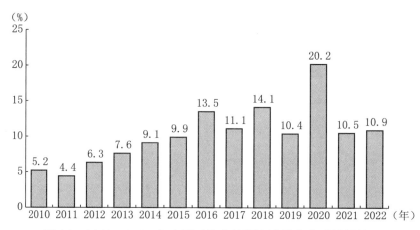

图 14　2010—2022 年中国对外直接投资流量占全球份额情况

资料来源：2022 年度中国对外直接投资统计公报。

水平。

　　作为世界上首个以进口为主题的国家级展会，进博会见证着中国对外开放的大门越开越大。前几届进博会推出的多项重大开放举措均已落地。通过进博会平台，中国坚定不移全面扩大开放，让中国大市场成为世界共享的大市场，为国际社会注入更多正能量。2024 年第七届中国国际进口博览会吸引了 129 个国家和地区的 3496 家展商，其中包括 297 家世界 500 强和行业龙头企业，来自多国近 800 个采购团体参展与会。参展国别覆盖五大洲，将共同奏响人类命运共同体的"大合唱"。会上共有 400 余项全球首发、亚洲首展、中国首秀的新品，所有商品意向成交额达到 800.1 亿美元。[①]

---

　　① 吴卫群：《破八百亿美元，本届进博会成交活跃》，《解放日报》2024 年 11 月 11 日。

马克思、恩格斯明确指出："过去那种地方的和民族的自给自足和闭关自守状态，被各民族的各方面的互相往来和各方面的互相依赖所代替了。"[1] 邓小平也指出："任何一个国家要发展，孤立起来，闭关自守是不可能的。"[2] 习近平总书记同样强调："实践告诉我们，要发展壮大，必须主动顺应经济全球化潮流，坚持对外开放，充分运用人类社会创造的先进科学技术成果和有益管理经验。"[3] 中国在之前的全球化浪潮中，并不是规则的制定者，只是规则的接受者，而中国要从规则接受者进入规则制定者这个层面就会涉及利益再分配；这意味着中国要在这一次全球化浪潮中，逐渐从产业链的中下游提升到产业链的中上游，从价值链的中低端进入价值链的中高端。[4] 中国持续推进"市场机遇更大"的开放，积极扩大进口，为世界创造巨大市场红利。进一步降低关税，提升通关便利化水平，削减进口环节制度性成本，加快跨境电子商务等新业态新模式发展……中国真诚向各国开放市场，共享大市场机遇。

中国积极融入全球创新网络。高水平自立自强，既需要自力更生，又需要高水平开放创新。在国家层面，要积极开展高水平、高起点的国际科研合作，倡导常态化、多元化的科技创新对话机制，积极参与国际性技术创新联盟建设，主导或发起国际大科学计划，

---

① 《马克思恩格斯选集》第 1 卷，人民出版社 2012 年版，第 404 页。

② 《邓小平文选》第 3 卷，人民出版社 1993 年版，第 117 页。

③ 《习近平著作选读》第 1 卷，人民出版社 2023 年版，第 436 页。

④ 王世渝：《第三次全球化浪潮》，中国民主法制出版社 2020 年版，第 144 页。

支持国际学术组织在华设立总部或分支机构。① 在企业层面，科研领军型企业要积极设立海外创新机构，加强与重点领域创新大国和关键小国的战略合作，深度融入全球性研发网络。通过积极融入全球创新网络，充分利用全球创新资源，使我国日益成为全球创新资源的集聚地，在更高的起点上推进自主创新。

商务部发布的《2013—2023年中国自贸区十周年发展报告》指出："十年来，我国自贸试验区已累计向国家或特定区域复制推广了302项制度创新成果，涉及投资自由化和便利化、贸易便利化、金融开放创新、政府职能转变、产业开放发展、要素资源保障等领域。"《中国自由贸易试验区发展报告（2023—2024）》数据显示："2022年，21个自贸试验区以不到全国千分之四的国土面积，实现了占全国17.8%的进出口贸易和18.1%的外商直接投资。其中，高技术产业实际使用外资同比增长53.2%，远高于全国平均水平。"②

中国自由贸易试验区形成了"五个自由""一个便利"和政府"放管服"的自贸试验区改革目标框架体系。上海、广东、天津、福建4个先行自贸试验区从贸易、投资自由化入手，逐渐深入金融领域，随着自贸试验区的不断扩大，试验内容不断丰富，到2018年海

---

① 方维慰：《中国高水平科技自立自强的目标内涵与实现路径》，《南京社会科学》2022年第7期。

② 商务部国际贸易经济合作研究院：《2013—2023年中国自贸区十周年发展报告》与《中国自由贸易试验区发展报告（2023—2024）》。

南全省设立自由贸易区时，已经形成了以贸易、投资、金融、人员往来、运输"五个自由化"和数据跨境传输"一个便利化"为试验内容的改革创新目标体系。各自贸试验区方向明确、任务具体，并围绕这些改革任务实行政府职能改革。在"放管服"改革和事中、事后监管等多个方面进行了大胆探索，有效激发了市场主体活力，推动了大众创业、万众创新。[①]

以开放促改革、促发展，是我国经济取得跨越式发展的重要法宝。在新发展阶段，改革的纵深性、艰巨性、复杂性以及敏感性显著增强，仅仅依靠内部力量改革很难突破瓶颈。在此背景下，必须通过更高水平的对外开放来牵引和倒逼改革，吸纳更多国际优质资源与要素流入，解放束缚和阻碍生产力发展的体制机制，推动科技创新和经济发展方式的转变，促进产业结构优化升级，培育技术、质量、服务、品牌等竞争新优势，提高我国在全球产业链价值链中地位。[②]其次，坚定不移地扩大开放，有利于中国以更加积极主动的姿态走向世界，为提高我国国际竞争力、掌握国际话语权赢得更大空间。作为经济全球化的受益者、推动者和贡献者，我国始终积极参与国际贸易规则的制定，引导经济全球化的发展走向，充分利用"一带一路"加强与沿线国家的贸易合作，促进贸易和投资自由

---

① 裴长洪：《我国设立自由贸易试验区十周年：基本经验和提升战略》，《财贸经济》2023 年第 7 期。

② 周文、白佶：《论新发展格局与高质量发展》，《兰州大学学报（社会科学版）》2023 年第 1 期。

化便利化，有利于充分发挥我国人口、土地等资源的比较优势，帮助我国进一步融入全球市场。

实行高水平对外开放，必须具备强大的国内经济循环体系和稳固的基本盘，并以此形成对全球要素资源的强大吸引力、在激烈国际竞争中的强大竞争力、在全球资源配置中的强大推动力。从国际比较看，大国经济的特征都是内需为主导、内部可循环。中国作为世界第二大经济体和制造业第一大国，在积极参与国际竞争与合作、参与国际大循环的同时，更应该集中精力和力量办好自己的事。首先，要深化要素市场化改革，建设高标准市场体系，加快构建全国统一大市场，切实保障产业链、供应链的稳定性和安全性，实现产业链、供应链的自主可控。其次，要构建现代化产业体系，继续把发展着力点放在实体经济上，推动传统产业创新升级、新兴产业加快发展、优质产业提质增效。最后，要充分利用我国作为世界上唯一一个拥有联合国产业分类中全部工业门类的国家这一优势，以国内大循环吸引全球资源要素，增强国内外市场的联动效应，提高贸易投资合作水平。

近年来，中国经济保持回升向好态势。中国具有社会主义市场经济的体制优势、超大规模市场的需求优势、产业体系配套完整的供给优势、大量高素质劳动者和企业家的人才优势。中国经济韧性强、潜力大、活力足，长期向好的基本面没有改变，为保障产业链供应链安全畅通、推动世界经济复苏进程走稳走实作出了突出贡献。2023 年中国成功举办第三届"一带一路"国际合作高峰论坛，为促进全球互联互通、构建开放型世界经济注入新动力。中国坚持高水平实施 RCEP，主动对接 CPTPP 和 DEPA 高标准经贸规则，积极推动加入两个协定进程，同各方共绘开放发展新图景。实践充分证明，中国不断扩大对外开放，不仅发展了自己，也造福了世界。

新征程上，中国将坚持对外开放的基本国策，坚定奉行互利共赢的开放战略，不断以中国新发展为世界提供新机遇，推动建设开放型世界经济，更好惠及各国人民。展望未来，一个更加开放的中国，将同世界形成更加良性的互动，带来更加进步和繁荣的中国和世界。

二、全球化不是西方化

1. 西方全球化的理论缺陷

彼得·弗兰科潘基于全球史视角，认为欧洲的崛起不仅是一场激烈的权力竞争，同时也是一场历史解释权的竞争。伴随着资源和海上通道主宰权的争夺，人们也在重新强调某些可用于意识形态斗争的历史事件、思想和观念。重要政治人物和身着托加长袍的将军塑像被频频竖起，他们看上去都像是历史上的古罗马英雄；具有古典风格的辉煌建筑被不断兴建，象征着自己与古代世界的荣耀一脉相承。历史被扭曲、被利用，人们制造出一种假象，似乎西方的崛起不仅是自然天成、无法避免，而且是由来已久、顺势延绵。①

虽然我们不得不面对在过去的 200 年里欧洲及其分支（如美国）在政治、经济和军事方面的主导地位，但没有理由认为这种主导地位是必然的，同样也不能认为这种优势地位是持久的。诚然，西方国家是全球化的先行者，但它却并非实现人类全球化的唯一答案和最优选择。恩格斯指出："由于文明时代的基础是一个阶级对另一个阶级的剥削，所以它的全部发展都是在经常的矛盾中进行的。"② 两个多世纪以来，绝大多数东西方思想家提出的解释都可归入"长期注定"派，即认为西方早在 2000 年前甚至更早，就具备了进入工业文明的动因。有些学者关注气候和种族，另一些则乐于探讨宗教和制度。无论何种因素，他们都相信上帝早已选中欧洲人。直到 20 世纪末，"加州学派"在西方史学界兴起，才提出了惊人的"短期偶然"理论。他们宣称，出于偶然原因，西方直到 18 世纪末才领先于东方。

《西方将主宰多久》一书提供了迄今为止最为系统和全面的发展程度比较结果。作者莫里斯发现，在过去 15000 年的绝大部分时期，西方的发展指数高于东方。然而，从公元 6 世纪中叶到 18 世纪晚期，东方后来居上，工业革命后风水又转回西方。他由此得出结论：西方的主宰地位既不是千万年以前就注定的，也不是最近的偶然事件的结果。

---

① ［英］彼得·弗兰科潘：《丝绸之路：一部全新的世界史》，邵旭东等译，浙江大学出版社 2016 年版，第 6 页。

② 《马克思恩格斯选集》第 4 卷，人民出版社 2012 年版，第 194 页。

　　《丝绸之路：一部全新的世界史》一书中有段精彩的论述："正是欧洲经济的发展才带来文化的繁荣。如今的使命在于重新找回过去。古老帝国都城的沦陷为新继承者们重振古希腊和古罗马的辉煌提供了机遇。当然，这还需要极大的热情。但事实上，法兰西、日耳曼、奥地利、西班牙、葡萄牙和英格兰都和雅典及古希腊世界没任何关系，在罗马的整个发展史中也无足轻重。这些热情都要归功于艺术家、作家和建筑家的粉饰，他们借鉴了古代的元素、思想和文字，选择性地引用史料，编成了个随着时间推移越发让人觉得可信、越发被人认为是标准的故事。因此虽然学者们一直将这一时期称作文艺复兴，但其实根本就不是复兴。相反，这是一次新兴、一次新生。在人类历史上，欧洲首次成为世界的中心。"①

　　西方世界对于当今全球发展的认识存在诸多问题，一个重要的原因是西方在看待世界时，总是自觉或者不自觉地以傲慢心态，固执地坚守着"西方中心论"。在对待非洲国家时，西方国家仍然摆脱不了殖民主义的心态，将非洲视为西方的附属物，认为非洲是"西方的非洲"。因此，任何国家与非洲的交往，都需要征得西方主要国家的认同或者认为只有西方主要国家才有资格与非洲交往。正因为如此，当中印等国开始与非洲进行交往和开展合作时，才有了"资源掠夺论""新殖民主义论"等不和谐的声音。

---

　　① ［英］彼得·弗兰科潘：《丝绸之路：一部全新的世界史》，邵旭东等译，浙江大学出版社 2016 年版，第 187 页。

进入 21 世纪以来，越来越明显的世界多极化发展的潮流正在改变自 18 世纪以来一直被西方几个主要大国主导世界发展的格局，西方的日渐衰落与发展中国家的崛起正在对"西方中心论"形成越来越大的冲击。事实上，"西方中心论"不仅无助于发展中国家的发展，而且越来越成为发展中国家走向现代化的包袱。应当承认，在当今的世界，西方国家在经济、政治、外交、军事、技术和资本方面仍然占据着显著优势，但是这些优势在历史上的形成与对很多国家的殖民和掠夺有很大的关系。为此，欧美等西方发达国家更有责任推动包括非洲各国在内的更多发展中国家的发展，而不是继续抱着西方至上的自我优越感，进行不切实际的说教，甚至是阻挠非洲的发展。否则将无法与包括中印在内的大多数发展中国家顺利往来，最终将不利于西方国家自身的发展。

世界从来都不是西方的世界，也不是西方的新发现，更不是西方的施舍或恩赐，当然不能由西方主导。西方主导全球化 500 多年的历史已证明，"西方标榜的共同利益不过是一个修饰性的比喻而已，失去共同目的和共同的利益，我们就失去了共同的准则、共同的思想和世界概念，世界已分裂成为无数原子式的个体和集团的碎片"。[①] 在"碎片化"的新格局下，如何做好全球产业链分工及自身的"防御""愈合"，需要长期不断的探索。今天的世界已不是 500

---

① ［德］卡尔·曼海姆：《意识形态与乌托邦》，李步楼等译，商务印书馆 2014 年版，第 16 页。

年前的世界，也回不到 500 年前的世界。终有一天，响彻世界的平视话语会驱散西方傲慢、偏见和谎言的迷雾，推翻由西方话语定论的颠倒黑白，人类也将走出西方主宰的画地为牢、弱肉强食的"黑暗森林"，从而迎来天下大同、命运与共的光明未来。

2. 野蛮生长：西方多边主义的真相

冷战结束后，世界多极化趋势不断发展，多边主义已然成为促进世界发展的主旋律。从普遍意义上看，多边主义为两个以上的国家提供了就某一议题共同交换意见，并以民主的形式找到解决方案的平台，这一原则在国际舞台获得了大多数国家的认可和支持。但是，在当前世界百年未有之大变局的背景下，多边主义面临着各种挑战。

在应对世界变局诸多冲击中，西方关于多边主义的理论分析和政策实践都令世人失望。西方多边主义理论与实践总是存在某种偏差或者"割裂"，因为不同主体间的观念差异与竞争，导致多边主义的实践缺乏连续性和稳定性。"西方多边主义"的结果必然是冷战思维的回归。冷战思维就是寻求在大国之间进行全面的军事、政治、经济和文化对抗的零和思维。同样也将加剧国家间的不信任，破坏国际合作机制的建立和运行。①

"西方多边主义"不仅无力阻止和消除地区动荡、民族冲突和国

---

① 王鸣野：《看清国际关系中的"伪多边主义"》，《人民论坛》2022 年第 18 期。

际恐怖主义，反而可能使这些威胁众多地区社会福祉的消极因素在夹缝中求生存，在大国的相互对抗中求发展。冷战结束以来，以恐怖主义、教派冲突和民族冲突为表现方式的地区动荡对世界大部分地区的和平稳定都构成了不同程度的威胁，更使冲突殃及地区的民众陷入了深重的灾难。面对这些问题，"伪多边主义"总是从自己的小圈子的利益或角度出发，以玩弄自由民主牌、人权牌和地缘政治牌的办法在国际社会制造分裂，使问题迁延不决甚至火上浇油。

低增长和高保护的恶性循环放大了经济相互依赖的脆弱性，进一步促使西方发达国家动用国家权力收缩关键产业，以"国家安全"为幌子为贸易霸凌主义辩护，以国家安全之名，行贸易保护之实。①

当前，以人工智能、5G、生物科技和网络空间等为代表的新兴技术领域已经成为新一轮科技竞争主导权的主战场，部分西方发达国家在科技民族主义下设置技术壁垒、实施技术封锁、组建技术联盟，筑起前沿核心技术的"小院"，划定投资贸易战略的"高墙"，通过精准打压和组团围堵的科技霸权行径为本国竞争搭建。发达国家滥用"国家安全"来保卫本国优势产业和先进技术，并借此无端干涉外商投资监管政策，赋予监管机构召见海外投资方的审查权，通过降低审查门槛、扩大审查范围、严格审查程序先发制人打造防御性的监管遏制战略，以更加潜隐、多样和极端的方式主导全球贸

---

① 张龙林、刘美佳：《当前西方逆全球化思潮：动向、根源及纠治》，《思想教育研究》2022 年第 5 期。

易投资竞争格局。

　　同时，西方国家不遗余力地营销粉饰西式民主人权价值理念，站在重构国际秩序规则和重塑民主自由形象的制高点上，组建俱乐部式、小圈子式、菜单式的民主国家联盟，恣意裁定民主阵营和非民主阵营，重振排他性、歧视性、等级性的议题联盟体系，围绕经贸、基建、科技、卫生、网络等领域打造遏华战线，以多边主义之名，行单边霸权之实，"标榜所谓'基于规则的秩序'，把自己的'家规'强加给国际社会；声称'不搞新冷战'，却处处以意识形态划线"。①在基础设施领域，以"B3W"基建计划为抓手另辟蹊径遏制"一带一路"倡议，呼应国内产业复兴，借机插入民主、环保、人权的双标价值观，凸显基建战略竞争的泛意识形态化倾向，从而达成护持西方霸权的战略意图，重振资本逻辑主导的"中心—边缘"全球空间格局，为稳固全球化领导权争取缓冲空间。

　　实践表明，一些国家构建的多边主义是"有选择的多边主义"，将其他国家排除在外。还有一些国家并没有真正践行多边主义的理念。这些形形色色的"多边主义"实践阻碍了真正多边主义原则的实施，成为威胁世界和平与发展的主要隐患。因此，中国在参与全球治理时，重要的任务之一便是反对单边主义、保护主义、霸权主义以及伪多边主义，维护和践行真正的多边主义。

---

　　①　王毅：《2021年中国外交：秉持天下胸怀，践行为国为民》，《环球时报》2021年12月21日。

从建设共同繁荣的世界愿景看，我国在国际公共产品供给方面由接受者、参与者到倡议者、主导者的角色转换，凸显中国作用和中国贡献。① "历史昭示我们，恪守多边主义，追求公平正义，战乱冲突可以避免；搞单边主义、强权政治，纷争对抗将愈演愈烈。如果无视规则和法治，继续大搞单边霸凌、'退群毁约'，不仅违背世界人民普遍愿望，也是对各国正当权利和尊严的践踏。" ② "多边主义的要义是国际上的事由大家共同商量着办，世界前途命运由各国共同掌握。在国际上搞'小圈子'、'新冷战'，排斥、威胁、恐吓他人，动不动就搞脱钩、断供、制裁，人为造成相互隔离甚至隔绝，只能把世界推向分裂甚至对抗。一个分裂的世界无法应对人类面临的共同挑战。" ③

中国在全球舞台不断阐释和倡导真正的多边主义理念，习近平主席在各种国际场合，如第 76 届联大、G20 第 16 次峰会、北京 2022 年冬奥会等，均反复强调真正多边主义的重要性，有利于提振国际社会对多边主义的信心。同时，中国敦促和支持国际组织如 G20、欧盟等带头践行真正的多边主义。中国在参与全球治理体系改革和建设的过程中，言行一致，充分实践真正的多边主义理念。

---

① 许嫣然、曹司彬：《多边主义理论辨析与全球治理实践危机》，《教学与研究》2022 年第 5 期。

② 《习近平谈治国理政》第 4 卷，外文出版社 2022 年版，第 455 页。

③ 习近平：《让多边主义的火炬照亮人类前行之路——在世界经济论坛"达沃斯议程"对话会上的特别致辞》，《人民日报》2021 年 1 月 26 日。

中国认为，践行真正的多边主义，必须要恪守《联合国宪章》的宗旨原则，遵守现有国际法，维护以联合国为核心的国际体系，因此中国将上述维护以联合国为核心的制度基础作为重中之重。

"一带一路"倡议是中国构建新型全球治理的大国责任，是中国参与多边主义的顶层设计。"一带一路"以与世界接轨的开放理念为行动遵循，以最广泛的国家和地区为合作对象，努力达成治理规则的对接，致力构建一个兼具开放、包容、合作、共赢等特质的全球治理规则体系，从而打造"政治互信、经济融合、文化包容的利益共同体、命运共同体和责任共同体"。除此之外，中国还发起创立中非合作论坛、上海合作组织、中阿合作论坛、金砖国家组织、中拉论坛等多边主义平台，与相关国家在维护地区安全，促进地区发展的问题上共同发声，合作共助。

正是在这样的大背景下，习近平总书记指出："我们要秉持人类命运共同体理念，坚守和平、发展、公平、正义、民主、自由的全人类共同价值，摆脱意识形态偏见，最大程度增强合作机制、理念、政策的开放性和包容性，共同维护世界和平稳定。"[1]共同维护和发展开放型世界经济，共同促进世界经济强劲、可持续、平衡增长，推动贸易和投资自由化便利化，坚持开放的区域合作，反对各种形式的保护主义，反对任何以邻为壑、转嫁危机的意图和做法。

---

① 《习近平谈治国理政》第4卷，外文出版社2022年版，第462页。

中国将坚定支持多边主义，积极参与推动全球治理体系变革，构建新型国际关系，推动构建人类命运共同体。构建开放型世界经济，推动形成更加公正合理的国际经济秩序，推动构建人类命运共同体，是对马克思世界市场理论的超越与创新。同时，人类命运共同体根植于马克思的"联合体"思想，却又是马克思主义的时代化，开辟了马克思主义的新境界，是 21 世纪的马克思主义，这是新时代《共产党宣言》从理论到实践的当代价值彰显。

三、全球化与现代化

现代化是人类社会自工业革命以来从传统社会向现代社会发生急剧变革、引发社会全方位各领域深刻变化的世界性历史过程。[①] 现代化过程涵盖了政治、经济、文化、社会等多方面内容，是全社会范围内一系列现代要素及其组合方式连续发生的从低级到高级的突破性变革过程。[②]"工业革命之后 200 年间人类物质文化的变化比此前 5000 年里发生的变化都还要巨大。"[③] 概括起来，现代

---

① 罗荣渠：《现代化新论：世界与中国的现代化进程》，北京大学出版社 2014 年版，第 17 页。

② 周文：《中国道路：现代化与世界意义》，浙江大学出版社 2021 年版，第 122 页。

③［美］斯塔夫里阿诺斯：《全球通史：从史前史到 21 世纪》，吴象婴等译，北京大学出版社 2012 年版，第 477 页。

化可以看作是经济领域的工业化、政治领域的民主化、社会领域的城市化以及价值观念领域的理性化的互动过程。[1] 可以说，现代化是人类文明发展进步的跃迁阶梯和人类文明形态变革的直接推力。

1. 物质中心主义的西方现代化

西方现代化是物质中心主义的现代化道路，"商品拜物教"是物质中心主义的必然结果。物质中心主义的单一维度现代化虽然实现了生产力的巨大发展与庞大的物质财富堆积，然而这种高度繁荣的物质文明是建立在牺牲其他文明发展的基础上的，物质文明的高度繁荣与尖锐的精神文化危机以及人与自然的紧张对立关系形成鲜明对比。西方现代化不仅通过资本与现代形而上学的"合谋"征服自然，最大限度地榨取自然以满足资本增殖需求，导致人与自然的紧张对立；而且物质中心主义现代化还引发了西方发达工业社会普遍的精神文化危机，一方面是逐渐形成普遍流行的"商品拜物教"、物质享乐主义、无节制消费主义的社会思潮，社会成员放纵沉溺于感性需要与物质满足，另一方面拜金主义、利己主义、虚无主义盛行，社会伦理道德不断消解，社会成员逐步退变为丧失理性思考能力、迟钝麻木的单向度的人。因此，西方物质中心主义现代化是物的高

---

[1]　[美] 西里尔·E.布莱克：《比较现代化》，杨豫等译，上海译文出版社 1998 年版，前言第 7 页。

度膨胀与人的高度异化的现代化。

首先，从发展动力来看，西方现代化是以资本为驱动的现代化，而中国式现代化是以人为价值追求的现代化。资本与生俱来的逐利性、剥削性和扩张性，决定了不断攫取剩余价值是资本主义生产的唯一目的。当这一要求无法在国内得到满足时，资本必然走向对外掠夺与殖民扩张的道路。正如马克思在《资本论》中指出："资本是死劳动，它像吸血鬼一样，必须吮吸活劳动才有生命，吮吸的活劳动越多，它的生命就越旺盛。"[①]资本一旦停止运动，就丧失了它的生命力，因此它只有在不断的运动中才能够不断地榨取剩余价值。在经济全球化的背景下，资本主义虽一再进行生产关系的调整，但依旧无法从根本上改变其逐利的本质。"资本害怕没有利润或利润太少，就像自然界害怕真空一样"[②]，在利润率最大化面前，一切道德、法律、良知都不能约束它的贪婪。

在资本主义生产方式下，人们的劳动生产并非以需求为中心，而是由一种"统治我们的、不受我们控制的"，即资本的力量所牵引。长此以往，资本成为资产阶级社会的支配一切的经济权力，成为起点又成为终点。最后，伴随理性主义的膨胀发展，工具理性被资产阶级过分倚重并滥用，价值理性却并未得到相应的均势发展。正如马克思所述，"一极是财富的积累，同时在另一极……是贫困、

---

① 《马克思恩格斯文集》第 5 卷，人民出版社 2009 年版，第 269 页。
② 《马克思恩格斯全集》第 23 卷，人民出版社 1972 年版，第 829 页。

劳动折磨、受奴役、无知、粗野和道德堕落的积累"①，诸如"圈地运动""种族灭绝"等血腥历史，无不揭示了资本的原罪。马克思对资本主义国家的殖民暴行批判道："当我们把目光从资产阶级文明的故乡转向殖民地的时候，资产阶级文明的极端伪善和它的野蛮本性就赤裸裸地呈现在我们面前，它在故乡还装出一副很体面的样子，而在殖民地它就丝毫不加掩饰了。"②

　　西方现代化盲目追求资本的最大增殖和经济规模的增长，是一条自我毁灭的工业化道路。西方工业文明社会是自我毁灭的工业化的未来。③西方工业文明之所以是不可持续的文明模式，是因为其采用无限攫取自然资源以实现资本积累的生产方式以及无节制的消费主义的生活方式，引发了全球资源短缺、世界能源危机、生态环境危机、享乐主义泛滥等问题。"当代的一个尖锐问题就是要弥合工业文明的深刻分裂。"④工业文明呈现出鲜明的矛盾性，即"它能够将人类的物质财富增加到前所未有的水平，它也能对社会造成前所未有的伤害"⑤。

---

① 《马克思恩格斯选集》第 3 卷，人民出版社 2012 年版，第 806 页。

② 《马克思恩格斯选集》第 1 卷，人民出版社 2012 年版，第 861—862 页。

③ ［日］山本新、［日］秀村欣二：《中国文明与世界：汤因比的中国观》，周颂伦等译，东方出版社 1988 年版，第 44 页。

④ ［美］丹尼尔·贝尔：《后工业社会的来临》，高铦等译，新华出版社 1997 年版，第 122 页。

⑤ ［德］格罗·詹纳：《资本主义的未来：一种经济制度的胜利还是失败》，宋玮等译，社会科学文献出版社 2004 年版，第 6 页。

资本主义的"进步的戏剧"体现在资本主义世界里的千百万穷人。以私有制为经济基础的西方现代化，注定了始终无法摆脱"马太效应"。一方面，资本主义生产方式依赖着大量靠自由出卖劳动力为生的雇佣工人；另一方面，资本主义生产方式将大量的货币财富集中在少数人手里。这意味着资本主义社会的资本积累，一极是财富的积累，而另一极是贫困的积累。资本与劳动的对立决定了国家物质财富增长越快，资本就越集中在少数资产阶级手里，无产阶级的贫困就进一步加剧。15世纪开始，英国的圈地运动、法国的土地改革、德国的农业改革、俄国的农奴制改革等，皆迫使农民与土地分离，进一步剥夺了农民的生产资料，加剧了农民生活的困苦和社会的两极分化。正如马克思指出："从15世纪最后30多年到18世纪末，伴随着对人民的暴力剥夺的是一连串的掠夺、残暴行为和人民的苦难。"[①] 因此，西方现代化是建立在对劳动者剥削和掠夺基础之上的现代化，是加剧贫富差距、激化社会矛盾、造成两极分化的现代化，是实现少数资产阶级利益最大化的现代化。

2. 突围西方中心论：发展中国家的现代化探索

从现实来看，西方中心论并没有消失，而是以一种新的包装继续影响西方对近代以来世界各国历史的解读，也深刻影响了非西方社会政治及知识精英的自我认知。其与第二次世界大战前的西方中

---

① 《马克思恩格斯文集》第5卷，人民出版社2009年版，第836页。

心论的最大不同在于，旧论认为只有欧洲人或者他们在欧洲之外的分支才有能力创造文明，并享有主权国家所应有的一切；新论则断称，欧美国家走过的路和代表的进步方向，适用于一切非西方国家——此即 20 世纪 50—70 年代盛行一时的"现代化理论"。[①] 这种理论之所以是欧洲中心论的改头换面，是因为它把战后欧美国家尤其是美国所流行的政治经济和社会制度，视为世界其他国家都应该效仿的样板。

世界上不存在一个普遍的、绝对的、抽象的、适用于所有国家的现代化标准，现代化后发社会中没有一个会再造出与现代化早发社会相同的现代制度模式。[②] 马克思特别强调："一个国家应该而且可以向其他国家学习。一个社会即使探索到了本身运动的自然规律——本书的最终目的就是揭示现代社会的经济运动规律——，它还是既不能跳过也不能用法令取消自然的发展阶段。但是它能缩短和减轻分娩的痛苦。"[③]

当然，对典型国家的研究并不等于从中得到的判断也完全适合于其他国家或民族。马克思和恩格斯反对在研究各民族发展道路问题时"使用一般历史哲学理论这一把万能钥匙"，因为"极为相似的事变发生在不同的历史环境中"会引起"完全不同的结果"，他

---

① 李怀印：《欧洲中心主义万变不离其宗》，《历史评论》2022 年第 4 期。

② ［美］布莱克：《现代化的动力：一个比较史的研究》，景跃进、张静译，浙江人民出版社 1989 年版，第 50 页。

③ 《马克思恩格斯文集》第 5 卷，人民出版社 2009 年版，第 9—10 页。

们主张"把这些演变中的每一个都分别加以研究，然后再把它们加以比较"，以便"找到理解这种现象的钥匙"①。1893 年 5 月 11 日，恩格斯在同法国《费加罗报》记者的谈话中指出："我们是不断发展论者，我们不打算把什么最终规律强加给人类。"② 中共二十大报告深刻指出："中国式现代化，是中国共产党领导的社会主义现代化，既有各国现代化的共同特征，更有基于自己国情的中国特色。"③

这也就是说，发达国家和发展中国家面临的现代化问题是不一样的。东欧国家与拉丁美洲的市场化改革的失败也已经表明西方现代化发展模式也并不是"绝对真理"。以俄罗斯为例，在采用"休克疗法"的过程中，快速自由化引发了宏观经济失衡，金融和石油寡头们趁机操控国民经济，结果出现了严重的通货膨胀，最终造成了"20 世纪 90 年代的转型经济衰退"④。

通过对比由国际经济组织策划的俄罗斯经济转型和由中国人自己策划的中国经济转型，我们可以发现两者的差距非常明显：1990 年，中国国内生产总值为 3608 亿美元（现价美元），俄罗斯国内生

---

① 《马克思恩格斯文集》第 3 卷，人民出版社 2009 年版，第 466—467 页。

② 《马克思恩格斯文集》第 4 卷，人民出版社 2009 年版，第 561 页。

③ 习近平：《高举中国特色社会主义伟大旗帜　为全面建设社会主义现代化国家而团结奋斗——在中国共产党第二十次全国代表大会上的报告》，人民出版社 2022 年版，第 22 页。

④ ［俄］弗拉基米尔·波波夫：《荣衰互鉴：中国、俄罗斯以及西方的经济史》，孙梁译，格致出版社、上海人民出版社 2018 年版，第 87 页。

产总值为 5168 亿美元（现价美元），中国国内生产总值仅为俄罗斯国内生产总值的 69.81%。但是到了 2020 年，中国国内生产总值为 14.6 万亿美元（现价美元），俄罗斯国内生产总值为 1.4 万亿美元（现价美元），中国国内生产总值是俄罗斯国内生产总值的 10 倍。[①]与此同时，俄罗斯的贫困人口尚未明显下降，而中国则已全面建成小康社会，完成脱贫攻坚历史伟业。

针对西方主流经济学家刻意轻描淡写西方国家发展过程普遍采取的产业政策之历史经验，剑桥大学的张夏准教授为其写的回顾西方国家发展策略的著作取了一个有趣的书名——《富国陷阱：发达国家为何踢开梯子》，来讽刺西方国家知识精英的虚伪。也就是说，当西方发达国家成功登上了工业化的楼阁之后，它们就把梯子踢开，重新杜撰与包装它们过去的发展经验，掩饰它们成功工业化的真正要诀，企图阻止发展中国家循着它们走过的工业化路径登上阁楼。

当前，西方一些学者开始反思完全市场化改革的适用性。丹尼尔·耶金认为："市场无法与一个失灵的国家协同工作，这将迫使拉美各国重新发现国家的作用。"[②]爱泼斯坦也指出，市场本身就是一个公共产品，是政治制度与法律体系的产物。对这个公共产品的供给来说，一个以集权的财政体制为基础的国家主权是十分必要

---

① 数据整理自世界银行数据库。

② ［美］丹尼尔·耶金：《制高点：重建现代世界的政府与市场之争》，段宏等译，外文出版社 2000 年版，第 367 页。

的。① 拉美的一些左翼学者也开始探讨西方现代化在拉丁美洲的实践局限性。劳尔·普雷维什在深入分析拉美国家惨遭发达国家经济剥削和危机转嫁的过程中，提出了"中心—外围理论"，尖锐批判发达国家与发展中国家之间的不平等关系。拉美经济的繁荣与萧条都表现出了与发达国家共振的特征，西方发达国家通过掌握经济和政治权力，不断从半边缘和外围国家中获取以农业为基础的产品以及原材料，将发展中国家被牢牢锁定在价值链低端，从而维持了自身的优势地位，充分证明了拉美经济对发达工业国家的依附性。

现代化不是世界少数人、少数发达国家的现代化，也不是一部分人、一部分国家的现代化，而是人类整体的多样现代化。从这个意义上说，推动构建人类命运共同体，本质上就是推动实现全球共同的现代化。中国式现代化为发展中国家走向现代化提供了一条可资借鉴的道路，为世界各国根据具体实际探索符合自身的现代化道路提供了有益经验。当前全球现代化发展不充分、布局不均衡矛盾突出，多数发展中国家现代化进程缓慢停滞、现代化水平低下、现代化质量不高，许多国家困于新自由主义现代化方案的窠臼难以自拔，有些地区的国家更是现代化的"真空地带"，长久徘徊于现代化的门槛之外。作为人类命运共同体理念落地生根的实践探索，"一带一路"建设以基础设施建设为依托促进沿线国家现代化

---

① ［美］爱泼斯坦：《自由与增长：1300—1750 年欧洲国家与市场的兴起》，宋丙涛等译，商务印书馆 2011 年版，第 2 页。

加速发展，进而带动广大发展中国家的现代化发展，为实现世界各国的现代化协同发展、人类社会共同进步的美好愿景贡献中国智慧。

3. 褪色的西方现代化：中国式现代化何以可能

工业革命开启了人类社会轰轰烈烈的现代化浪潮序幕，现代化是人类社会文明发展的重大历史性跨越。西方资本主义国家率先引领人类步入现代社会，然而西方资本主义现代文明却愈加暴露出自身的道路困境、制度缺陷与历史局限。中国式现代化是驾驭资本、扬弃资本逻辑与批判吸收资本主义文明发展成果的现代化新道路，破除了现代化道路的资本主义路径垄断与现代化的西方霸权历史，为世界其他民族和国家的现代化提供了全新选择，拓展了发展中国家的现代化新途径，创造了现代化的中国道路与现代文明的社会主义新形态。

世界上没有任何两个国家的发展进程是完全相同的，每一种类型都有多种发展模式和实现方式，都是适合一定历史发展阶段、一定生产力发展水平的产物。在国外理论界始终存在一种观点，认为中国的成功不过是复制了 20 世纪 50 至 90 年代日本等东亚国家的发展模式，本质上对拓展现代化路径并无独特贡献。这一论调试图否定中国式现代化对世界发展尤其是后发国家的巨大引领作用，本质上是对发展的主导权、话语权、解释权的垄断和争夺。如果我们不加以辨别，不给予纠正，就极容易陷入国外势力精心构建的理论陷阱之中，陷入国际舆论上的被动境地。① 例如，同样作为劳动力资源禀赋丰富的人口大国，印度在 1991 年就开始了更有利于劳动密集型产业发展的贸易自由化进程，然而基本整个 90 年代，中国的 GDP 增长率都远高于印度。②

早在 1917 年俄国十月革命这一世界性历史事件发生以后，"向西方学习"不再是唯一努力的方向。1918 年 6 月，李大钊明确指出，人类社会应开辟"第三新文明"的新路。他说："东洋文明既衰颓于静止之中，而西洋文明又疲命于物质之下，为救世界之危机，非有第三新文明之崛起，不足以渡此危崖。"③ 用西方现代化理论的概念工具强行解释中国的现代化实践，存在着概念移植与概念误用的情形，缺乏必要的解释力与说服力。概念与理论是认识世界、把握世界的重要方式，理论只有正确解释实践才具有生命力。在西方现代化理论中，很多概念、命题、范畴都是针对西方地理文化特殊性所提出的，我们不能将这些概念视作具有普遍性质的知识，更不能将其简单运用到对于非西方国家现代化实践的理论解释。④

---

① 兰洋、王名扬：《中国式现代化对东亚现代化的超越及图景开创》，《理论探索》2022 年第 6 期。

② 谢富胜：《中国道路的政治经济学》，中国人民大学出版社 2023 年版，第 89 页。

③ 中国李大钊研究会编注：《李大钊全集》第 2 卷，人民出版社 2013 年版，第 311 页。

④ 项久雨：《中国式现代化的理论体系》，《马克思主义研究》2023 年第 3 期。

通过在西方发达国家占据主导地位的产业结构分工理论和比较优势理论，误导发展中国家的经济现代化发展方向和产业结构调整，以维持西方国家的国际高端分工地位以及产业技术垄断霸权，企图将发展中国家牢牢锁定在国际产业分工体系的中低端，竭力制造发展中国家经济现代化的隐形壁垒和现代化发展的"天花板"。由此，广大发展中国家迟迟难以跨越中等收入阶段迈向高收入国家行列。"中国的崛起，绝不仅仅只是因为人口红利、资源丰富、土地广袤等比较优势，这些只能理解为中国崛起的必要条件而非充分条件。"①中国崛起既在于将静态比较优势如丰富廉价的劳动转换为具有竞争力的制造业产品，更在于借助动态比较优势的变化，发挥政府宏观调控职能，通过产业政策的有效引导，推动经济实现从劳动力密集型向资本密集型和技术密集型转型升级。

不论是"低端锁定"陷阱，还是自由贸易与贸易保护的两难，实质上都源于西方经济学理论与实践之中市场与政府的相互替代、此消彼长的钟摆式运动。经济平稳运行时的国内自由放任主张与国际自由贸易政策，经济危机时的国内政府临时干预和国际贸易保护转向，国际机构也常常被发达国家操控而又组织松散没有一个真正稳定的全球化调节机制。在西方经济学理论中，之所以将政府与市场相对立，是因为西方相信市场的"无所不能"，市场可以自动调节

---

① 周文、冯文韬：《中国奇迹与国家建构——来自中国改革开放 40 周年的经验与总结》，《社会科学战线》2018 年第 5 期。

供给与需求的平衡，自动调节生产，自动创造需求。因此，在西方经济学者看来，中国经济面临的问题，是发展中国家市场化改革不够彻底的表现。为此，就要实现彻底的、私有的、自由的市场化经济模式。但是经济史学家卡尔·波兰尼已经尖锐指出，这种自我调节的市场观念，是彻头彻尾的乌托邦。除非消灭社会中的人和自然物质，否则这样一种制度就不能存在于任何时期。①

市场经济模式没有统一答案，高水平的市场经济体制也没有唯一模板。相比于西方经济学中政府与市场、二元对立的分析范式，中国坚持走自己的路，以解决现实问题为导向，同时以世界眼光和开放心态积极吸收借鉴一切有益经验，建设中国特色社会主义市场经济体制。从当前中国实际情况来看，我国市场体系建设也依然存在着规制不一、区域市场分割、地方保护主义和不合理垄断等问题，更加需要政府以高效的治理能力来破解这些难题。② 新加坡国立大学郑永年教授认为，中国模式根植于中国悠久的历史传统之中，特有的政治经济体制是中国模式的核心内容，国家对关键经济领域起着直接的作用，世界上哪里也找不到中国强大的政府作用与市场力量保持平衡的混合经济模式。③

---

① ［匈］卡尔·波兰尼：《巨变：当代政治与经济的起源》，黄树民译，社会科学文献出版社 2013 年版，第 128 页。

② 周文、李亚男：《建设全国统一大市场的政治经济学分析》，《改革与战略》2022 年第 6 期。

③ 郑永年：《国际发展格局中的中国模式》，《中国社会科学》2009 年第 5 期。

　　中国在经济发展实践过程中充分发挥社会主义市场经济制度的优越性，颠覆了西方主流经济学理论体系，超越了新自由主义与国家干预主义，探索出了一条以中国共产党总揽全局、协调各方，让市场在资源配置中起决定性作用，同时更好发挥政府作用，形成当代中国马克思主义政治经济学的党、政府、市场的"三维谱系"。①

　　具体来看，在战略性支柱领域和涉及国家安全的军工装备、前沿核心技术、能源、粮食等领域，应发挥政府的主导作用，保证国家产业安全、国防安全、能源安全、粮食安全。在诸如公路、铁路、电力等公共服务提供领域，由于其作为准公共物品所具有的福利性质，应发挥政府的主导作用。而在一般性资源配置领域，应该发挥市场的决定性作用，辅之以政府的宏观调控。

　　新中国成立 70 多年以来，中国共产党人和中国人民走出了一条全新的通往现代化的道路，一方面摆脱了成为发达国家经济和政治附庸的命运，另一方面更摆脱了西方资本逻辑主导的现代化的叙事和道路，"国家不分大小、强弱、贫富……都有权自主选择社会制度和发展道路"。因此，中国式现代化"拓展了发展中国家走向现代化的途径，给世界上那些既希望加快发展又希望保持自身独立性的国家和民族提供了全新选择，为解决人类问题贡献了中国智慧和中国

---

　　① 周文、司婧雯：《全面认识和正确理解社会主义市场经济》，《上海经济研究》2022 年第 1 期。

方案"①，为世界广大的渴望现代化的发展中国家提供了新的方案选择。这既是对古代中国人"大同社会"理想的继承发展，也是对马克思主义"共同体"思想的继承发展。

从历史实践角度来看，现代化虽产生于西方，却不等于西方。现代化并非西方国家的专利，而是具有普适性的历史发展过程。正如哈贝马斯所说："没有理性可以存在于真空当中"②，现代化也一样，没有存在于真空当中的现代化。因而现代化既属于西方，也属于全世界。中国式现代化是现代化的一种模式，当然也具备各国现代化的共同内涵与特征。习近平总书记指出："当今世界不同国家、不同地区各具特色的现代化道路，植根于丰富多样、源远流长的文明传承。人类社会创造的各种文明，都闪烁着璀璨光芒，为各国现代化积蓄了厚重底蕴、赋予了鲜明特质，并跨越时空、超越国界，共同为人类社会现代化进程作出了重要贡献。中国式现代化作为人类文明新形态，与全球其他文明相互借鉴，必将极大丰富世界文明百花园。"③

中国式现代化打破了西方资本主义世界体系"核心国家"与"外围国家"之间统治与依附的不平等关系，破解了实现现代化与让

---

① 《习近平谈治国理政》第 3 卷，外文出版社 2020 年版，第 9 页。

② ［德］尤尔根·哈贝马斯：《后民族结构》，曹卫东译，上海人民出版社 2002 年版，第 195 页。

③ 习近平：《携手同行现代化之路——在中国共产党与世界政党高层对话会的主旨讲话》，《人民日报》2023 年 3 月 16 日。

渡独立性的西方现代化悖论，以更加独立自主的姿态屹立于世界东方，以更加昂扬雄伟的气势步入人类社会现代化强国。中国经历过帝国主义的殖民入侵、资本主义世界体系的围追堵截以及新自由主义全球化浪潮的冲击，我们作为世界最大发展中国家的现代化历程，在诸多曾经遭受西方殖民侵略、第二次世界大战以后实现民族独立人民解放的国家中具有典型的代表性，中国式现代化是真正值得广大发展中国家学习和借鉴的现代化。①

中国式现代化不但以举世瞩目的伟大成就发展自身，而且还积极通过开放合作、互利共赢造福世界，其取得的成功为建设持久和平、普遍安全、共同繁荣、开放包容、清洁美丽的世界贡献了中国方案和中国智慧，创造了人类文明新形态。中国式现代化的巨大成功打破了西方现代化的唯一神话，瓦解了现代化的资本主义单一路径，突破了西方文明长期以来对于人类文明发展道路的垄断与限制，破除了遮蔽现代文明的西方中心主义霸权行径与意识形态陷阱。因此，中国式现代化的世界意义正是在于开辟了将本国和世界从西方资本主义主导的世界体系中解放出来的全新道路，中国将破除近代以来世界历史沦为西方史的文明困境，这意味着一个人类全新文明秩序的诞生。②

---

① 周文、肖玉飞：《中国式现代化道路的独特内涵、鲜明特征与世界意义》，《马克思主义与现实》2022 年第 5 期。

② ［英］马丁·雅克：《当中国统治世界：中国的崛起和西方世界的衰落》，张莉等译，中信出版社 2010 年版，第 292 页。

四、拆卸全球化的"西式塔楼"：中国与世界互动的新视角

1. 竞争新理念：和平发展与和谐发展

当前世界正进入大发展大变革大调整时期，全球局势复杂多变，处于百年未有之大变局，面临更多更大的挑战与风险。当前国际社会面临更大的不确定性与不稳定性，以美国为首的发达资本主义国家围堵遏制、对抗威胁的冷战思维死灰复燃，强权政治、单边主义与丛林法则时常加剧地缘政治冲突，诸如恐怖主义、网络安全等非传统安全威胁也持续上升，全球和平赤字形势严峻。

和平合作、开放包容、互学互鉴、互利共赢的丝路精神，是共建"一带一路"最重要的力量源泉。习近平主席在第三届"一带一路"国际合作高峰论坛开幕式上指出，"古丝绸之路之所以名垂青史，靠的不是战马和长矛，而是驼队和善意；不是坚船和利炮，而是宝船和友谊。共建'一带一路'注重的是众人拾柴火焰高、互帮互助走得远，崇尚的是自己过得好、也让别人过得好，践行的是互联互通、互利互惠，谋求的是共同发展、合作共赢。不搞意识形态对立，不搞地缘政治博弈，也不搞集团政治对抗，反对单边制裁，

反对经济胁迫，也反对'脱钩断链'。"①

中国的和平崛起道路打破了西方世界宣扬的"国强必霸"逻辑，14亿人口的中国和平崛起本身就是对于世界和平的重大贡献。中国坚定不移地走和平发展道路，以发展促和平，以和平谋发展。中国倡导的全球和平发展理念坚持共同、综合、合作、可持续的安全观，营造公道正义、共建共享的安全格局，突破传统的冷战思维与霸权主义，强调以对话合作解决国际争端，维护世界的持久和平。中国致力于以新思维、新观念与新模式构建新型大国关系，以相互尊重、公平正义、合作共赢、和平协商解决争端分歧，努力走出一条跨越新兴大国与守成大国"修昔底德陷阱"的新型大国关系建设之路。中国坚定不移走和平发展道路，坚定不移维护世界和平、促进共同发展。无论中国发展到什么程度，都不会颠覆现行国际体系，都不会谋求建立势力范围。中国始终是世界和平的建设者、全球发展的贡献者、国际秩序的维护者。

新中国70多年的伟大实践成功开辟了独立自主、自力更生的和平发展道路，为维护世界和平与全球发展作出巨大贡献。近代以来西方世界的崛起所依靠的是殖民扩张与侵略战争的殖民道路，落后国家和民族成为西方崛起的悲惨代价。中国的崛起所依靠的则是独立自主、自力更生的和平发展道路，中国的发展壮大不是削弱而

---

① 习近平：《建设开放包容、互联互通、共同发展的世界——在第三届"一带一路"国际合作高峰论坛开幕式上的主旨演讲》，《人民日报》2023年10月19日。

是增强世界和平与发展力量。中国完全遵守国际规则、没有实行任何侵略扩张行为，依靠本国人民自力更生、艰苦奋斗的卓绝努力，实现了中国的和平崛起与快速发展奇迹。中国式现代化道路既传承五千多年中华文明的和平、和睦、和谐的传统，又顺应时代潮流，把握"和平与发展"的时代主题，坚持同世界各国合作共赢，推动构建人类命运共同体，以中国的新发展为世界提供新机遇，为解决全球性问题作出巨大贡献。

中国倡导的世界和谐发展理念是实现人与自然的和谐发展、人类经济社会的和谐发展、世界文明的和谐发展，构建更为和谐的世界生产关系，建设更加开放、包容、多元、互鉴的全球化。中国倡导的世界和谐发展理念注重人与自然的和谐发展。资本主义全球化越扩张，资本主义生产方式的弊端越显露。西方生态帝国主义对大自然过分的掠夺发展使得地球生态环境严重恶化；发达资本主义国家向发展中国家转移大量的污染企业和污染工业，还将大量的有毒垃圾原料输入到发展中国家，企图将发展中国家变为承接发达国家生产消费的工业垃圾场。生态帝国主义是资本逻辑肆意扩张的必然结果，形成了人与自然关系的极端对立，导致了严重的地球生态危机。

人因自然而生，人与自然共生共处，是共生共荣的生命共同体。人类必须尊重自然、顺应自然、保护自然。厚植于中国传统哲学天人合一的自然和谐发展理念，破除了西方主客二元对立、人类征服自然的迷思，着力实现人与自然之间的和谐共生、和谐发展。

人类只有一个地球，保护地球生态环境是全人类共同的责任和义务。中国正秉持绿色发展理念，推进生态文明建设，不仅以实际行动率先大力推进节能减排，为全球生态治理作出巨大贡献，还致力于推动绿色发展和相关领域的国际合作，积极彰显大国责任，向其他发展中国家提供资金物质援助、开展成套项目建设、提供实用技术、分享绿色发展方案。中国所倡导的人与自然和谐发展的绿色发展理念为全球可持续发展、世界生态文明建设提供了中国智慧，中国已成为全球生态文明建设的重要参与者、贡献者、引领者，天人合一的人与自然和谐发展理念必将加快推动建构筑尊崇自然、绿色发展的体系，共建清洁美丽的世界，实现世界人与自然的和谐发展。

中国倡导的世界和谐发展理念注重人类经济社会的和谐发展。社会和谐是人类自古以来的梦想，经济利益关系是生产关系的重要内容，更趋公正的经济利益关系是实现人类经济社会和谐发展的基础，共同利益是人类命运共同体的核心和支撑。中国倡导共商共建共享、互利共赢的共同发展理念，维护世界多边贸易体制，推进世界投资自由化便利化，引导经济全球化朝着更加开放、包容、普惠、平衡、共赢的方向发展。中国倡导以人的全面发展为目的的和谐发展理念，摆脱资本无限增长的增殖逻辑，以人类共同利益为目标构建人类命运共同体。人类命运共同体的现实基础必须以世界各国有所获益为支撑。倡导建设人类命运共同体的本质就是要重塑和谐发展的国际秩序。中国真心实意地追求世界各国合作共赢，寻求发展繁荣的最大公约数。[①] 中国积极以自身发展带动他国发展，"一带一路"建设为世界提供更多的发展机遇与成果；中国致力于最大程度地实现人类共同利益，坚持你好我好大家好的理念，使发展成果惠及世界各国，让人人享有富足安康。

中国倡导的世界和谐发展理念尊重世界各国发展道路与世界各国多样文明，倡导世界文明相互交流借鉴、和谐发展。"一花独放不是春，百花齐放春满园。"冷战结束以来，美国在全球不遗余力地强行推广以美式自由民主为代表的西方民主制度与"普世价值"，以政治压力、金钱援助、武力威胁、扶植反对势力等方式，以街头政治、颜色革命等形式故意制造社会动荡，以实现颠覆原有政权、建立亲美政府、攫取国民财富、增殖垄断资本的目的。中国倡导尊重各国的发展道路，各国也应探索符合自身实际的发展道路；倡导尊重世界文明多样性，不同文明之间应该交流互鉴、取长补短；构建更加开放、包容、多元、互鉴的全球化，共同推动人类命运共同体建设。

2. 市场新理念：开放包容与互利共赢

当前全球化面临的最大问题就是全球发展失衡。国际金融垄断资本攫取了绝大多数发展中国家的剩余价值以及本国劳动阶层的劳动财富，导致发展中国家的普遍贫困落后以及本国严重的财富两极

[①] 钟声：《拥抱人类命运共同体的光明未来》，《人民日报》2019 年 10 月 7 日。

分化，发达资本主义国家成为全球化的主要受益者，南北之间面临巨大的发展赤字，形成难以跨越的发展鸿沟。全球发展赤字不仅阻碍全球经济的持续健康发展，也已经导致阶层分化严重、社会长期撕裂、社会矛盾尖锐、地区动荡失序的消极后果。全球发展不均衡不充分问题亟待破解，世界发展鸿沟亟须弥合。

全球发展不均衡问题最终将会引发全球市场收缩与世界经济增长乏力。自2008年美国次贷危机所引发的全球金融危机以来，国际贸易萎缩不振，全球市场需求疲软，世界经济持续处于低迷状态。这正是国际金融垄断资本过度榨取全球剩余价值、资本自身过度积累与贫困积累的矛盾产物。全球范围内资本积累程度与集中程度越高，贫困积累程度就越高，愈加自发步入资本过剩与劳动力过剩的恶性循环，最终资本积累与贫困积累将会到达极端状态使得资本循环过程中断、崩溃。

新自由主义全球化就是全球范围内以前所未有速度加速呈现的财富积累与贫困积累的双重进程，2008年国际金融危机使得新自由主义全球化资本积累与贫困积累的双重过程再也无法持续。马克思早已指明："一切现实的危机的最后原因，总是群众的贫穷和他们的消费受到限制。"[①]全球市场停滞收缩与世界经济增长乏力使得贸易保护主义频频抬头，单边主义政策和保护主义举措无可避免地削弱世界多边贸易体制，世界市场面临再次走向封闭对抗、以邻为壑的

---

① 《资本论》第3卷，人民出版社2004年版，第548页。

危险。"世界经济发展的历史证明，开放带来进步，封闭导致落后。重回以邻为壑的老路，不仅无法摆脱自身危机和衰退，而且会收窄世界经济共同空间，导致'双输'局面。"①

此起彼伏的逆全球化思潮威胁经济全球化重回封闭保守状态，当今世界正处于人类社会发展的十字路口。中国积极以自身行动为世界开放发展注入正能量，以自身作为推动世界转入包容普惠均衡的经济全球化道路。"一带一路"倡议承载着开放包容、互利共赢的发展理念，寄托着合作共赢、共同发展的美好追求，将为世界各国提供更多的发展空间、发展机遇与发展成果。作为中国为世界提供的最大国际公共产品与最大国际经济合作平台，"一带一路"倡议正成为沿线国家政策互享、设施互通、经济互惠、同甘共苦、命运与共的互利纽带，正成为为世界各国提供发展机遇、打破发展瓶颈、增强发展动力、缩小发展差距、共享发展成果的繁荣发展之路。以"一带一路"倡议为契机的人类命运共同体，正在以开放合作、互利共赢理念做大全球经济蛋糕，做实全球成果共享，做牢全球平衡普惠。

"中国已经是 140 多个国家和地区的主要贸易伙伴，是越来越多国家的主要投资来源国。无论是中国对外投资，还是外国对华投资，都彰显了友谊和合作，体现着信心和希望。"② 作为首个将共建"一

---

① 习近平：《中国发展新起点　全球增长新蓝图——在二十国集团工商峰会开幕式上的主旨演讲》，《人民日报》2016 年 9 月 4 日。

② 习近平：《建设开放包容、互联互通、共同发展的世界——在第三届"一带一路"国际合作高峰论坛开幕式上的主旨演讲》，《人民日报》2023 年 10 月 19 日。

带一路"倡议合作独立成章的自贸协定，中柬自贸协定于 2022 年 1 月 1 日生效实施。柬埔寨的香蕉、芒果、大米、木薯粉等农产品更便捷、更大规模地进入中国市场。中国已经成为柬埔寨大米、香蕉最大出口目的国。截至 2022 年底，中国企业累计对柬各类投资超过 100 亿美元。中非合作论坛更是实现合作共赢、共同发展的典范，树立了南南合作的时代丰碑。中国不仅免除了与中国有外交关系的非洲最不发达国家、重债穷国、内陆发展中国家、小岛屿发展中国家截至 2018 年底到期未偿还政府间无息贷款债务，还向非洲提供 600 亿美元支持。

中国不仅坚守经济全球化的历史潮流，坚决反对单边主义、贸易保护主义，支持世界多边贸易体制、捍卫世界自由贸易，成为全球化的坚定守护者，还以平衡普惠、互利共赢发展理念引领全球化重新出发，推动全球化进入新阶段。2023 年 11 月 17 日，习近平主席在亚太经合组织第三十次领导人非正式会议上的讲话中指出："开放则兴，封闭则衰。我们要维护自由开放的贸易投资，支持并加强以世界贸易组织为核心的多边贸易体制，维护全球产业链供应链稳定畅通，反对将经贸问题政治化、武器化、泛安全化。要坚定不移推进区域经济一体化，加快推进亚太自由贸易区进程，全面落实《亚太经合组织互联互通蓝图》，共享区域开放发展机遇。"①

---

① 习近平：《坚守初心　团结合作　携手共促亚太高质量增长——在亚太经合组织第三十次领导人非正式会议上的讲话》，《人民日报》2023 年 11 月 19 日。

消除贫困是全人类的共同使命，也是当今世界面临的最大全球性挑战，过上幸福美好生活是人类千百年孜孜以求的梦想。中国坚持开放包容发展导向，积极参与国际发展合作，始终秉持帮助发展中国家摆脱贫困，实现发展中国家人民追求美好生活的愿景。

中国实现了彻底摆脱绝对贫困、全面建成小康社会的历史成就，为人类发展事业作出了伟大贡献。同时致力于以中国力量加速推进国际减贫进程，以中国方案贡献人类消除贫困难题；与世界各国一道，携手世界人民，铲除贫困滋生土壤，增进世界人民福祉；合力建设远离贫困、共同繁荣的美好世界，推动人类命运共同体建设。

3. 生产关系新理念：共商共建共享

当前的全球上层建筑是二战以来所奠定的国际政治经济秩序与全球治理结构，这一结构初期曾有力地维护了世界和平秩序与推动世界经济发展。冷战格局解体之后，美国以其超级大国的强大实力成为国际政治经济秩序与全球治理结构的基础与主导力量，发达资本主义国家联盟维护国际政治领域的霸权主义、强权政治与世界经济领域的弱肉强食、赢者通吃的不公逻辑，以拳头大小、实力强弱取代正义与公平，奉行你输我赢、以邻为壑的传统思维与做法。

资本主义全球上层建筑依旧企图维持不公正不合理的国际政治经济旧秩序，长久地盘剥与压榨发展中国家的剩余价值；通过种种规则与制度排斥、限制新兴国家与发展中国家的代表权、参与权、话语权，维持以发达资本主义国家为代表的国际垄断资本的统治秩序。这一旧的国际秩序和全球治理结构已经越来越难以适应新的历史时代与世界发展要求，越来越阻碍全球经济社会的持续健康发展。当今历史时代与国际社会正面临前所未有的挑战与机遇，人类进步与世界发展面临关键抉择。

中国所倡导的共商共建共享的全球治理理念是为构建更加公正合理的国际政治经济秩序，建立更加优化有效的全球治理结构，实现世界和平、稳定、繁荣所贡献的中国智慧。该理念是倡导世界各国平等参与、民主协商、共享发展的全新发展理念，中国通过共商共建共享治理观，积极参与全球治理体系变革和建设。世界上所有国家都享有平等的发展权利。世界各国体量有大小、国力有强弱、发展有先后，但都是国际社会平等的一员，都有平等参与地区和国际事务的权利。

习近平总书记强调："中国秉持共商共建共享的全球治理观，倡导国际关系民主化，坚持国家不分大小、强弱、贫富一律平等。"[1]中国倡导世界各国，无论大小、强弱、贫富，都应以平等为基础，共同参与更加公正合理的国际政治经济秩序与全球治理体系的构建。中国倡导国际社会的政治平等与经济平等、政治民主与经济民主，促进国际政治经济领域的权利平等、机会平等、规则平等，通过对话协商达成共识，通过共同协商解决问题。全球治理体系是由世界

---

[1]　习近平：《决胜全面建成小康社会　夺取新时代中国特色社会主义伟大胜利——在中国共产党第十九次全国代表大会上的报告》，人民出版社 2017 年版，第 60 页。

各国平等参与、共商共建共享的，不可能由哪一个国家独自掌握。共商共建共享就是要"世界的命运必须由各国人民共同掌握，世界上的事情应该由各国政府和人民共同商量来办。垄断国际事务的想法是落后于时代的，垄断国际事务的行动也肯定是不能成功的"①。

"共商共建共享"拓展了世界市场空间。当前，旨在维护西方发达国家统治秩序与垄断利益的旧国际政治经济秩序和全球治理体系，无法有效应对世界市场的困境、全球化发展难题和全球性挑战，已经越来越难以适应全球经济稳定健康发展的迫切需要，阻碍了世界市场向纵深发展和全球化的历史潮流。世界市场和经济全球化呼唤更加公正合理的政治经济秩序和更加有效的全球治理结构。共商共建共享理念超越了基于比较优势和要素禀赋理论的传统国际经济学框架，是促进世界市场拓展、增强全球经贸合作、构建新型全球化、推动世界经济长期稳定健康发展的新理念。

共商共建共享新治理方案推动构建新型全球化，将从根本上改变传统经济全球化发展模式，颠覆自殖民主义时代延续至今的国际分工格局和全球化发展布局。共商共建共享新治理智慧倡导缩小、消除全球发展鸿沟，努力实现全球发展红利分配的公平正义，致力于扭转全球经济长久以来"富者越富、贫者越贫"的两极分化局面。2015年9月，习近平主席在减贫与发展高层论坛上指出，"消除贫

---

① 习近平：《弘扬和平共处五项原则　建设合作共赢美好世界——在和平共处五项原则发表60周年纪念大会上的讲话》，《人民日报》2014年6月29日。

困依然是当今世界面临的最大全球性挑战"，呼吁各国"凝聚共识、同舟共济、攻坚克难，致力于合作共赢，推动建设人类命运共同体，为各国人民带来更多福祉"。① 这一理念揭示了人类命运共同体利民、惠民的价值立场，展现出其变革全球治理体系中推动生产力均衡发展的理论特质，为全球减贫治理注入了先进思想和精神动力。

共商共建共享新理念倡导世界各国以平等为基础共同参与全球治理体系的变革，建设更加公正合理的国际政治经济秩序；倡导更为公平的发展成果分配理念，让世界各国共享经济全球化和世界经济增长成果，既发展自身又造福世界。

中国正秉持共商共建共享新理念为世界经济发展提供新机遇，积极推动建设"一带一路"高质量开放合作国际平台，共同构建双边、多边自由贸易区和投资贸易协定，推动全球治理体系变革、增强全球发展动力、促进世界共同发展，以中国力量助推世界经济企稳复苏、以中国方案推动全球化重新出发、以中国智慧带领世界经济走出阴霾。作为全球生产网络的重要组成部分，中国链接了全球各国，将发展中国家和发达国家整合在新型全球化的平台之中，能够在世界范围内促进经济要素的自由有序流动、资源的高效配置和市场的深度融合，激发发达国家和发展中国家的发展特色和发展潜力，消除西式全球化带来的碎片化和两极化发展，达到合作

---

① 习近平：《携手消除贫困　促进共同发展——在 2015 减贫与发展高层论坛的主旨演讲》，《人民日报》2015 年 10 月 17 日。

共赢。①

  中国提出"一带一路"倡议，秉持共商共建共享的全球治理观，旨在于推动建设开放型世界经济，与世界分享发展成果，通过经贸人文交流将世界打造成真正意义上的"人类命运共同体"。②"一带一路"切中的正是全球化的本质目标，即真正的全球化应当致力于通过多种经济合作方式促进共同发展，"推动经济全球化朝着开放、包容、普惠、平衡、共赢的方向发展"。目前，共建"一带一路"政府间合作已形成以"一带一路"国际合作高峰论坛为引领、以多双边合作机制为支撑的复合型国际合作架构，共建国家在发展规划、机制平台、合作项目对接中，谋求共识，深化合作，共同发展。在沙特阿拉伯"2030 愿景"与共建"一带一路"倡议对接框架下，红海新城储能项目、吉赞产业集聚区等项目助力沙特实现能源和经济多元化。在中老共同推进"一带一路"建设合作规划纲要指导下，中老铁路顺利建成通车。

  截至 2022 年底，中国启动的"一带一路"国际科技组织合作平台建设项目，累计吸引了 200 多个国际组织和千余个国别组织参与，涵盖全球 150 多个国家和地区，共实施 152 个项目，支持建立或筹建 30 个区域科技组织、36 个国际科技组织联合研究中心、5 个国别

---

  ① 孟祺、朱雅雯：《"一带一路"倡议赋能共同富裕——基于构建人类命运共同体的视角》，《经济学家》2023 年第 2 期。

  ② 周文、包炜杰：《新时代中国特色社会主义政治经济学特征问题》，《教学与研究》2018 年第 6 期。

科技问题研究中心，培养了 11.9 万多名科技人才。中国主导发起的
"一带一路"国际科学组织联盟，成员单位达到 67 家。中国还面向
东盟、南亚、中亚、中东欧、非洲、上合组织、拉美等建设了 8 个
跨国技术转移平台，并在联合国南南框架下建立了"技术转移南南
合作中心"。①

　　自 2008 年原有的全球治理结构失灵以来，中国正利用全球治
理体系变革的契机，积极主动推动全球治理体系的变革和建设。中
国坚定地维护以联合国为核心的国际秩序和国际体系，维护和巩固
第二次世界大战胜利成果。中国积极推动国际货币基金组织的改革，
提高发展中国家的特别提款权，提高发展中国家在国际货币基金组
织和世界银行中的投票权；推动二十国集团、金砖国家、上海合作
组织等更加平等公正的全球合作机制，提升新兴国家和发展中国家
的参与度和话语权；推动国际关系更加平等化、国际规则更加民主
化、全球治理规则更加公正化，努力使全球治理体制更加平衡地反
映大多数国家意愿和利益。

五、小结

　　现阶段，全球化进程陷入逆流中、保护主义和单边主义盛行、

---

①　佘惠敏：《科技创新支撑丝路共建》，《经济日报》2023 年 10 月 22 日。

民粹主义逐渐兴起以及世界经济一体化进程严重受阻。"究其根源，是经济领域全球增长动能不足、全球经济治理滞后、全球发展失衡三大突出矛盾没有得到有效解决。"① 正是在这样的历史和国际环境下，中国十分坚定地呼吁建设人类命运共同体。习近平主席强调："经济全球化是历史大势，促成了贸易大繁荣、投资大便利、人员大流动、技术大发展。"②

作为一个关切人类命运，致力于为人类谋福利、积极推动人类发展的政党，为世界提供中国方案也是中国共产党作为百年大党的历史使命与担当。这表现在和平崛起的中国，将始终坚持和平发展的理念，积极融入现有国际治理体系中，针对现有治理的弊病回应各方关切点，从人民的利益这一基本立场出发，提出中国的解决方案。另外，中国始终是国际治理中多边主义的倡导者和实践者，也将推动建立更为完善的国际多边治理机构，呼吁关注人类命运共同体建设过程中"共同但有区别"的责任，为多边主义的进一步发展注入更加强劲的生命力。

坚持合作共赢，建设一个共同繁荣的世界。当前，没有哪个国家能够独自应对人类面临的各种挑战，也没有哪个国家能够退回到自我封闭的孤岛。国与国之间的交往比以往任何时候都更广泛、深入，联系更紧密、频繁，利益更密切、交融。习近平总书记指出：

---

① 习近平：《共担时代责任，共促全球发展》，《求是》2020 年第 24 期。

② 习近平：《共同构建人类命运共同体——在联合国日内瓦总部的演讲》，《人民日报》2017 年 1 月 20 日。

"推动建设一个开放、包容、普惠、平衡、共赢的经济全球化，既要做大'蛋糕'，更要分好'蛋糕'。"作为世界上最大的发展中国家，中国通过"一带一路"倡议、上海合作组织等积极加强与其他国家的合作，为其他国家发展提供新机遇和力所能及的帮助，为世界经济发展注入新动能、带来新希望，让和平的薪火代代相传，打造多元文明共同体、让文明的光芒熠熠生辉。

第七章　全球化的中国贡献与世界意义

当前，全球不平等撬动国际经济变局，逆全球化思潮暗流涌动，世界经济困顿难行。"从现实维度看，我们正处在一个挑战频发的世界。世界经济增长需要新动力，发展需要更加普惠平衡，贫富差距鸿沟有待弥合。地区热点持续动荡，恐怖主义蔓延肆虐。和平赤字、发展赤字、治理赤字，是摆在全人类面前的严峻挑战。"①

改革开放40多年来，正是中国融入全球化的重要时间段。在这一过程中，我国经济保持中高速增长，按照可比价格计算，中国国内生产总值年均增长约9.5%，从1978年的3684.8亿元增长到2024年的134.9万亿元，稳居世界第二大经济体，对世界经济增长贡献率超过30%，被称为"中国奇迹"。对于"中国奇迹"的政治经济学探索基本集中在两条线索：一是内部原因，即对内改革，调整生产关系中与生产力不相适应的部分，建立健全社会主义市场经济体制；

---

① 《习近平著作选读》第 1 卷，人民出版社 2023 年版，第 590 页。

348

二是外部原因，即对外开放，统筹国内国际两个市场，融入全球化
打造开放经济。[①]其中，对外开放也就是全球化作为外部条件，对
内改革则是因应外部条件而做出的适应性调整。

　　一个国家对于全球化的适应与否直接关系到能否从全球化中获
益，全球化进程中的"中国奇迹"则证明了中国道路是一种具有全
球意义的经验。那么，为什么许多发展中国家在全球化中失败了而
中国取得了成功？中国道路的成功对于我们来理解全球化进程中的
国家发展又有什么启示呢？从世界历史视角综合透视百年党史，可
以清晰地看到，随着中国现代化实践的蓬勃发展，中国已逐渐从近
代世界体系中的边缘主体转变为新型全球化的重要参与者与建构者，
并以更加独立自主的姿态参与到世界历史的多元书写中。

一、全球化与中国道路

1. 有力政党：中国共产党的胸怀天下观

　　习近平总书记指出，"经济全球化进入阶段性调整期"[②]，"经济

---

　　①　周文、肖玉飞：《中国共产党百年经济实践探索与中国奇迹》，《政治经济学评
论》2021 年第 4 期。
　　②　习近平：《面向未来开拓进取　促进亚太发展繁荣——在亚太经合组织第二十四
次领导人非正式会议第一阶段会议上的发言》，《人民日报》2016 年 11 月 22 日。

全球化进程正站在一个历史的十字路口上"①。一方面，"新一轮科技和产业革命正孕育兴起，国际分工体系加速演变，全球价值链深度重塑，这些都给经济全球化赋予新的内涵"②；另一方面，当今世界百年未有之大变局加速演进，经济全球化动力减弱，保护主义、单边主义抬头，全球经济复苏乏力，国际格局正在发生深刻调整，世界加快进入动荡变革期。对此，习近平总书记强调，"逆全球化"是对金融危机的错误回应，"把困扰世界的问题简单归咎于经济全球化，既不符合事实，也无助于问题解决"。③

正是基于这样的时代大背景，中国共产党胸怀造福世界的实践使命，顺应世界历史发展潮流与世界人民向往美好生活的价值追求，积极抵抗逆全球化浊浪，主动承担大国责任担当，以"一带一路"为世界各国发展提供新机遇，以人类命运共同体引领经济全球化新方向。中国共产党立足人类历史长河提出构建"人类命运共同体"这一新型全球化理念④，不仅表明了中国捍卫经济全球化的立场，更指明了经济全球化的正确方向，标志着中国在经济全球化过程中从参与者到引领者的角色转变。

《中共中央关于党的百年奋斗重大成就和历史经验的决议》将

① 《习近平会见德国总理默克尔》，《人民日报》2017年7月6日。

② 习近平：《深化伙伴关系　增强发展动力——在亚太经合组织工商领导人峰会上的主旨演讲》，《人民日报》2016年11月21日。

③ 《习近平谈治国理政》第2卷，外文出版社2017年版，第477页。

④ 王公龙：《构建人类命运共同体：引领新型经济全球化的中国方案》，《上海行政学院学报》2021年第5期。

"坚持胸怀天下"作为中国共产党百年奋斗的历史经验，强调党和人民事业是人类进步事业的重要组成部分，党始终以世界眼光关注人类前途命运，从人类发展大潮流、世界变化大格局、中国发展大历史正确认识和处理同外部世界的关系，坚持站在历史正确的一边，站在人类进步的一边，不断为人类文明进步贡献智慧和力量，同世界各国人民一道，推动历史车轮向着光明的前途前进。①

坚持以世界眼光关注人类社会共同发展，就是坚持胸怀天下中的整体性视角，将世界各国视为一个不可分割的有机整体，坚持以实现人类社会共同发展作为世界整体发展的战略目标诉求，倡导"不同国家、不同文明要在彼此尊重中共同发展、在求同存异中合作共赢"②，放眼人类文明进步和世界发展全局，应对整个人类社会发展所面临的各种问题和挑战，为人类谋进步，为世界谋大同，为全球谋发展，致力于实现人类社会共同繁荣和持续健康发展。

"天下太平、共享大同是中华民族绵延数千年的理想。"③大同思想源于"大道之行也，天下为公"（《礼记·礼运》）的理想社会图景，体现了中华文明社会构序思想中"群体高于个人""和谐高于冲

---

① 《中共中央关于党的百年奋斗重大成就和历史经验的决议》，人民出版社 2021 年版，第 68 页。

② 习近平：《坚定信心　勇毅前行　共创后疫情时代美好世界：在 2022 年世界经济论坛视频会议的演讲》，《人民日报》2022 年 1 月 18 日。

③ 习近平：《论坚持推动构建人类命运共同体》，中央文献出版社 2018 年版，第 84 页。

突"的整体价值观。①中华优秀传统文化蕴含着丰富的"天下""四海""九州"观念，这些观念是中华文明的重要思想财富。几千年来，中华民族围绕自我与他者的关系形成了天下主义的价值指向，胸怀天下成为中华文明的血脉基因和精神特质。习近平总书记指出："中华民族历来讲求'天下一家'，主张民胞物与、协和万邦、天下大同，憧憬'大道之行，天下为公'的美好世界。"②

中国传统儒家思想以"天下"为归宿，把"家"作为最基本的政治单位，把国家作为隶属于这一空间体系的中间层次，这一逻辑从"个体—国家—天下"的不同层次规定了天下体系的建构思路，将中国传统认识论的"文明时空、政治想象、世界图景、道德理想以及个人抱负、集体寄托、民族理想、公民憧憬"融为一体，在"家国同构"与"天下一体"之间建立互本性逻辑链接，形成贯穿身心、家国与天下的世界维度。③

一方面，中国共产党坚决维护与践行多边主义，维护各个国家探索自身发展道路的权利。推进新型经济全球化进程，是世界各个国家与民族追求美好生活、共建人类命运共同体的必由之路。尽管从全球化的历史来看，不同国家与民族的发展次序有先后、发展程

---

① 陈来：《中华文明的核心价值：国学流变与传统价值观》，生活·读书·新知三联书店 2015 年版，第 54—56 页。

② 习近平：《论坚持推动构建人类命运共同体》，中央文献出版社 2018 年版，第509 页。

③ 吴志成、刘培东：《中国共产党坚持天下胸怀的理论与实践》，《政治学研究》2022 年第 3 期。

度有高低，但是必须尊重每个国家与民族的共同与对等发展的权利与机遇，承认现代化路径与范式的多样性。

任何倚靠政治操纵、贸易壁垒、科技封锁和交往脱钩等方式，损害他国发展权益、维护本国优先地位的企图，都是徒劳无功的，其在世界市场演化进程中粉墨登场的开端，也注定了黯然退场的结局。中国共产党坚决反对用单调的眼光审视人类五彩缤纷的政治文明，积极与世界其他政党共同担负起推进世界经济发展和民主进步的重任，合理统筹短期利益与长期利益、部分利益与整体利益，建立起有效、健全、稳定的协商交流国际组织机制，防止极少数发达国家倚靠强权政治来垄断世界市场规则制定。

另一方面，中国共产党倡导缩小并消除发展鸿沟，实现全球发展红利分配的公平正义。马克思主义政治经济学指出，缺乏国家调控的资本主义生产方式，其技术进步和经济发展必然存在有偏倾向，在追求剩余价值积累的过程中，投资往往更多地用于精进资本设备而极力压低劳动者工资，进而造就利润率下降、发展动力不足、消费能力低下、人口相对过剩、劳资对立等严重的经济社会问题。

因此，中国共产党呼吁世界各国政党与政治组织，携手应对国际市场"马太效应"愈演愈烈的挑战，客观承认与严肃对待世界市场存在的发展鸿沟与低端锁定等现实问题，更多倾听与关注世界后发国家和各国贫困人民的诉求，进而平衡世界南北格局，提高世界上发展中国家与广大劳动者在参与全球化红利分配时的话语权和份额，推动构筑更加公正对等、和平稳定与共治共享的国际政治经济新体系。

中国共产党坚持胸怀天下，以兼济天下的能力铸造为基本前提，以人类关怀的道义担当为重要保障，以命运与共的格局塑造为发展追求，以天下大同的理想追寻为价值导向。党的十八大以来，以习近平同志为核心的党中央，建设性参与国际和地区热点问题政治解决，在气候变化、减贫、反恐、网络安全和维护地区安全等领域发挥积极作用。① 我国积极参与全球环境与气候治理，为达成应对气候变化《巴黎协定》作出重要贡献，是落实《巴黎协定》的积极践行者，并郑重作出力争 2030 年前实现碳达峰、2060 年前实现碳中和的庄严承诺，体现了负责任大国的担当。我们把脱贫攻坚作为全面建成小康社会的底线任务，经过全党全国各族人民共同努力，我国脱贫攻坚战取得了全面胜利，提前十年实现联合国 2030 年可持续发展议程减贫目标，历史性地解决了绝对贫困问题，为世界减贫事业作出了重大贡献。

在致力于消除自身贫困的同时，我们始终积极开展南南合作，力所能及向其他发展中国家提供不附加任何政治条件的援助，支持和帮助广大发展中国家特别是最不发达国家消除贫困，先后多次宣布无条件免除重债穷国和最不发达国家对华到期政府无息贷款债务，积极向亚洲、非洲、拉丁美洲和加勒比地区、大洋洲的众多国家提

---

① 陈理：《中国共产党坚持胸怀天下的由来及发展》，《马克思主义与现实》2022年第 1 期。

表 6 中国对外援助资金规模及结构（2013—2018 年）（单位：人民币）

对外援助种类	无偿援助	无息贷款	优惠贷款	合计
对外援助金额占比	1278 亿元 47.30%	113 亿元 4.18%	1311 亿元 48.52%	2702 亿元 100%
对外援助分布情况占比	最不发达国家 45.73%	中低收入国家 34.77%	中高收入国家 14.87%	国际组织及其他 4.63%

资料来源：国务院新闻办《新时代的中国国际发展合作》白皮书，2021 年 1 月。

供医疗援助，先后为 120 多个发展中国家落实千年发展目标提供帮助。

纵观世界各国的治理模式，政党都是治理国家不可缺少的工具。但是，资本主义社会的政党往往困于个人利益、集团利益和短期利益，不能站在全体人民的立场上，无法着眼于整个国家的长远利益中，使治理低效甚至无效。此外，国家治理绝非一蹴而就的简单工作，需要长期的探索和实践，而西方政党的不良竞争和轮替，大大影响了其治理体系的落地和治理措施的持续性，长此以往，势必阻碍国家发展。

反观中国，党的领导是中国特色社会主义道路的最本质特征，是中国特色社会主义制度的最大优势，也是中国道路的根本保障。新中国 70 多年的发展成就与改革开放 40 多年的伟大事业，正是由中国共产党不断自我革新、锐意进取所缔造。中国共产党克服了西方政党的自利性、狭隘性，始终站在最广大人民的立场上，代表了整个国家的长远利益。毋庸置疑，中国共产党是中国特色社会主义制度的最大优势，是中国国家治理体系变革、治理能力升级的关键推动力量，也是实现国家治理现代化的根本保证。① 中国共产党既不同于西方资产阶级政党，也不同于其他社会主义国家的共产党。对应于西方政党而言，中国共产党是一个具有严密组织纪律性的政党，团结统一是其自身建设不变的突出特点。坚持马克思主义旗帜不动摇，坚守初心和使命，决定了一代又一代共产党人接力奋斗。②

2. 有为政府：国家治理能力与治理体系现代化

罗德里克在其著作《全球化的悖论》中指出："政府是每个国家的政府，市场却是全球性的，这就是全球化的致命弱点。要使全球经济健康发展，就要小心处理两者之间的关系，从中取得平衡。"③

全球化的发展需要国际公共产品的配套，而引领国家在国际公共产品供给中发挥着关键作用，后者的能力和意愿很大程度上决定着全球化的进程。④ 有效的现代国家的兴起被广泛认为有助于市场

---

① 周文、司婧雯、何雨晴：《繁荣与富强：大国治理的政治经济学》，复旦大学出版社 2022 年版，第 13 页。

② 杜艳华等：《继承与创新相统一：大党理论创造的智慧》，复旦大学出版社 2022 年版，第 9 页。

③ ［美］丹尼·罗德里克：《全球化的悖论》，廖丽华译，中国人民大学出版社 2011 年版，第 10 页。

④ 郎昆、郭美新、龙少波：《数字经济与新型全球化：全球化生命周期理论的分析框架》，《上海经济研究》2023 年第 7 期。

的运作。①具体而言，法律的能力，即在其领土上执行国家统治的能力，是发展其行政基础设施的先决条件：提供产权、市场法规和法院等争端解决机制。

马来西亚战略与国际问题研究所班恩·纳嘎拉教授指出："从现代化建设之初起，国家政策就在其现代化进程中起着至关重要的作用。如果没有健全的国家政策作为顶层设计，中国现代化就不可能如此系统、持续、迅速和显著地取得成功。"②

实践证明，与西方治理体系不同，中国特色社会主义制度和国家治理体系是以马克思主义为指导、植根中国大地、具有深厚中华文化根基、深得人民拥护的制度和治理体系，是具有强大生命力和巨大优越性的制度和治理体系，是能够持续推动拥有十四亿多人口大国的进步和发展、确保拥有五千多年文明史的中华民族实现"两个一百年"奋斗目标进而实现伟大复兴的制度和治理体系。总结起来，中国治理模式具有四大特征，也是中国国家治理的四大显著优势。③

纵观世界各国的现代化模式，尤其是在后发追赶型现代化国家中，政府在经济增长中发挥着极为重要的作用，政府能力成为决定

---

① Johnson, N. D. and Koyama, M., 2017, "States and Economic Growth: Capacity and Constraints", *Explorations in Economic History*, 64: 1–20.

② ［马来西亚］班恩·纳嘎拉、白乐：《中国式现代化：世界历史视野中最成功的现代化案例》，《中国社会科学报》2023 年 2 月 21 日。

③ 周文、司婧雯、何雨晴：《繁荣与富强：大国治理的政治经济学》，复旦大学出版社 2022 年版，第 7 页。

后发国家现代化命运的关键变量，而宏观经济治理是政府意志与能力的集中呈现，在经济社会发展中的作用至为关键、不可替代。①

在东亚发展突出的经济体中，其制度安排都有一系列共同特征：国家行动的首要任务始终是经济发展、国家保障私有财产和市场、国家通过工具来指导市场、国家参与许多与私营部门进行协商和调节的机构等。②政府和市场在协同合作及目标相同的前提下，各自发挥自己的作用，构建政府与市场友好、温和的关系，实现政府干预与市场力量之间的平衡，以此推动经济快速发展。因此，世界银行指出，亚洲"奇迹的本质"在于亚洲最大限度地接近了经济学中的点金术——快速增长与实现公平同步，正是这样把亚洲推向了世界经济的最前沿。③

市场并不是天然存在的，如果让市场自身自由演化，那自由市场将永远不会形成。实际上自大航海时代以来西欧所建立的自由市场并不是自然形成的，而是由国家所创造的；国家对于市场的管制与经济的干预是自由市场兴起的前提条件，所以国家管制与自由市场是一起成长的，甚至自由放任本身也是由国家强制推行的。在中国，党的坚强有力领导是政府发挥作用的根本保证，也是政府有为

---

① 周文、司婧雯：《中国式现代化与宏观经济治理》，《当代经济研究》2023 年第 9 期。

② 郑永年、黄彦杰：《制内市场：中国国家主导型政治经济学》，邱道隆译，浙江人民出版社 2021 年版，第 65 页。

③ ［美］丹尼尔·耶金：《制高点：重建现代世界的政府与市场之争》，段宏等译，外文出版社 2000 年版，第 227 页。

的"约束条件"。在这一三维结构下，我国宏观经济治理的基本准则是：局部服从整体、地方服从中央、下级服从上级、全党服从中央。① 与之相应，党的领导作用是引领和保障方向大局，中央政府是宏观经济治理的具体执行机构，地方政府负责调控、调节地方经济的发展。"政党—政府—市场"的三维谱系，形成了社会主义市场经济的宏观经济治理体制优势，使中国经济具有发展阶段上的延续性、发展目标上的渐进性、发展政策上的稳定性等特征，创造了中国式现代化的伟大成就。②

中国道路的成功应归功于积极有为的强大中央政府所具有的国家治理能力。③ 亨廷顿通过对 20 世纪中叶亚非拉发展中国家普遍发生政治动乱的分析揭示出：政治制度化水平是导致政治动荡的原因；失败政府与政治差距是后发国家发展落后的根本原因；政治稳定是经济发展的前提，实现政治稳定需要一个具有强大控制能力的集权的中央政府。中国具有一个拥有先进的治理体系与强大的治理能力的中央政府。中国政府通过发展才是硬道理的社会共识，以人民代表大会制度等一系列制度安排汇集民众意愿、整合利益诉求、有效治理社会，维持了稳定的社会政治环境，实现国家政权的长期稳定

---

① 刘瑞：《在中国特色宏观调控范式下完善宏观调控体系研究》,《经济纵横》2020 年第 11 期。

② 周文、司婧雯：《全面认识和正确理解社会主义市场经济》,《上海经济研究》2022 年第 1 期。

③ 周文、肖玉飞：《中国道路的政治经济学考察》,《山东社会科学》2019 年第 10 期。

与国家政策的连贯实行。

理论来自实践，又反作用于实践。通过马克思主义政治经济学理论创新指引实践创新、服务于国家战略，成为推动发展的"物质力量"。当前，国际政治和经济的发展格局正在发生深刻变化，世界保护主义、单边主义盛行，虽然国际环境充满了更多不确定性、不稳定性，但中国始终秉承开放包容理念，坚持合作共赢发展，坚定不移地维护多边主义国际秩序，旗帜鲜明地反对单边主义、保护主义，以更大力度扩大开放的姿态推动构建国内国际双循环相互促进的新发展格局。

新发展格局理论具有丰富的马克思主义政治经济学内涵，是服务于国家发展战略的最新理论成果。[①]一方面，新发展格局理论在新发展理念的基础上增添了"安全"的维度，突出产业链供应链体系更为安全、自主和可控的发展目标，极大丰富了总体国家安全观，也是维护国家经济安全的客观需要。另一方面，新发展格局理论强调创新驱动和扩大内需的重要性，以改革创新发挥社会主义集中力量办大事的显著制度优越性，实现有效市场和有为政府更好结合，推动实现国家的发展目标。同时，对于发展中国家而言，在任何时候，自主发展与开放是有机统一的，不是割裂的。新发展格局理论高度重视补齐自主创新及关键核心技术方面的短板，全面突破解决

---

① 周文、刘少阳：《新发展格局的政治经济学要义：理论创新与世界意义》，《经济纵横》2021 年第 7 期。

瓶颈问题和"卡脖子"问题，要在对外开放中把握主动权、提高国际竞争新优势。

当下解决现实中全球增长动能不足、全球经济治理滞后、全球发展失衡的深层问题，不可能依靠割裂早已形成的全球技术链、产业链和价值链。唯有各国之间开展更加深入务实的合作，维护和扩大共同利益，才能让经济全球化的成果惠及各国和各国人民。目前，新兴市场国家和发展中国家对全球经济增长的贡献率已达到80%，日益拥有推动经济全球化发展的能力。发达国家应该乐见这些国家融入经济全球化大潮，并让他们发挥建设性作用。面对全球化逆潮流，各国应当坚定信心、协商合作，保证全球供应链安全、构建顺畅贸易通道，同时防止各种以邻为壑的保护主义发生，共同推动全球经济的平稳向前发展。

3. 有效市场：高水平社会主义市场经济体制

在市场自发调节下，经济活动以个体利益为中心，只强调个人理性和个人利益，资本和劳动力自然而然流向高收益的产业，在个人财富高速积累的同时，产业结构从制造业占主体到服务业占主体转化，产业空心化现象突出。美国过度去工业化，过早提高消费和服务业比重，使美国经济体系构建在泡沫经济的基础上，失去了实体工业支撑，不仅降低了生产率的增速和水平，使经济增长乏力，而且提高了经济的不稳定性，陷入经济危机。也就是说，仅仅依靠私有化、市场化和自由化的市场经济是原始的市场经济，是市场经济发展的初级阶段，自由放任的市场经济只是原始市场经济。①

然而，去工业化易，而再工业化难，该模式影响了发达国家保持经济增长的持久动力，同时也制约发展中国家提高国家竞争力。市场经济不应是改革的目标，而是达到目标的手段；国家不应让位于市场经济，而应驾驭好、利用好市场经济。正如波兰尼在所强调的，市场是广义经济体的一部分，而经济体又是更广义社会体的一部分。事实上，"自律性市场"从未真正被实行过。世界各国通过自由市场来重建全球经济的后果却是和平的终结和第一次世界大战，并带来了经济秩序的崩溃和经济大萧条。可以说，若要建立一个完全自律的市场经济、实现市场经济的"脱嵌"，则是将人类社会和自然环境推向自毁。

中国特色社会主义市场经济体制是中国共产党的伟大创造。改革开放以来，中国共产党再一次以超强的战略转型能力破除种种思想禁区与重重政治阻力，将全党的工作重心转移到经济建设上来，中国共产党通过坚定不移的决心、高瞻远瞩的领导能力、广泛支持的组织动员能力、有节有序的改革路径，将中国这样一个高度依靠中央计划的计划经济体制，平稳有序地转型为坚持社会主义性质与市场经济手段的全新社会主义国家。

---

① 周文、司婧雯：《全面认识和正确理解社会主义市场经济》，《上海经济研究》2022 年第 1 期。

　　中国共产党逐渐破除社会主义与计划经济关系认识的教条，指明计划经济不是社会主义经济的本质特征，突破了社会主义与计划经济关系的认知。一方面，将社会主义与计划经济解绑，承认计划经济体制和市场经济体制都是发展社会主义制度的具体实现形式，肯定了计划和市场都是发展社会主义经济的工具；另一方面，将资本主义与市场经济解绑，破除了对市场的意识形态偏见，明确提出社会主义市场经济体制这一概念。因此，这一概念既超越了传统的计划经济模式，又超越了资本主义市场经济模式。[1]

　　中国共产党充分吸收了苏联模式与东欧剧变的经验教训，对关系国计民生的重大问题，党既反对保守，也反对冒进，既大胆试、大胆闯，又实事求是稳扎稳打，在综合平衡中稳中求进。把制定长期政策目标和广泛的政策试验结合起来，中央设定大的政策目标，在地方设立试点或试验区摸索具体的实施方法，然后总结试点经验，以点带面、以点串线地推广到其他地方，实现探索、试错、纠错、前进的螺旋式发展。[2]

　　过去在市场经济改革中，国有经济作为缺少市场效率的所有制形式，一直是被重组和调整的对象。这对于收缩国有经济分布战线、集中力量聚焦于国计民生重要领域、提高宏观效益都具有历史性的

---

　　① 周文、司婧雯、何雨晴：《繁荣与富强：大国治理的政治经济学》，复旦大学出版社 2022 年版，第 84 页。

　　② 中共中央宣传部：《中国共产党的历史使命与行动价值》，人民出版社 2021 年版，第 48 页。

作用。在追求中国式现代化的过程中，公平正义、共同富裕是中国特色社会主义的本质要求，发展不仅要讲市场效率，而且要讲社会公平。为了坚决防止两极分化，逻辑上就不仅要求国有经济提升市场效率，而且要求把其作为追求社会公平的基础工具，做到效率与公平并重。通过把国有经济做强做优做大，在经济现代化、治理现代化、人的现代化建设方面发挥其他所有制形式无可替代的功能，承载独特的历史使命，如规定国有企业把收益的一定比例作为全民社会保障基金等，就是追求共同富裕的基本形式。

需要重点指出的是，随着数量有限、规模巨大的国有企业集中分布于国民经济中少数最重要的产业领域，国有企业的做强做优做大，与毫不动摇地鼓励、支持、引导非公有制经济发展之间可以实现和谐共处，实现相互补充和相互依赖，从而促进非公有制经济更好地发展壮大。如要求国企勇当现代产业链链长，就可以更好地为产业链上游的广大中小微企业创造市场需求和商业运用场景，为产业链现代化创造条件。①

与此同时，民营经济是推进中国式现代化的生力军，是实现高质量发展的重要基础，更是推动我国全面建成社会主义现代化强国、实现第二个百年奋斗目标的重要力量。② 支持民营经济发展是党中

---

① 赵晶、刘玉洁、付珂语、张勇、李欣：《大型国企发挥产业链链长职能的路径与机制——基于特高压输电工程的案例研究》，《管理世界》2022 年第 5 期。

② 周文：《民营经济是推动高质量发展的坚实基础》，《中国社会科学报》2023 年8 月15 日。

央的一贯方针。党的十八大以来，我国高度重视民营经济的发展壮大，多次重申坚持和完善基本经济制度。2025 年 2 月 17 日，习近平总书记在民营企业座谈会上强调："党和国家对民营经济发展的基本方针政策，已经纳入中国特色社会主义制度体系，将一以贯之坚持和落实，不能变，也不会变。新时代新征程民营经济发展前景广阔、大有可为，广大民营企业和民营企业家大显身手正当其时。"①

从所有制结构来看，"社会制度中的任何变化，所有制关系中的每一次变革，都是产生了同旧的所有制关系不再相适应的新的生产力的必然结果"。②民营企业的兴起和壮大，推动了我国所有制结构的多元化和市场化，为经济发展提供了更多选择和灵活性。一方面，民营经济的稳步发展为深化所有制改革提供了实践基础和经验积累，推动了国有企业的改革和转型，促进了国有资产的优化配置和增值。通过混合所有制改革、股权多元化等措施，国有企业与民营企业之间形成了合作互补、协调发展、互利共赢的局面，有利于优化资源配置、提高经济效益、推动经济的可持续发展。另一方面，民营经济在市场竞争中展现的灵活性、创新性和市场适应能力，推动了所有制结构的优化，增加了经济的韧性和抗风险能力。当经济面临外部冲击或市场波动时，多元化的所有制结构可以提供更多的选择和

---

① 《习近平在民营企业座谈会上强调　民营经济发展前景广阔大有可为　民营企业和民营企业家大显身手正当其时》，《人民日报》2025 年 2 月 18 日。

② 《马克思恩格斯选集》第 1 卷，人民出版社 2012 年版，第 303 页。

应对策略，有利于降低风险和损失。①

市场经济以开放为鲜明特征，又依靠开放得以进一步发展。在中国的社会主义市场经济发展历程中，开放性是最鲜明的特征和动力源泉，正是得益于对外开放与经济全球化，实现了经济飞速发展，同时，又通过积极参与经济全球化为世界经济作出了巨大的贡献。改革开放为中国社会主义市场经济开启了实践的大门，由此建立社会主义市场经济体制成为改革开放最重要的核心内容。坚持党对经济工作的集中统一领导是推进我国构建和完善社会主义市场经济体制的根本政治保证。中国共产党通过对上层建筑的塑造和生产关系的调整，引领和保障经济社会发展大局，确保经济社会发展坚持正确方向，并从社会的整体利益和国家的长远利益出发，解答了发展的方向、方式及重点领域等这些市场无力解决的问题，全面统筹协调经济发展的方向和节奏。②

二、全球化的中国智慧与世界意义

当今世界正在发生深刻而复杂的变化，当代中国正在全球化进

---

① 周文、白佶：《民营经济发展与中国式现代化》,《社会科学研究》2023 年第 6 期。

② 周文、司婧雯：《新时代中国国家治理现代化：内涵、特征与进路》,《新疆师范大学学报（哲学社会科学版）》2020 年第 4 期。

程中阔步走向民族复兴。习近平总书记在文化传承发展座谈会上的重要讲话中指出，要坚定文化自信，坚持走自己的路，立足中华民族伟大历史实践和当代实践，用中国道理总结好中国经验，把中国经验提升为中国理论。中国通过"一带一路"建设逐渐将理念转化为实践，人类命运共同体也正变得越来越真切、可感。

1. 为全球合作共赢探索全新治理机制

随着全球产业链深度融合，世界各国早已形成了"一荣俱荣、一损俱损"的共生关系，尤其自改革开放以来，中国经济迅猛发展，在全球产业链中具有重要的地位。西方国家将自身发展的结构性矛盾问题归结于全球化，殊不知"经济全球化是西方崛起而不是西方衰落的原因"[①]，斯蒂格利茨也认为西方国家尤其是美国出现问题的根源不是全球化造成的，而是其全球化的路径和全球治理模式出现了问题，只给少数人带来了福音，大部分人并没有受益。

近年来，全球经济复苏迟缓，国际贸易和投资增长乏力，收入与财富分配不均状况日益严重，导致逆全球化思潮和形形色色的贸易保护主义抬头，世界经济面临的不确定性和潜在风险不断增加。面对这种复杂多变的国际环境，中国始终站在构建人类命运共同体的高度，积极引领经济全球化的潮流，倡导维护世界经济的开放性，

[①]　周文、包炜杰：《经济全球化辨析与中国道路的世界意义》，《复旦学报（社会科学版）》2019年第3期。

从而为全球经济应对挑战和走出困境提供了理论指导，为世界发展不断注入正能量。

在世界经济论坛、博鳌亚洲论坛、二十国集团领导人峰会、亚太经合组织领导人非正式会议以及中国国际进口博览会等重要场合和平台，习近平主席多次强调，过去数十年，经济全球化对世界经济发展作出了重要贡献，已成为不可逆转的时代潮流。同时，面对形势的发展变化，经济全球化在形式和内容上都面临新的调整，理念上应该更加注重开放包容，方向上应该更加注重普惠平衡，效应上应该更加注重公正共赢。经济全球化是人类社会发展必经之路，在各国相互依存日益紧密的今天，全球供应链、产业链、价值链紧密联系，各国都是全球合作链条中的一环，日益形成利益共同体、命运共同体。①

习近平总书记在深刻分析经济全球化本质和科学揭示逆全球化根本原因的基础上，明确提出"推动经济全球化朝着更加开放、包容、普惠、平衡、共赢的方向发展"②。新型经济全球化打破了凭借全球贸易规则制定主导权，不断强化"中心—外围"格局，从而盘剥发展中国家的资本主义经济全球化模式。构建人类命运共同体强调兼顾新兴市场国家和发展中国家的利益诉求，以开放性营造合作氛围、以包容性发展世界经济、以普惠性开展国际贸易、以平衡性

---

① 李坤望、张兵：《人类命运共同体》，《经济研究》2022年第6期。
② 《习近平谈治国理政》第3卷，外文出版社2020年版，第46页。

弥合南北鸿沟、以共赢性实现共建共享，是于变局中开新局的经济全球化建设新方案。

习近平总书记强调，金砖国家等新兴经济体要发挥自身优势和影响力，"推动建设开放型世界经济，促进贸易和投资自由化便利化，合力打造新的全球价值链，实现经济全球化再平衡，使之惠及各国人民"①。从"一带一路"倡议到人类命运共同体构建，是中国主动适应外部发展环境的深刻变化到积极参与和引领全球经济治理体系的大变革。构建人类命运共同体和"一带一路"倡议回应了经济全球化向何处去的时代之问，以人类命运共同体理念引领全球经济发展模式和合作模式，为新型经济全球化的发展方案奠定了物质基础和民意认同。

"一带一路"倡议顺应了人类社会在交往联系日益紧密、彼此已经逐渐成为命运共同体的时代背景下，寻求更高层次和平与发展的时代诉求。通过一系列务实举措，逐渐取得成效，获得国际社会越来越多的肯定和支持。"一带一路"的成功实践使人类命运共同体对世界新秩序的伟大构想不断从理想转化成为现实。未来，中国应该进一步发挥新秩序推动者、参与者及维护者的作用，但那种对于中国会最终取代美国成为或者应该成为世界秩序新的领导者的认识判断，仍然是霸权主义逻辑下的旧思维，已经非常不合时宜，必须引

---

① 习近平：《论坚持推动构建人类命运共同体》，中央文献出版社 2018 年版，第 472 页。

起我们的高度警惕。

构建人类命运共同体是各国应对共同挑战、维护共同利益的全新机制。① 伴随着经济全球化的纵深推进，发展不再是一个国家或地区的内部事务，而是呈现跨区域、交互影响的外部连锁反应，民族问题逐渐转化为世界问题。面对全球经济形势阴霾、金融危机蔓延、环境资源制约凸显、贸易保护主义抬头等全球性危机，美国"华盛顿共识"和欧洲"区域一体化"等西方方案可谓捉襟见肘、举步维艰。构建人类命运共同体是对西方区域合作方案的全新超越，是站在人类社会整体发展的高度，摒弃意识形态偏见，积极应对关乎人类整体命运的矛盾和问题，群策群力共同探寻最优解决方案。

同时，构建人类命运共同体打破了资本逻辑主导的单方面追求物质财富、以经济价值衡量一切的倾向，转向注重人类在精神财富、人与自然和谐发展、代内和代际公平等方面的追求，从价值原则、价值观念上入手缓解了全球争夺发展资源和发展机会而引发的矛盾冲突，为未来携手应对类似新冠疫情等突发公共卫生事件、全球气候变化和可持续发展危机筑牢基础。

构建人类命运共同体也是各国加强合作、实现共赢发展的全新机制。随着生产力的不断发展和交往的进一步扩大，人类更加紧密地相互依存，世界的一体化程度也逐渐加深。恩格斯认为人类社会

---

① 周文、施炫伶：《论习近平经济思想的丰富内涵与世界意义》，《理论月刊》2023 年第 10 期。

发展是"合力"作用的结果，"每个意志都对合力有所贡献，因而是包括在这个合力里面的"①。构建人类命运共同体离不开世界各国合作共赢的"合力"。习近平总书记指出："当今世界，各国人民是一个休戚与共的命运共同体，市场、资金、资源、信息、人才等等都是高度全球化的。"②因此，我国务必要"树立世界眼光，更好把国内发展与对外开放统一起来，把中国发展与世界发展联系起来，把中国人民利益同各国人民共同利益结合起来"。

具体来说，一是加强宏观经济政策协调，运用宏观经济政策支持世界经济动力转换、方式转变和结构调整，合力推动世界经济早日走出危机阴霾，实现强劲、可持续、包容性增长。二是通过文明的交流互鉴加强合作与共享。在全球化加速推进、全球治理体系大变革大调整的时代，不同文明的交流碰撞达到前所未有的广度和深度，经济全球化和信息科技的革新拓展了不同地域、不同国家、不同民族之间的文明交流互鉴之路。习近平总书记指出："文明因多样而交流，因交流而互鉴，因互鉴而发展。"③各国文明的交流互鉴有利于促进经济学理论和经济治理实践的交流学习，有利于搭建新兴资源、创新技术、全球性项目的对话、合作与共享平台，有利于为

---

① 《马克思恩格斯选集》第 4 卷，人民出版社 2012 年版，第 606 页。

② 习近平：《携手追寻中澳发展梦想　并肩实现地区繁荣稳定——在澳大利亚联邦议会的演讲》，《人民日报》2014 年 11 月 18 日。

③ 习近平：《深化文明交流互鉴　共建亚洲命运共同体——在亚洲文明对话大会开幕式上的主旨演讲》，人民出版社 2019 年版，第 5 页。

世界经济增长贡献"合力"的智慧。

气候变化（气候危机）[①]已然成为世界各国舆论最为关注的世界性公共话题，绿色低碳发展是大势所趋。与之相对的是，2021年全球二氧化碳排放量上升了6%，达到了363亿吨，反弹至历史最高水平。一方面，新冠疫情虽然导致全球经济停摆，但互联网消费的大幅增长带来了电力的大量消耗，推动了数字经济的高速发展，[②]增加了二氧化碳排放量。另一方面，大气中二氧化碳浓度过高加剧了自然生态系统的脆弱性，给全球气候治理带来严峻挑战。自进入工业化社会以来，人类肆意掠夺自然资源为己所用，破坏自然环境，大规模燃烧化石燃料和砍伐森林，导致温室气体尤其是二氧化碳浓度上升，将人类暴露于随之而来的极端气候风险中。人类活动给生态环境造成了难以逆转的危害，是导致气候变暖的"罪魁祸首"。极端气候频发影响人类生产生活和生命健康，冰川的加速融化更是直接关系到小岛屿国家的生死存亡。

如何实现人与自然和谐共生成为全人类密切关注的时代课题。全球性极端天气高发表明全球气候治理刻不容缓，任其自由发展最终会导致国家安全和人类可持续发展受到不可逆转的影响。为了有

---

① 2019年9月，联合国秘书长古特雷斯在联合国气候行动峰会上指出，曾经的"气候变化"现在已成为"气候危机"。气候变化的进度和严重程度远远超过10年前的预测和评估。

② 赵蓓文：《新形势下全球气候治理的复杂困局与中国方案》，《世界经济研究》2022年第8期。

效应对气候变化，加强全球治理，国际社会达成了实现碳中和的共识，绿色低碳成为国际潮流。作为国际社会的负责任大国，中国也作出了节能减排的承诺，主动为世界限温控碳贡献中国力量，与世界各国共同开创气候治理新局面。

中国在全球气候治理进程中正在发挥着越来越重要的作用，正在从重要参与者、贡献者到积极引领者角色转换。2020 年 9 月，习近平主席在第七十五届联合国大会上郑重承诺："中国将提高国家自主贡献力度，采取更加有力的政策和措施，二氧化碳排放力争于 2030 年前达到峰值，努力争取 2060 年前实现碳中和。"[①] 这一承诺意味着中国从碳达峰到碳中和的转变时间比西方发达国家缩短了 20—40 年。2020 年 12 月，习近平主席在气候雄心峰会上宣布中国将进一步提升国家自主贡献力度："到 2030 年，中国单位国内生产总值二氧化碳排放将比 2005 年下降 65% 以上，非化石能源占一次能源消费比重将达到 25% 左右，森林蓄积量将比 2005 年增加 60 亿立方米，风电、太阳能发电总装机容量将达到 12 亿千瓦以上。"[②]

作为国际社会中负责任的大国，中国坚定践行多边主义，在联合国框架下维护和落实一系列气候公约，加大与发达国家生态环境领域国际合作力度，通过绿色"一带一路"推进南南务实合作，为

---

① 习近平：《在第七十五届联合国大会一般性辩论上的讲话》，《人民日报》2020 年 9 月 23 日。

② 习近平：《继往开来，开启全球应对气候变化新征程——在气候雄心峰会上的讲话》，《人民日报》2020 年 12 月 13 日。

创新全球气候治理理念提供中国方案，为构建合作共赢的全球治理体系贡献中国力量。[①] 由于南北国家对造成气候变化的历史责任不同，发展水平各异，在全球气候治理中，发达国家应主动承担更多责任，为发展中国家提供资金、技术等方面的支持。中国秉持独立自主的原则，在达到碳中和的路径和方式、节奏和力度方面强调必须由自己作主，决不受他人左右；同时积极维护气候正义，敦促发达国家为发展中国家提供援助，加强与发展中国家的气候交流与合作，推动全球气候治理朝着更加公平正义的方向发展。

新的历史条件下，全球发展的动能、模式、理念和实效都在发生新的变化。如果说 20 世纪的发展合作，尤其是第二次世界大战后的发展合作，主要是由北向南，由发达国家主导，在 21 世纪的今天，发展合作变得更加多元化：由北向南，由南向南，甚至由南向北的合作日益增多，其中，中国无疑是一个关键行为体。[②]

在发达国家援助意愿下降、全球气候治理公共产品稀缺的背景下，中国加大南南气候合作的步伐，为发展中国家提供资金、技术和人才方面的相关支持，帮助发展中国家适应气候变化。在资金援助方面，中国于 2015 年宣布设立"南南合作援助基金"，提供 200

---

① 仇华飞：《应对全球气候治理的中国方案与实践》，《世界社会科学》2023 年第 4 期。

② 新华社研究院：《"一带一路"发展学——全球共同发展的实践和理论探索》，新华社国家高端智库 2023 年 10 月 18 日。

亿元人民币用于支持发展中国家气候投融资，以加强发展中国家应对气候变化的能力，并于 2022 年升级为"全球发展和南南合作基金"，国际社会对此给予了高度评价。除此之外，丝路基金和亚投行等资金筹措渠道也为持续开展南南合作、为发展中国家实现国家自主贡献目标创造条件。在技术援助方面，中国在南南气候合作框架下启动了"十百千"计划，[1] 并赠送相关设备支援小岛屿国家和最不发达国家。在人才支援方面，中国秉持"授人以鱼不如授人以渔"的理念，通过举办温室气体减排、航天技术运用等培训班为发展中国家培养技术人才，向发展中国家分享绿色低碳发展经验。

2. 为全球经济秩序变革提供治理方案

从 18 世纪中叶开始的第一次产业革命确立了资本主义制度在全球文明历史进程中的统治地位，到 19 世纪后半期开始的第二次产业革命进一步推动经济全球化并形成了资本主义生产主导下的世界经济格局；从 20 世纪初资本主义进入垄断时期并通过资本输出以殖民地或附属国的方式把广大落后国家统一于垄断资本主义（帝国主义）主导的世界经济结构，到第二次世界大战后以美国为首形成的新的世界经济体系（布雷顿森林体系），马克思当年指出的世

---

[1] "十百千"计划即在发展中国家开展 10 个低碳示范区、100 个减缓和适应气候变化项目及 1000 个应对气候变化培训名额的合作项目。

表 7　世界主要国家经济增长率和对世界经济增长的贡献率（%）

国家	经济增长率			对世界经济增长的贡献率		
	2013 年	2021 年	2013—2021 年平均增速	2013 年	2021 年	2013—2021 年平均增速
中国	7.8	8.1	6.6	35.7	24.9	38.6
美国	1.8	5.7	2.0	16.1	23.0	18.6
日本	2.0	1.6	0.4	4.4	1.5	0.9
德国	0.4	2.9	1.0	0.7	2.1	1.8
英国	1.9	7.4	1.4	2.7	4.5	2.1
印度	6.4	8.9	5.4	5.6	4.7	5.8
法国	0.6	7.0	0.9	0.7	3.5	1.1
意大利	−1.8	6.6	0.0	−1.8	2.4	0.0
加拿大	2.3	4.6	1.5	1.8	1.5	1.2
韩国	3.2	4.0	2.6	2.2	1.4	2.0

资料来源：WDI 数据库。

界市场问题，不但没有彻底解决，而且还越来越恶化。不仅发展中国家很难从世界市场中获益，而且发达国家也"掣肘"于这样的世界经济格局，导致世界经济发展中形成的不平衡问题、环境资源问题等挑战不断加剧，发达国家自身发展也面临诸多挑战，以至于一些西方发达国家掀起"逆全球化"潮流，单边主义、贸易保护主义抬头。

当今世界市场之所以易于波动、经济全球化之所以逆流不断，其根源就在于世界市场之上没有一个稳定的上层建筑予以支持，自发性市场只能在各国社会制度与政府决策的夹缝中游走，由此带来了种种问题。对此，罗德里克认为，经济全球化面临的核心困境在于国家角色缺位必然不行，而国家调控方式有误也不行。[①]全球市场影响范围的大小自然受到国家治理范围的限制，只有治理方式有效，由国家主导协调下的世界市场才能正常运行。

在全球治理面临重大时代问题与巨大变革挑战的双重背景下，以习近平同志为核心的党中央推动构建人类命运共同体，为建立更加公平、包容和可持续的全球发展体系开辟了一条全新道路，对世界前途和人类命运具有深远意义。

在理念上，习近平总书记全面阐释了人类命运共同体的内涵。马克思认为，不同于资本主义社会以交换价值为特征的"货币共同体"，或是建立在资本主义生产方式基础上、在生产领域通过资本的力量将工人联合起来的"资本共同体"，真正的共同体应当能使人摆脱异己力量的支配，在分工过程中实现自由联合，最终实现自由全面的发展。习近平经济思想正是继承和发展了马克思的"共同体"思想，强调人类"共同价值"应当具有普遍性，反映世界各民族、国家和地区人民的利益和需要。"世界命运应该由各国共同掌握，国际规则应该由各国共同书写，全球事务应该由各国共同治理，发展成果应该由各国共同分享。"[②]

中国共产党致力于改变全球不平等经济秩序造成的发展机会不平等和发展鸿沟问题，致力于以人类命运共同体理念引领全球经济

①　［美］丹尼·罗德里克：《全球化的悖论》，廖丽华译，中国人民大学出版社2011年版，第69页。

②　《习近平谈治国理政》第2卷，外文出版社2017年版，第540页。

秩序变革，建设国家间的平等关系。各国不论意识形态、政治体制或是发展程度，都有平等参与经济全球化的权利，通过平等对话和协商解决国际贸易分歧与争端，力求构建兼顾各国共同发展的国际关系和全球经济治理模式。2017 年 9 月，习近平经济思想中的"共商、共建、共享"理念被纳入联合国全球经济治理理念，彰显了人类命运共同体具有重大时代价值的更高人类理性，契合世界各国人民求和平、谋发展、促合作的真诚愿望，为全球治理体系朝着更加公正合理的方向发展贡献了中国理念和中国方案。

在行动上，中国强调以周边、双边和多边的经济交流合作推进多边主义的全球治理模式变革。习近平经济思想反对以霸权主义、强权政治垄断全球经济治理话语权，以牺牲别国政治经济稳定换取本国经济发展的做法。人类命运共同体倡导建立多边主义的全球经济治理模式，这并非简单地要求参与国家数量"多"，而是将"多"上升为一种各国平等参与全球经济治理的理念，强调各国在全球产业链的合作与竞争中相互尊重、平等协商、公平竞争和精诚合作。同时，多边主义也不单单是全球经济治理的手段，更是全球经济治理的目的。

2017 年 2 月，联合国社会发展委员会第 55 会议通过了"非洲发展新伙伴关系的社会层面"决议，呼吁国际社会本着合作共赢和构建人类命运共同体的精神，加强对非洲经济和社会发展的支持。"构建人类命运共同体"理念首次被写入了联合国决议。2017 年 3 月，"构建人类命运共同体"理念又被首次载入了联合国安理会决议。同月，联合国人权理事会第 34 次会议通过了关于"经济、社会、文化权利"和"粮食权"两个决议，决议明确表示要"构建人类命运共同体"，这标志着"构建人类命运共同体"理念成为国际人权话语体系的重要组成部分。

2017 年 11 月，中国关于"构建人类命运共同体"的理念又被写入第 72 届联大负责裁军和国际安全事务第一委员会会议通过的"防止外空军备竞赛进一步切实措施"和"不首先在外空放置武器"两份安全决议中。联合国决议相继载入中国所倡导的"构建人类命运共同体"理念，说明国际社会对这一理念的重要意义和价值达成了共识，同时也彰显了中国对人类社会合作发展和全球治理的理念引领已经产生了重要影响。

3. 为世界和平发展构筑大国责任

自古以来，战争是人类挥之不去的梦魇，和平是人类最持久的夙愿。在中国古代百家思想中，"和"文化始终是个人、社会乃至国家应该遵循的价值准则。孔子在《论语·子路》中言："君子和而不同，小人同而不和"，将与周围保持和谐融洽的关系视为君子的重要美德。老子在《道德经》中言："道生一，一生二，二生三，三生万物。万物负阴而抱阳，冲气以为和"，将"和"上升为宇宙本体论层面，认为"和"是万物相生相育的内在要求和存在状态。墨子也主张"视人之国若视其国"与"天下兼相爱"的价值理念以实现和平发展。

　　中国共产党不仅从爱好和平的民族精神中汲取丰厚滋养，坚持带领中国走和平发展道路，同时也在过程中实现了对这一传统文化精华的赓续和发展。通过坚持自立自强开辟的这条和平发展道路证明了"我们不但善于破坏一个旧世界，我们还将善于建设一个新世界"①的道理，并直接证伪了"国强必霸"的命题。20世纪80年代中后期，邓小平在会见外宾时，多次强调全球性的战略问题，一个是和平问题，一个是发展问题。②2017年1月18日，习近平主席在联合国日内瓦总部发表演讲时强调："这100多年全人类的共同愿望，就是和平与发展。然而，这项任务至今远远没有完成。我们要顺应人民呼声，接过历史接力棒，继续在和平与发展的马拉松跑道上奋勇向前。"③

　　《中共中央关于党的百年奋斗重大成就和历史经验的决议》中指出："只要我们坚持和平发展道路，既通过维护世界和平发展自己，又通过自身发展维护世界和平，同世界上一切进步力量携手前进，不依附别人，不掠夺别人，永远不称霸，就一定能够不断为人类文明进步贡献智慧和力量。"④"中国共产党领导人民，集中力量办好自己的事，让国家更富强、人民更幸福，本身就是对世界和平与发展

---

　　① 《毛泽东选集》第4卷，人民出版社1991年版，第1439页。

　　② 《邓小平文选》第3卷，人民出版社1993年版，第281页。

　　③ 习近平：《共同构建人类命运共同体——在联合国日内瓦总部的演讲》，《人民日报》2017年1月20日。

　　④ 《中共中央关于党的百年奋斗重大成就和历史经验的决议》，人民出版社2021年版，第68页。

的贡献"。① 中共二十大报告在概括中国式现代化的特征时指出："中国式现代化是走和平发展道路的现代化。"②

大国经济合作关系对世界和平发展和构建人类命运共同体有决定性影响。建设一个持久和平的世界，根本要义在于国家之间要构建平等相待、互商互谅的伙伴关系。③ 在中俄关系上，习近平主席高度重视新形势下中俄两国"坚定不移发展合作共赢的关系"并深入推进中俄全面战略协作伙伴关系的重要性④；在中美关系上，他主张必须在管控分歧和增进互信中"共同努力构建新型大国关系"⑤；在中国同欧盟国家的关系上，他提出"建设更具全球影响力的中欧全面战略伙伴关系"⑥。另一方面，大国合作关系关乎弥合全球发展鸿沟和缓解公平赤字的问题。习近平主席指出："国际社会应该着眼长远、落实承诺，为发展中国家发展提供必要支持，保障发展中国家正当发展权益，促进权利平等、机会平等、规则平等，让各国人

---

① 中共中央宣传部：《中国共产党的历史使命与行动价值》，人民出版社 2021 年版，第 82 页。

② 习近平：《高举中国特色社会主义伟大旗帜　为全面建设社会主义现代化国家而团结奋斗——在中国共产党第二十次全国代表大会上的报告》，人民出版社 2022 年版，第 23 页。

③ 李坤望、张兵：《人类命运共同体》，《经济研究》2022 年第 6 期。

④ 习近平：《论坚持推动构建人类命运共同体》，中央文献出版社 2018 年版，第 9 页。

⑤ 习近平：《论坚持推动构建人类命运共同体》，中央文献出版社 2018 年版，第 34 页。

⑥ 习近平：《论坚持推动构建人类命运共同体》，中央文献出版社 2018 年版，第 102 页。

民共享发展机遇和成果。"①

在西方主导的全球化进程中，既产生了"中心—外围"非均衡的世界体系，又"意外地"出现了中国等新兴经济体的崛起，因此，西方世界盛行的"中国威胁论"甚嚣尘上。当前，美国发动的贸易战也可视为对中国崛起的遏制举措，具有贸易保护主义传统的美国理所当然地认为中美贸易逆差是中国政府操纵汇率、补贴企业造成的，并认为美国是全球化的受损者从而"逆全球化"。然而，全球化是一种不以人的意志为转移的客观发展趋势。"新经济地理的融入、新科技革命、国际贸易理论的自由化取向、全球经济治理的完善等现实基础都将使其继续发展。"②

"一带一路"倡议的提出再次告诉世人，中国并不追求霸权，其目标是实现与周边国家建立"命运共同体""利益共同体"。习近平主席在世界经济论坛 2017 年年会开幕式上发表主旨演讲，就"经济全球化"分享了他的观点，他强调，"经济全球化是社会生产力发展的客观要求和科技进步的必然结果"，国际金融危机"不是经济全球化发展的必然产物，而是金融资本过度逐利、金融监管严重缺失的结果"，"把困扰世界的问题简单归咎于经济全球化，既不符合事实，

---

① 习近平：《让多边主义的火炬照亮人类前行之路——在世界经济论坛"达沃斯议程"对话会上的特别致辞》，《人民日报》2021 年 1 月 26 日。

② 裴长洪、刘洪槐：《习近平经济全球化科学论述的学习与研究》，《经济学动态》2018 年第 4 期。

也无助于问题解决"。① 那么，在全球化不断深入的今天，面对"全球增长动能不足""全球经济治理滞后""全球发展失衡"的现实，如何重塑全球化使全球化真正有益于各国发展，是全球化新时代面临的重大问题。

中共二十大报告强调，要"以海纳百川的宽阔胸襟借鉴吸收人类一切优秀文明成果"，广泛凝聚人类共识。中国共产党主张世界各国共建互惠互利的人类命运共同体，强调各国人民共享世界现代化发展的丰富成果，体现了中国式现代化维护全人类共同利益，将中华文明与世界各国文明的前途命运相结合的深远智慧。由此可见，中国式现代化的和平发展特质超越了"西方中心主义"的同时，也实现了对中国传统价值体系的自我更新。

当前经济已成为全球化经济，当今世界是一个利益共同体。对于西方价值内核引领下的强权政治的殖民扩张式现代化，习近平总书记一再强调，中国"不走一些国家通过战争、殖民、掠夺等方式实现现代化的老路"②，这种充满血腥罪恶的现代化道路会给其他国家带来沉重灾难，也会给世界带来混乱。2019 年以来，全球经济已显露出疲软的增长态势，对此中国与国际社会积极合作，用"中国

① 习近平:《共担时代责任　共促全球发展——在世界经济论坛 2017 年年会开幕式上的主旨演讲》,《人民日报》2017 年 1 月 18 日。

② 习近平:《高举中国特色社会主义伟大旗帜　为全面建设社会主义现代化国家而团结奋斗——在中国共产党第二十次全国代表大会上的报告》,人民出版社 2022 年版，第 23 页。

行动"和"中国节奏"践行着经济全球化的使命和担当，有力地促进了全球经济的恢复和发展。中国经济的发展离不开世界，世界经济的稳定更加离不开中国，中国依旧是世界经济增长主要引擎。构建人类命运共同体是对"文明冲突论""西方中心论"的突破与超越，谋求世界各国发展的"最大公约数"要求在创新引领中挖掘经济全球化新动能，在开放联动中维护多边贸易规则，在平衡普惠中解决全球发展失衡和公平赤字问题。

总之，世界正在越来越清晰地见证全球发展红利的曙光。

主要参考文献

一、经典文献

《马克思恩格斯文集》（第 1、2、3、5、10 卷），人民出版社 2009 年版。

《马克思恩格斯选集》（第 1、2、3、4 卷），人民出版社 2012 年版。

《马克思恩格斯全集》（第 1、10、25、26、30、48 卷），人民出版社 2016 年版。

《资本论》（第 1、2、3 卷），人民出版社 2004 年版。

《列宁选集》（第 1、2 卷），人民出版社 2012 年版。

《毛泽东选集》（第 2、4 卷），人民出版社 1991 年版。

《邓小平文选》第 3 卷，人民出版社 1993 年版。

习近平：《高举中国特色社会主义伟大旗帜　为全面建设社会主义现代化国家而团结奋斗——在中国共产党第二十次全国代表大会

上的报告》，人民出版社 2022 年版。

习近平：《决胜全面建成小康社会　夺取新时代中国特色社会主义伟大胜利——在中国共产党第十九次全国代表大会上的报告》，人民出版社 2017 年版。

习近平：《论坚持推动构建人类命运共同体》，中央文献出版社 2018 年版。

习近平：《在纪念马克思诞辰 200 周年大会上的讲话》，人民出版社 2018 年版。

习近平：《在经济社会领域专家座谈会上的讲话》，人民出版社 2020 年版。

习近平：《在庆祝中国共产党成立 100 周年大会上的讲话》，人民出版社 2021 年版。

习近平：《论把握新发展阶段、贯彻新发展理念、构建新发展格局》，中央文献出版社 2021 年版。

习近平：《在第十四届全国人民代表大会第一次会议上的讲话》，人民出版社 2023 年版。

《习近平谈治国理政》第 1 卷，外文出版社 2018 年版。

《习近平谈治国理政》第 2 卷，外文出版社 2017 年版。

《习近平谈治国理政》第 3 卷，外文出版社 2020 年版。

《习近平谈治国理政》第 4 卷，外文出版社 2022 年版。

《习近平著作选读》第 1、2 卷，人民出版社 2023 年版。

《习近平关于社会主义经济建设论述摘编》，中央文献出版社

2017 年版。

《习近平关于社会主义社会建设论述摘编》，中央文献出版社
2017 年版。

《习近平关于社会主义文化建设论述摘编》，中央文献出版社
2017 年版。

《习近平关于统筹疫情防控和经济社会发展重要论述选编》，中
央文献出版社 2020 年版。

《习近平主席新年贺词（2014—2018）》，人民出版社 2018
年版。

《十八大以来重要文献选编》（上），中央文献出版社 2014 年版。

《十九大以来重要文献选编》（上），中央文献出版社 2019 年版。

《十九大以来重要文献选编》（中），中央文献出版社 2021 年版。

《中共中央关于进一步全面深化改革　推进中国式现代化的决
定》，人民出版社 2024 年版。

《中共中央关于党的百年奋斗重大成就和历史经验的决议》，人
民出版社 2021 年版。

《习近平经济思想学习纲要》，人民出版社、学习出版社 2022
年版。

《习近平新时代中国特色社会主义思想学习纲要》，人民出版社
2023 年版。

《中共中央关于制定国民经济和社会发展第十四个五年规划和
二〇三五年远景目标的建议》，人民出版社 2020 年版。

二、学术专著

陈曙光：《"世界之问"与中国方案》，人民出版社 2022 年版。

刘仁营：《"历史终结论"批评：金融危机背景下的思考》，人民出版社 2020 年版。

刘同舫：《人类命运共同体的历史唯物主义沉思》，人民出版社 2023 年版。

罗荣渠：《现代化新论：世界与中国的现代化进程》，北京大学出版社 1993 年版。

王世渝：《第三次全球化浪潮》，中国民主法制出版社 2020 年版。

文一：《伟大的中国工业革命："发展政治经济学"一般原理批判纲要》，清华大学出版社 2016 年版。

谢富胜：《中国道路的政治经济学》，中国人民大学出版社 2023 年版。

薛俊强：《全球化、资本与中国道路：马克思社会理想观的当代境遇及其价值意蕴研究》，人民出版社 2019 年版。

俞良早、徐芹：《经典作家东方落后国家社会发展的重要著作和基本理论》，人民出版社 2015 年版。

张世鹏、殷叙彝编译：《全球化时代的资本主义》，中央编译出版社 1998 年版。

郑永年、黄彦杰：《制内市场：中国国家主导型政治经济学》，邱道隆译，浙江人民出版社 2021 年版。

周文：《国家何以兴衰：历史与世界视野中的中国道路》，中国人民大学出版社 2021 年版。

周文：《赶超：产业政策与强国之路》，天津人民出版社 2023 年版。

朱云汉：《全球化的裂解与再融合》，中信出版社 2021 年版。

［美］阿里夫·德里克：《全球现代性：全球资本主义时代的现代性》，胡大平、付清松译，南京大学出版社 2012 年版。

［美］爱泼斯坦：《自由与增长：1300—1750 年欧洲国家与市场的兴起》，宋丙涛等译，商务印书馆 2011 年版。

［美］安格斯·迪顿：《逃离不平等：健康、财富及不平等的起源》，崔传刚译，中信出版社 2014 年版。

［美］保罗·巴兰：《增长的政治经济学》，蔡中兴、杨宇光译，商务印书馆 2014 年版。

［美］保罗·斯威齐：《资本主义发展论》，陈观烈、秦亚男译，商务印书馆 1962 年版。

［美］布莱克：《现代化的动力：一个比较史的研究》，景跃进、张静译，浙江人民出版社 1989 年版。

［美］查尔斯·威尔伯：《发达与不发达问题的政治经济学》，高铦译，商务印书馆 2015 年版。

［美］大卫·哈维：《新帝国主义》，初立忠等译，社会科学文献出版社 2009 年版。

［美］大卫·哈维：《新自由主义简史》，王钦译，上海译文出版社 2010 年版。

［美］丹尼·罗德里克：《全球化的悖论》，廖丽华译，中国人民大学出版社 2011 年版。

［美］丹尼尔·贝尔：《后工业社会的来临》，高铦等译，新华出版社 1997 年版。

［美］丹尼尔·耶金：《制高点：重建现代世界的政府与市场之争》，段宏等译，外文出版社 2000 年版。

［美］道格拉斯·多德：《资本主义及其经济学：一种批判的历史》，熊婴译，江苏人民出版社 2013 年版。

［美］德内拉·梅多斯、乔根·兰德斯、丹尼斯·梅多斯：《增长的极限》，李涛等译，机械工业出版社 2013 年版。

［美］弗朗西斯·福山：《历史的终结及最后之人》，黄胜强译，中国社会科学出版社 2003 年版。

［美］贾雷德·戴蒙德：《枪炮、病菌与钢铁：人类社会的命运》，谢延光译，上海译文出版社 2006 年版。

［美］理查德·波斯纳：《资本主义的失败：〇八危机与经济萧条的降临》，沈明译，北京大学出版社 2009 年版。

［美］罗纳德·H.奇尔科特：《拉美发展模式的多维视角》，江时学译，中国社会科学出版社 2023 年版。

［美］罗森堡·小伯泽尔：《西方致富之路：工业化国家的经济演变》，生活·读书·新知三联书店 1989 年版。

［美］迈克尔·赫德森：《保护主义：美国经济崛起的秘诀（1815—1914）》，贾根良等译，中国人民大学出版社 2010 年版。

［美］帕尔默等：《工业革命：变革世界的引擎》，苏中友等译，世界图书出版公司 2010 年版。

［美］彭慕兰、史蒂文·皮托克：《贸易打造的世界：1400 年至今的社会、文化与世界经济》，黄中宪、吴莉苇译，上海人民出版社 2018 年版。

［美］彭慕兰：《大分流：中国、欧洲与近代世界经济的形成》，施康强译，北京日报出版社 2021 年版。

［美］斯塔夫里阿诺斯：《全球通史：1500 年以后的世界》，吴象婴等译，上海社会科学院出版社 1999 年版。

［美］斯塔夫里阿诺斯：《全球通史：从史前史到 21 世纪》，吴象婴等译，北京大学出版社 2012 年版。

［美］托马斯·索维尔：《财富、贫穷与政治》，孙志杰译，浙江教育出版社 2021 年版。

［美］西里尔·E.布莱克：《比较现代化》，杨豫等译，上海译文出版社 1998 年版。

［美］伊曼纽尔·沃勒斯坦：《现代世界体系》第 1 卷，尤来寅等译，高等教育出版社 1998 年版。

［美］伊曼纽尔·沃勒斯坦：《现代世界体系》第 4 卷，郭方等译，社会科学文献出版社 2013 年版。

［美］约翰·R.麦克尼尔、威廉·H.麦克尼尔：《人类之网：鸟

瞰世界历史》，王晋新译，北京大学出版社 2011 年版。

[美] 约瑟夫·斯蒂格利茨：《全球化及其不满》，李杨、章添香译，机械工业出版社 2010 年版。

[美] 约瑟夫·斯蒂格利茨：《不平等的代价》，张子源译，机械工业出版社 2013 年版。

[美] 约瑟夫·斯蒂格利茨：《美国真相：民众、政府和市场势力的失衡与再平衡》，刘斌夫等译，机械工业出版社 2020 年版。

[美] 约瑟夫·斯蒂格利茨：《全球化逆潮》，李杨等译，机械工业出版社 2019 年版。

[美] 约瑟夫·斯蒂格利茨：《重构美国经济规则》，张昕海译，机械工业出版社 2017 年版。

[挪威] 埃里克·S. 赖纳特：《富国为什么富 穷国为什么穷》，杨虎涛、陈国涛等译，中国人民大学出版社 2010 年版。

[希腊] 阿吉里·伊曼纽尔：《不平等交换》，文贯中、汪尧田等译，中国对外经济贸易出版社 1988 年版。

[匈] 卡尔·波兰尼：《巨变：当代政治与经济的起源》，黄树民译，社会科学文献出版社 2013 年版。

[以] 奥戴德·盖勒：《人类之旅：财富与不平等的起源》，余江译，中信出版社 2022 年版。

[英] 埃里克·霍布斯鲍姆：《工业与帝国》，梅俊杰译，中央编译出版社 2016 年版。

[英] 艾瑞克·霍布斯鲍姆：《革命的年代：1789—1848》，王章

辉译，中信出版社 2014 年版。

〔英〕安东尼·布鲁厄：《马克思主义的帝国主义理论：一个批判性的考察》，陆俊译，重庆出版社 2009 年版。

〔英〕安东尼·吉登斯：《现代性的后果》，田禾译，译林出版社 2011 年版。

〔英〕彼得·弗兰科潘：《丝绸之路：一部全新的世界史》，邵旭东等译，浙江大学出版社 2016 年版。

〔英〕简·阿特·斯图尔特：《解析全球化》，王艳莉译，吉林人民出版社 2011 年版。

〔英〕罗伯特·C.艾伦：《全球经济史》，陆赟译，译林出版社 2015 年版。

〔英〕马丁·雅克：《当中国统治世界：中国的崛起和西方世界的衰落》，张莉等译，中信出版社 2010 年版。

〔英〕迈克尔·雅各布斯、玛丽安娜·马祖卡托：《重思资本主义：实现持续性、包容性增长的经济与政策》，李磊等译，中信出版社 2017 年版。

〔英〕塞缪尔·亨廷顿：《变化社会中的政治秩序》，王冠华等译，上海人民出版社 2008 年版。

〔英〕亚当·斯密：《国民财富的性质和原因的研究》，郭大力、王亚南译，商务印书馆 1972 年版。

〔英〕张夏准：《富国陷阱：发达国家为何踢开梯子》，蔡佳译，社会科学文献出版社 2007 年版。

［埃及］萨米尔·阿明：《不平等的发展》，高铦译，商务印书馆2000年版。

［埃及］萨米尔·阿明：《全球化时代的资本主义：对当代社会的管理》，丁开杰等译，中国人民大学出版社2013年版。

［澳］埃里克·琼斯：《欧洲奇迹：欧亚史中的环境、经济和地缘政治》，陈小白译，华夏出版社2015年版。

［巴西］费尔南多·恩里克·卡多佐、恩佐·法勒托：《拉美的依附性及发展》，单楚译，世界知识出版社2002年版。

［巴西］西奥东尼奥·多斯桑托斯：《帝国主义与依附》，毛里金等译，社会科学文献出版社1999年版。

［德］德特马尔·罗德蒙德：《印度真相》，贾宏亮译，中国铁道出版社2010年版。

［德］格罗·詹纳：《资本主义的未来：一种经济制度的胜利还是失败》，宋玮等译，社会科学文献出版社2004年版。

［德］贡德·弗兰克：《白银资本：重视经济全球化中的东方》，刘北成译，中央编译出版社2008年版。

［德］马克斯·韦伯：《新教伦理与资本主义精神》，简惠美、康乐译，广西师范大学出版社2010年版。

［俄］弗拉基米尔·波波夫：《荣衰互鉴：中国、俄罗斯以及西方的经济史》，孙梁译，格致出版社、上海人民出版社2018年版。

［法］费尔南·布罗代尔：《十五至十八世纪的物质文明、经济和资本主义》第1卷，顾良、施康强译，商务印书馆2017年版。

〔法〕弗朗索瓦·巴富瓦尔:《从"休克"到重建:东欧的社会转型与全球化—欧洲化》,陆象淦、王淑英译,社会科学文献出版社2010年版。

〔法〕热拉尔·迪梅尼尔、多米尼克·莱维:《大分化:正在走向终结的新自由主义》,陈杰译,商务印书馆2015年版。

〔法〕热拉尔·迪梅尼尔、多米尼克·莱维:《新自由主义的危机》,魏怡译,商务印书馆2015年版。

〔法〕托马斯·皮凯蒂:《21世纪资本论》,巴曙松译,中信出版社2014年版。

〔荷〕皮尔·弗里斯:《国家、经济与大分流》,郭金兴译,中信出版社2018年版。

〔加〕瓦克拉夫·斯米尔:《美国制造:国家繁荣为什么离不开制造业》,李凤梅、刘寅龙译,机械工业出版社2017年版。

三、学术期刊

陈江生、沈非、张滔:《论美国对华"贸易战"的本质——基于〈帝国主义论〉视角》,《马克思主义研究》2019年第11期。

陈理:《中国共产党坚持胸怀天下的由来及发展》,《马克思主义与现实》2022年第1期。

程恩富、侯为民:《西方金融危机的根源在于资本主义基本矛盾的激化》,《红旗文稿》2018年第7期。

崔文星、黄梅波:《"全球发展倡议"的理论超越性——基于与

"西方发展主义"的对比分析》，《国际经济评论》2023年第5期。

段雨晨、田佳禾：《新卡莱茨基学派对当代资本主义金融危机的研究》，《政治经济学评论》2021年第2期。

樊纲：《比较优势与后发优势》，《管理世界》2023年第2期。

高海波：《数字帝国主义的政治经济学批判——基于数字资本全球积累结构的视角》，《经济学家》2021年第1期。

顾海良：《人类命运共同体政治经济学初探》，《教学与研究》2022年第4期。

顾海良：《社会主义市场经济体制是如何上升为基本制度的？》，《红旗文稿》2020年第2期。

郭冠清：《从经济学的价值属性看中国特色社会主义政治经济学的国家主体性》，《经济纵横》2019年第7期。

韩文龙、晏宇翔：《构建高水平社会主义市场经济体制的重大理论与实践问题研究》，《政治经济学评论》2022年第2期。

韩文龙：《平台经济全球化的资本逻辑及其批判与超越》，《马克思主义研究》2021年第6期。

何秉孟：《新自由主义：通向灾难之路——兼论新自由主义与自由主义的渊源和区别》，《马克思主义研究》2014年第11期。

户晓坤：《世界体系与现代化替代方案：萨米尔·阿明与俄罗斯左翼学者的对话》，《世界哲学》2023年第2期。

黄建军：《唯物史观视域中的人类文明新形态》，《中国社会科学》2023年第10期。

黄平、李奇泽：《新自由主义对英美等国收入不平等的影响》，《中国社会科学》2023 年第 9 期。

黄群慧：《改革开放 40 年中国的产业发展与工业化进程》，《中国工业经济》2018 年第 9 期。

黄群慧：《中国共产党领导社会主义工业化建设及其历史经验》，《中国社会科学》2021 年第 7 期。

黄再胜：《数字剩余价值的生产、实现与分配》，《马克思主义研究》2022 年第 3 期。

孔繁颖：《拜登政府为何坚持对华实施贸易战》，《当代美国评论》2023 年第 1 期。

蓝江：《数字的神话与资本的魔法——从〈《政治经济学批判》导言〉看数字资本主义》，《探索与争鸣》2023 年第 6 期。

李怀印：《欧洲中心主义万变不离其宗》，《历史评论》2022 年第 4 期。

李江静：《资本主义的系统性危机与中国的应对——访埃及著名经济学家萨米尔·阿明教授》，《马克思主义研究》2018 年第 9 期。

李坤望、张兵：《人类命运共同体》，《经济研究》2022 年第 6 期。

李直、刘越：《马克思主义视角下的当代国际分工理论：缺失、复归与融合》，《政治经济学评论》2022 年第 5 期。

刘凤义：《从四重维度看加强党对经济工作的全面领导的内在必然性》，《马克思主义研究》2021 年第 10 期。

刘凤义：《论社会主义市场经济中政府和市场的关系》，《马克思主义研究》2020年第2期。

刘志彪：《高水平社会主义市场经济体制：框架、挑战与对策》，《学术月刊》2023年第4期。

马艳、李俊、王琳：《论"一带一路"的逆不平等性：驳中国"新殖民主义"质疑》，《世界经济》2020年第1期。

裴长洪、刘洪槐：《习近平经济全球化科学论述的学习与研究》，《经济学动态》2018年第4期。

裴长洪：《"一带一路"倡议——马克思主义政治经济学中国化时代化的解读》，《南开经济研究》2023年第9期。

裴长洪：《我国设立自由贸易试验区十周年：基本经验和提升战略》，《财贸经济》2023年第7期。

彭俞超、黄志刚：《经济"脱实向虚"的成因与治理：理解十九大金融体制改革》，《世界经济》2018年第9期。

钱乘旦：《文明的多样性与现代化的未来》，《北京大学学报（哲学社会科学版）》2016年第1期。

史丹、聂新伟、齐飞：《数字经济全球化：技术竞争、规则博弈与中国选择》，《管理世界》2023年第9期。

王湘穗：《美式全球化体系的衰变与前景》，《文化纵横》2016年第6期。

吴志成、刘培东：《中国共产党坚持天下胸怀的理论与实践》，《政治学研究》2022年第3期。

吴志成:《经济全球化演进的历史逻辑与中国的担当作为》,《世界经济与政治》2023 年第 6 期。

吴志成:《全球文明倡议的核心要义与推进路径》,《国际问题研究》2023 年第 4 期。

伍山林:《美国贸易保护主义的根源——以美国重商主义形态演变为线索》,《财经研究》2018 年第 12 期。

项久雨:《中国式现代化的理论体系》,《马克思主义研究》2023 年第 3 期。

肖贵清、车宗凯:《"大考"彰显中国特色社会主义制度优势——学习习近平总书记关于防控新冠肺炎疫情系列重要讲话精神》,《马克思主义研究》2020 年第 5 期。

肖玉飞、周文:《逆全球化思潮的实质与人类命运共同体的政治经济学要义》,《经济社会体制比较》2021 年第 3 期。

许嫣然、曹司彬:《多边主义理论辨析与全球治理实践危机》,《教学与研究》2022 年第 5 期。

杨圣明、王茜:《马克思世界市场理论及其现实意义——兼论"逆全球化"思潮的谬误》,《经济研究》2018 年第 6 期。

杨玉成、赵乙儒:《论新自由主义的源流、性质及局限性》,《世界社会主义研究》2022 年第 2 期。

袁堂卫、张志泉:《逆全球化、再全球化的马克思主义分析》,《马克思主义研究》2019 年第 9 期。

张一兵:《西方殖民统治的历史真相——马克思〈伦敦笔记〉研

究》，《马克思主义与现实》2023 年第 4 期。

张云飞：《气候资本主义的实质和超越》，《马克思主义研究》2022 年第 1 期。

赵斌：《霸权之后：全球气候治理"3.0 时代"的兴起——以美国退出〈巴黎协定〉为例》，《教学与研究》2018 年第 6 期。

周绍东、初传凯：《数字资本主义研究综述》，《世界社会主义研究》2021 年第 12 期。

周文、白佶：《中国式现代化的共同特征与中国特色》，《教学与研究》2023 年第 9 期。

周文、包炜杰：《经济全球化辨析与中国道路的世界意义》，《复旦学报（社会科学版）》2019 年第 3 期。

周文、包炜杰：《中国方案：一种对新自由主义理论的当代回应》，《经济社会体制比较》2017 年第 3 期。

周文、冯文韬：《经济全球化新趋势与传统国际贸易理论的局限性——基于比较优势到竞争优势的政治经济学分析》，《经济学动态》2021 年第 4 期。

周文、冯文韬：《中国奇迹与国家建构——来自中国改革开放 40 周年的经验与总结》，《社会科学战线》2018 年第 5 期。

周文、韩文龙：《数字财富的创造、分配与共同富裕》，《中国社会科学》2023 年第 10 期。

周文、韩文龙：《平台经济发展再审视：垄断与数字税新挑战》，《中国社会科学》2021 年第 3 期。

周文、何雨晴：《国家治理现代化的政治经济学逻辑》，《财经问题研究》2020 年第 4 期。

周文、何雨晴：《西方经济学话语特征与中国经济学话语体系建设》，《山东大学学报（哲学社会科学版）》2022 年第 1 期。

周文、李超：《中国共产党推进新型经济全球化的宏大视野、使命担当和核心理念》，《学术研究》2022 年第 2 期。

周文、李亚男：《建设全国统一大市场的政治经济学分析》，《改革与战略》2022 年第 6 期。

周文、刘少阳：《平台经济反垄断的政治经济学》，《管理学刊》2021 年第 2 期。

周文、刘少阳：《新发展格局的政治经济学要义：理论创新与世界意义》，《经济纵横》2021 年第 7 期。

周文、施炫伶：《论习近平经济思想的丰富内涵与世界意义》，《理论月刊》2023 年第 10 期。

周文、施炫伶：《新发展阶段的政治经济学要义》，《教学与研究》2022 年第 8 期。

周文、司婧雯：《全面认识和正确理解社会主义市场经济》，《上海经济研究》2022 年第 1 期。

周文、司婧雯：《新时代中国国家治理现代化：内涵、特征与进路》，《新疆师范大学学报（哲学社会科学版）》2020 年第 4 期。

周文、司婧雯：《中国式现代化与宏观经济治理》，《当代经济研究》2023 年第 9 期。

周文、肖玉飞:《中国共产党百年经济实践探索与中国奇迹》,《政治经济学评论》2021年第4期。

周文、肖玉飞:《中国共产党为什么能的政治经济学密码》,《天府新论》2023年第1期。

周文、肖玉飞:《中国式现代化道路的独特内涵、鲜明特征与世界意义》,《马克思主义与现实》2022年第5期。

周文、许凌云:《论新质生产力：内涵特征与重要着力点》,《改革》2023年第10期。

周文、杨正源:《高质量发展与共同富裕：理论逻辑和现实路径》,《西安财经大学学报》2023年第3期。

周文、杨正源:《中国式现代化与西方现代化：基于比较视角的政治经济学考察》,《学习与探索》2023年第11期。

周文、叶蕾:《数字经济与中国式现代化：理论逻辑和实践路径》,《消费经济》2023年第5期。

周文:《建设现代化经济体系的几个重要理论问题》,《中国经济问题》2019年第5期。

周文:《人类命运共同体的政治经济学意蕴》,《马克思主义研究》2021年第4期。

周文:《习近平经济思想的实践逻辑、理论逻辑与历史逻辑》,《马克思主义理论学科研究》2022年第5期。

周文:《再论中国式现代化与人类文明新形态》,《求索》2023年第5期。

周文:《中国道路与中国经济学——来自中国改革开放 40 年的经验与总结》,《经济学家》2018 年第 7 期。

Acemoglu, D. and Restrepo, P., 2020, "Robots and Jobs: Evidence From Us Labor Markets", *Journal of Political Economy*, 128(6): 2188–2244.

Agrawal, A., Gans, J. S. and Goldfarb, A., 2019, "Artificial Intelligence: The Ambiguous Labor Market Impact of Automating Prediction", *Journal of Economic Perspectives*, 33(2): 31–49.

Featherstone, M., 2020, "Problematizing the Global: An Introduction to Global Culture Revisited", *Theory Culture & Society*, 37(7–8): 157–167.

Foster, J. B., 2008, "Peak Oil and Energy Imperialism", *Monthly Review*, 60(3): 12–33.

Foster, J. B., 2015, "The New Imperialism of Globalized Monopoly-Finance Capital: An Introduction", *Monthly Review*, 67(3): 1–22.

Foster, J. B., 2017, "Trump and Climate Catastrophe", *Monthly Review*, 68(9): 1–19.

Frey, C. B. and Osborne, M. A., 2017, "The Future of Employment: How Susceptible are Jobs to Computerisation?", *Technological Forecasting and Social Change*, 114: 254–280.

Johnson, N. D. and Koyama, M., 2017, "States and Economic Growth: Capacity and Constraints", *Explorations in Economic History*,

64: 1–20.

Milfull, J., 2003, "The End of Whose History? Whose End of History? (Philosophy of History)", *Australian Journal of Politics and History*, 49(2): 222–226.

Piketty, T., Saez, E. and Zucman, G., 2018, "Distributional National Accounts: Methods and Estimates for the United States", *Quarterly Journal of Economics*, 133(2): 553–609.

Timmer, M. P., Erumban, A. A., Los, B., Stehrer, R. and de Vries, G. J., 2014, "Slicing Up Global Value Chains", *Journal of Economic Perspectives*, 28(2): 99–118.

Vlachou, A. and Konstantinidis, C., 2010, "Climate Change: The Political Economy of Kyoto Flexible Mechanisms", *Review of Radical Political Economics*, 42(1): 32–49.

后　记

　　党的十九大召开后，在时任复旦大学党委书记焦扬的支持和推动下，复旦大学在全国率先启动实施了习近平新时代中国特色社会主义思想研究工程和当代中国马克思主义研究工程（即"两大工程"），这是复旦探索加快构建中国特色哲学社会科学的一项基础性、战略性工程。复旦大学的"两大工程"形成了有形成果和无形成果，其中一个重要的无形成果，就是探索繁荣哲学社会科学"新型举国体制的复旦模式"。

　　为加快构建自主知识体系，推动学校哲学社会科学工作高质量发展，为建设"第一个复旦"、为学校"双一流"建设释放强大内生动力，2022年学校再次启动"两大工程"二期项目，我们申报了"经济全球化进程中的中国理论与实践"选题，得到专家们的认可和支持。本书的主题与一般全球化研究不同的最大亮点，就是解构全球化的西方话语和提炼全球化的中国经验。

　　众所周知，在全球化波澜壮阔的叙事中，长期以来西方话语占据着主导地位，其以单一视角塑造着世界对于全球化的认知。随着中国在发展道路上的持续探索，以及积累的宝贵经验，正徐徐展开全球化新叙事的别样画卷，为世界贡献全新的思维路径与极具价值的实践范例。中国道路与中国经验的涌现，有力地解构了西方主导的全球化叙事话语。中国用自身的发展实践雄辩地证明，全球化并非只有西方定义的一种模式，每个国家都能够依据自身国情，探索出适合本国的发展道路，积极参与全球化进程。

在全球化新叙事中，中国道路与中国经验正发挥着日益重要的作用。中国不仅为自身发展找准方向，实现经济快速增长、人民生活水平显著提升，还为世界提供了全新发展思路与合作模式。展望未来，随着中国在全球舞台影响力不断攀升，中国道路与中国经验将进一步丰富全球化内涵，推动全球化朝着更加公平、合理、包容的方向阔步前行，书写全球化新叙事的壮丽篇章。

与原来立项的题目不同，现在书名为《全球化新叙事：中国道路与中国经验》。一是为了更好地呈现主题；二是为了更好地与我先前的几部著作形成完整系列，构成了"中国道路三部曲"。从2020年起，我先后完成了《国家何以兴衰：历史与世界视野中的中国道路》（中国人民大学出版社2020年）、《中国道路：现代化与世界意义》（浙江大学出版社2021年），加上这部最新著作，其中蕴含着我们研究中国道路的三个不同视角，也体现出一个学者的家国情怀。

后 记

最后，感谢复旦大学对本书出版的支持，同时也感谢上海人民出版社以及责任编辑罗俊。

周 文

2025 年 3 月 14 日

图书在版编目(CIP)数据

全球化新叙事 : 中国道路与中国经验 / 周文, 杨正源著. -- 上海 : 上海人民出版社, 2025. -- ISBN 978 -7-208-19401-4

Ⅰ. D616

中国国家版本馆 CIP 数据核字第 20255RY618 号

责任编辑 罗　俊
封面设计 汪　昊

全球化新叙事
——中国道路与中国经验
周　文　杨正源　著

出　　版　上海人民出版社
　　　　　（201101　上海市闵行区号景路 159 弄 C 座）
发　　行　上海人民出版社发行中心
印　　刷　上海商务联西印刷有限公司
开　　本　720×1000　1/16
印　　张　26.25
插　　页　2
字　　数　260,000
版　　次　2025 年 4 月第 1 版
印　　次　2025 年 4 月第 1 次印刷
ISBN 978 - 7 - 208 - 19401 - 4/D·4473
定　　价　118.00 元